本书承浙江工业大学研究生教材建设项目资助
浙江省一流本科课程“刑事诉讼法学”建设成果

刑事程序性权利专论

杨杰辉　主编

法律出版社
LAW PRESS · CHINA
——北　京——

图书在版编目（CIP）数据

刑事程序性权利专论 / 杨杰辉主编. -- 北京 ：法律出版社, 2021
ISBN 978-7-5197-6224-7

Ⅰ. ①刑… Ⅱ. ①杨… Ⅲ. ①刑事诉讼－诉讼程序－研究－中国 Ⅳ. ①D925.218.04

中国版本图书馆 CIP 数据核字(2021)第 233195 号

刑事程序性权利专论
XINGSHI CHENGXUXING QUANLI ZHUANLUN

杨杰辉 主编

责任编辑 郑怡萍
装帧设计 凌点工作室

出版发行 法律出版社
编辑统筹 教育出版分社
责任校对 杨锦华
责任印制 胡晓雅
经　　销 新华书店

开本 A5
印张 9.625　　**字数** 222 千
版本 2021 年 11 月第 1 版
印次 2021 年 11 月第 1 次印刷
印刷 唐山玺诚印务有限公司

地址:北京市丰台区莲花池西里 7 号(100073)
网址:www.lawpress.com.cn
投稿邮箱:info@lawpress.com.cn
举报盗版邮箱:jbwq@lawpress.com.cn
销售电话:010-83938349
客服电话:010-83938350
咨询电话:010-63939796

书号:ISBN 978-7-5197-6224-7　　**定价**:38.00 元
凡购买本社图书,如有印装错误,我社负责退换。电话:010-83938349

目　录

第一章　被追诉人的管辖程序性权利 …………………………… 1

一、管辖制度与权利保障的关系 …………………………… 2

二、管辖程序性权利的来源、性质与范围 ………………… 5

三、管辖变更申请权及其规范要件 ………………………… 13

四、管辖异议权及其程序设计 ……………………………… 18

五、管辖程序性权利的救济 ………………………………… 35

六、结语 ……………………………………………………… 42

第二章　刑事被追诉人的妥速审判权 ………………………… 43

一、妥速审判权保障已成为一种国际刑事司法趋势 ………… 43

二、妥速审判权的正当性——被追诉人合理利益的认可与保障 …………………………………………………… 48

三、妥速审判权的适用范围 ………………………………… 54

四、妥速审判权违反的审查标准 …………………………… 61

五、妥速审判权的救济措施 ………………………………… 72

六、结语 ……………………………………………………… 80

第三章　被追诉人的法律援助获得权 ………………………… 81

一、被追诉人的法律援助获得：从慈善到权利 …………… 83

二、被追诉人法律援助获得权的正当性基础 ……………… 92

三、被追诉人法律援助获得权的权利属性 …………………… 100
四、我国被追诉人的法律援助获得权及其实现 ……………… 105

第四章 侦查阶段限制会见权的程序规制 …………………… 114
一、实体性规制与程序性规制——规制限制会见权的两种方式 …………………………………………………… 115
二、重实体性规制，轻程序性规制——我国规制限制会见权的方式 ………………………………………………… 119
三、程序性规制——我国未来构建规制限制会见权的基本思路 …………………………………………………… 124

第五章 刑事程序性权利的上诉救济 ……………………… 130
一、刑事程序性上诉的两种模式 ………………………… 131
二、决定刑事程序性上诉模式选择的因素 ………………… 137
三、我国刑事程序性上诉模式的选择 ……………………… 141
四、刑事程序性上诉的提起 ………………………………… 146
五、刑事程序性上诉的审理与裁判 ………………………… 172

第六章 法院侵犯程序性权利的上诉救济 …………………… 191
一、检察监督救济与上诉救济：我国法院侵犯被告人诉讼权利救济的现状 ……………………………………… 194
二、独立的程序性上诉：解决我国法院侵犯被告人诉讼权利救济的出路 ……………………………………… 201
三、程序性上诉制度的建构 ………………………………… 206

第七章 侵犯律师辩护权的司法救济 ……………………… 217
一、我国现行侵犯辩护权的救济机制 ……………………… 218

二、我国现行救济机制的缺陷 …… 222
三、侵犯辩护权的司法救济机制 …… 226
四、侵犯律师辩护权司法救济机制的建构 …… 230

第八章　有效辩护权的救济机制
——无效辩护制度 …… 240
一、无效辩护制度的内涵、正当性与功能 …… 241
二、我国应否引入无效辩护制度 …… 253
三、无效辩护的判断标准 …… 262
四、无效辩护的救济程序 …… 275

第九章　二审程序中的非法证据排除研究 …… 283
一、及时异议规则与二审程序非法证据排除的范围 …… 284
二、终局裁判规则与向二审程序申请排除非法证据的时机 …… 293
三、无害错误规则与二审程序排除非法证据后对原判决的处理方式 …… 298

第一章　被追诉人的管辖程序性权利

管辖制度作为诉讼法上的案件分配机制,具有职权划分的特点和公共秩序的属性。但是,管辖不当不仅影响管辖秩序,而且还可能影响被追诉人的正当权益。从比较法经验来看,世界主要国家和地区均赋予了被追诉人申请变更管辖、提出管辖异议等各种程序性权利。反观我国刑事诉讼管辖的立法规范,其内容的职权化特征过强,被追诉人的程序性权利付之阙如。部分刑事司法解释虽有涉及管辖异议,但相关程序规范的完整性和科学性均存在问题,且管辖异议仅作为法院职权调查的一种对象,尚没有像民事诉讼法那样上升为明示性的程序性权利。本章拟从揭示管辖制度与被追诉人权利保障的内在关联入手,探讨管辖制度中被追诉人程序性权利的相关问题,旨在构建一种比较完整的管辖程序性权利规范体系。[1]

---

〔1〕 由于刑事诉讼的中心任务是解决被追诉人的刑事责任问题,且保障被追诉人权利的必要性最为迫切,故本书论及的程序性权利主体主要指被追诉人。其他当事人,如自诉人、被害人也应享有管辖上的程序性权利,其内容及权利保障机制在一定程度上可参考被追诉人的权利规范。

一、管辖制度与权利保障的关系

从数量众多的刑事案件中分配出一部分案件至相关公权力机关,依赖的是管辖这种"程序装置"。因案件分配机制的本质要求是明确性、易操作性,故在通常情况下,案件分配的结果并非管辖制度所应考虑的问题,也非分配正义衡量的对象。依据正义的一般观念,分配正义就是给人以应得的东西。如果把公权力机关看作案件分配领域的主体即"人",我们也无法科学评估其分配得到的案件数量的公平性。因为公权力机关的功能是解决纠纷、恢复社会秩序,而纠纷的数量并不为公权力机关所掌控(虽然案件数量太多可能不受司法机关欢迎)。此时,根据案件数量来评价管辖分配的公平性,可能是无意义的。因此,作为一种案件分配机制,管辖与案件分配结果之间的关系,看起来更像罗尔斯所言的"纯粹程序正义"。

但是,管辖这种看似"价值无涉"的技术性机制,背后却有着重要的价值判断。一是管辖机制必须建立在"司法公正假定"的前提之上。国外学者认为,法律正义必须平等地、无偏私地关怀每一个人,这就意味着司法的一个基本标准:由哪一个法官来调查和判决某一个案件都无关紧要。因此,在一个国家中同一审级的法官应该都能完成同等质量的工作。[1] 如果没有这种司法公正假定,管辖尤其是地区管辖的建立根基就会全然倒塌。二是合理的管辖机制具有防止行政干预司法的制度价值,避

---

〔1〕 参见[荷]菲利普·布兰克、[意]马克·法布瑞编:《法院案件管辖与案件分配——奥英意荷挪葡加七国的比较》,范明志等译,法律出版社2007年版,第10页。

免“操纵案件分配进而控制审判法官”。俄罗斯学者就认为，正确决定刑事案件的审判管辖不应该看成一般的法律技术行为，它有着重大的诉讼意义。审判管辖制度对于防止当权者事后设立法庭来审理具体刑事案件、防止专制和独裁，具有自己的社会政治意义。[1]

从此角度看，管辖问题显然不是“谁管了都一样”。管辖机制虽然本质上是一种分配技术，但却无法完全实现“技术中立”。一是管辖机制必须考虑到“司法公正假定”被推翻的可能性以及相应的解决方案。“技术中立”的一个重要标志是“责任中立”，即技术使用者和实施者不能对技术作用于社会的负面效果承担责任，只要他们对此没有主观上的故意。[2] 但作为一种诉讼制度，管辖在实施过程中需要考虑可能导致的公正缺失问题。“司法公正假定”是管辖权正确分配之前的预状态，但在错误管辖（错误分配案件）时，“司法公正假定”可能会被推翻，被追诉人的权利会受到重大影响。[3] 即使没有出现错误管辖，若有理由足以怀疑形式上的依法管辖可能造成不公平的诉讼结果时，也应当改变原有的管辖。二是管辖机制不是一种“功能中立”的技术，管辖的确立与运转必须考虑防止刑罚权的随意行使问题。在侦查管辖中，国家通过事先规定不同的侦查机关对案件的不同分工，划定了侦查权范围，防止任意追诉。在理论上，侦查管辖与立案的实体条件、强

---

〔1〕 参见［俄］K. Ф. 古岑科主编：《俄罗斯刑事诉讼教程》，黄道秀等译，中国人民公安大学出版社2007年版，第382页。

〔2〕 参见郑玉双：《破解技术中立难题——法律与科技之关系的法理学再思》，载《华东政法大学学报》2018年第1期。

〔3〕 不少域外立法例将刑事诉讼中的管辖错误拟制为对判决结果有影响。如《日本刑事诉讼法典》第378条和第399条规定，管辖错误是绝对的上诉理由，上诉审法院应当以此理由撤销原判决。

制措施的比例原则、具体侦查行为的合法性要求等一起构成了侦查权的程序控制体系,目的是保障侦查权不被滥用,防止被追诉人的权利受到不当侵害。

可以说,现代刑事诉讼管辖制度在产生之初就通过审判独立这一纽带,与被追诉人的公正审判权发生了紧密关联。在管辖制度确立与运转的过程中,又产生了一种"抑制追诉"的权利保障价值。后者虽然是管辖制度的一种附带性价值,但却时刻提醒制度实施者必须注意管辖的正确性,警示其必须依法管辖才能行使诉讼职权,进而保护被追诉人不受任意追诉和审判。可以说,"公正审判"和"抑制追诉"是现代刑事诉讼管辖制度的两大价值基石。没有这两大价值基石,案件管理的高效性就会成为管辖制度的最高目标,案件分配就可能异化为因特定的案件去寻找特定司法人员的"案—人"模式,导致管辖制度被实质性架空。

据上述分析,虽然设立管辖制度的主要目的不是保障被追诉人的权利,亦不是保障法官的中立性与公正性(这是回避制度的确立目的),但若管辖制度确立和运转不当,却有可能损害司法公正和权利保障。当然,为便于管辖制度的高效运行,各国均以诉讼便利作为确立管辖制度的重要原则。但是,与权利保障原则相比,诉讼便利原则在价值层次上显然要低很多。从内容指向看,诉讼便利更多涉及管辖权连接点的设定、管辖中的程序流转等具体问题,效率为其根本性价值。从纠正管辖错误方面看,诉讼便利原则无法解释管辖权合法性审查机制的价值所在。从处理管辖争议方面看,及时消弭管辖争议也更多是为了保障被追诉人免受诉讼拖延,避免不当的羁押或过重的处罚。故管辖制度的设立和运行紧密关联着被追诉人的权利保障问题。

二、管辖程序性权利的来源、性质与范围

(一)权利来源——“法定管辖权利”

既然管辖制度对被追诉人的权利保障具有重大的影响,那么依据程序正义的基本要求,被追诉人作为可能受到管辖直接影响的主体,应有充分的机会参与到管辖制度的运作中来,并向相关公权力机关提出自己的意见和主张。因此,在管辖制度中赋予被追诉人相应的程序性权利,应是一种必要的程序安排。作为刑事诉讼最重要的主体,被追诉人享有相关程序性权利,体现出国家对被追诉人主体意志的尊重以及对其诉讼主体地位的肯认,也符合程序正义的基本要求。但是,权利的价值还不足以证成权利的来源。那么,管辖制度中被追诉人的程序性权利有无深层次的权利来源?

笔者认为,管辖制度中被追诉人的程序性权利来自其享有的“法定管辖”的权利,即由法律所规定的公权力机关管辖案件的权利。为防止国家公权力在追诉犯罪的名义下任意侵犯公民权利,各主要国家均在宪法中赋予了公民受到正当法律程序保护的权利,即未经正当法律程序,公民的生命、自由、财产不得被剥夺。正当法律程序权构成了现代刑事诉讼的基础,是指导刑事诉讼进行的最重要的程序性权利。而“法定管辖权利”是正当法律程序权的重要内容。美国就有学者认为:“刑事诉讼中的‘审判地’,是一项长久以来值得珍视的宪法性权利。审判的问题不仅是正式的法律程序问题,更是公共政策中的深层次问题,必须从立法角

度加以解释。"[1]由此可见,在案件分配机制的背后,管辖的法定性其实还影响被追诉人的正当程序权利能否得以实现。

从构成要素看,"法定管辖"既包括形式上的"法定",也包括实质上的"法定"。前者指只要成立管辖权事实和具备管辖要件,即可触发管辖权;后者指虽然管辖权事实能够成立且实际触发管辖权,但形式上的管辖还不足以满足司法公正的要求,需要管辖主体根据法律二次确定管辖权。与形式上的管辖法定相比,实质上的管辖法定不仅需要满足程序要件,而且还应当满足司法公正的内在要求,故程序保障的实质性要求构成管辖"法定"的深层根基。根据管辖制度的实施规律,形式上的管辖法定最为基础,在表现样态上也最为常见,而实质上的管辖法定是在形式样态基础上对管辖权价值作法律上的进一步深化。如果与被追诉人的权利结合起来考察,被追诉人往往基于形式上的管辖法定要求而提出公权力机关无管辖权的主张,基于实质上的管辖法定要求而提出公权力机关应当变更管辖的主张。

"法定管辖权利"是否明文体现在有关正当法律程序权的法律规范中,各主要国家规定不一。从比较法上来看,被追诉人受"法定管辖"的权利大多由法律或文件明文规定。一些国家如德国、俄罗斯等,其宪法明确规定了被告人享有"法定法官"审判的权利,这样就在基本法层面保障了被告人的"法定管辖"的权利。有些国家虽然没有规定"法定法官"原则,但由于将法定管辖纳入正当法律程序的内容中,被告人受"法定管辖"的权利在正当法律

[1] Charles Alan Wright, *Handbook of the Law of Federal Courts*, West Group, 1963, p. 136.

程序的实践运作中得到保障。[1] 从一些国际性人权文件看，被指控人在刑事诉讼中的“法定管辖权”也有所体现。我国学者对联合国《公民权利和政治权利国际公约》第 14 条进行考证后认为，国际人权法对公正审判权的规范以公约第 14 条为核心，其内容大体可分为司法组织与司法程序两个方面。[2] 该条款有关法庭的设立要求已经隐约反映出法定管辖的特征。国外学者认为，“依法设立的”和“合格的”含义并没有太大区别，它们都是为了确保法庭的司法管辖权是预先依法确定的，独立于任何具体的案件，即该法庭不是为了某个案件而临时组成的。[3]

在有些法域中，虽然法律没有明文规定该种法定管辖的权利，但从法律原理和精神可以推定出该权利的存在。依据权利表现形态的基本原理，“法定权利不限于法律明文规定的权利，也包括根据社会经济、政治和文化发展水平，依据法律的精神、法律逻辑和法律经验推定出来的权利，即‘推定权利’”。[4] 在诉讼法领域，公权力机关的法定义务对应着被追诉人的程序性权利是一种常见现象。如法院负有公正审判的义务，被追诉人享有公正审判权；司法人员负有依法回避的义务，被追诉人享有依法申请回避的权利；司法人员不得进行无理的搜查和扣押，被追诉人也享有

〔1〕 根据《美国联邦宪法》第六修正案的规定，刑事被告人享有犯罪行为发生地的陪审团予以审判的权利。从实践看，如果审判案件的陪审团不在犯罪所在地，则可能违反正当法律程序原则。参见［美］伟恩·R. 拉费弗等：《刑事诉讼法》（上册），卞建林、沙丽金等译，中国政法大学出版社 2003 年版，第 80 页。

〔2〕 参见熊秋红：《解读公正审判权——从刑事司法角度的考察》，载《法学研究》2001 年第 6 期。

〔3〕 参见［奥］曼弗雷德·诺瓦克：《民权公约评注——联合国〈公民权利和政治权利国际公约〉》（上册），毕小青、孙世彦主译，三联书店 2003 年版，第 242 页。

〔4〕 参见张文显：《法哲学范畴研究》（修订版），中国政法大学出版社 2001 年版，第 315 页。

不受无理搜查和扣押的权利。[1] 具体到管辖领域,公权力机关基于法律预定原则必须依法管辖,在形式上必须符合管辖权的法定要件,在实质上必须满足管辖公正的内在要求。换言之,“法定管辖”是公权力机关应尽的法律义务,相对应的是,被追诉人在刑事诉讼中享有“法定管辖”的权利。

在理论上,我国并没有对“法定管辖权利”进行过专门的探讨,对“法定管辖权利”这一概念非常陌生。在我国立法和司法解释中,管辖制度主要是作为划分公权力机关职责分工的一种手段,其中并无被追诉人的权利行使空间。在实践中,不少司法机关对被追诉人的管辖异议比较漠视,置之不理的现象非常普遍。引入“法定管辖权利”这一概念,有助于加深我们对管辖制度的认识,强化对被追诉人诉讼权利的保障,促使公权力机关纠正不当的管辖。同时,也有助于确立管辖领域的权利保护理念,完成“从事实上的权利到法律上的权利”这一转变过程,将权利作为评价管辖制度的基本尺度,促使该制度的不断完善。

引入“法定管辖权利”这一概念后,被追诉人在管辖领域享有相关程序性权利的应然基础就可以得到充分解释:被追诉人所提出的无管辖权之异议,是为了使案件管辖回复到“法定管辖”这一状态;被追诉人所提出的变更管辖请求,是为了使案件在管辖法定的形式基础上得到更为公正的处理;被追诉人申请对同一案件或同种数罪案件进行指定合并管辖,是为了使自己的权利在法定的竞合管辖规则或牵连管辖规则下得到充分保障;公权力机关的

[1] 这里的列举并不表示公权力机关的法定义务与被追诉人的程序性权利存在先后顺序。

违法管辖,不仅违反了《刑事诉讼法》的管辖规则,而且还不当侵犯了被追诉人的法定管辖权利;被告人同意法院无权管辖,是因为其放弃了应有的法定管辖权利。上述管辖程序性主张,均围绕"法定管辖权利"这一权利主旨展开,目的均是促使公权力机关尊重被追诉人的法定管辖权利,尊重被追诉人的程序主体地位。

(二)性质厘定:程序保障请求权

在管辖领域,被追诉人享有的程序性权利是一种在法定管辖基础上以促进司法公正为目标的程序保障请求权。该种权利并不直接与公民的生命、自由、财产等实体权利发生联系,而是围绕着保障被追诉人的法定管辖权利展开的一系列权利集合。不当的管辖会对权利保障产生不利影响。赋予被追诉人管辖程序性权利,让其积极参与相关管辖决定的形成过程,阐述自己的意见,可以防止公权力机关在管辖决定上过于恣意,进而保护被追诉人免受不当的追诉和审判。故该种权利本质上是一种过程性的程序主张权。从表面看,该种权利直接指向被追诉人的主体性;但就内在功能看,管辖领域的程序性权利具有一种双向性的程序保障功能。正如我国学者所言,程序保障通过程序,一方面,保障当事者的诉讼权利,或者说保障当事者在这些权利中体现出来的主体性和自律性;另一方面,又保障诉讼、审判本身的正当性,或者说是保障法官的审判活动以及作出的决定本身的正当性。[1] 在刑事诉讼管辖领域,程序性权利通过程序主张的形式予以体现,对公权力机关产生一定的约束力,即在被追诉人于合理的时间内行使该项权利后,公权力机关应当审视自身管辖权的合法性与合

〔1〕 参见王亚新:《社会变革中的民事诉讼》,中国法制出版社2001年版,第41页。

理性,并正式回应被追诉人的管辖主张,以促进管辖程序的正当性。当然,与其他程序性权利类似的是,管辖领域中的程序性权利并无强制力作后盾,容易被侵犯,故需要国家公权力机关依法予以保障,由此也引发权利的救济问题。

管辖领域中的程序性权利是一种程序保障请求权,是由管辖以及管辖权事实的特点所决定的。管辖作为案件的分工机制,其诉讼规则的属性并没有因管辖程序性主张而发生变化。而管辖权事实作为一种程序法事实,也需要公权力机关通过相应手段去查明和作出判断。无论是采行诉讼要件理论的德国、日本,还是不采行诉讼要件理论的法国、俄罗斯,在公权力机关依职权调查管辖权事实的本质特点上并无区别。被追诉人的程序性主张可以不同程度地为公权力机关提供参考意见,但管辖权事实的成立与否与管辖权变更等问题仍然由公权力机关审查决定。依照我国有的学者的说法,被追诉人的权利申请为法院启动职权调查提供了必要性的判断依据。[1] 从效果上看,管辖程序性权利与公权力机关的职权审查一起,共同维护案件的法定管辖,保障管辖法律秩序。

(三)范围划定——标准及例外

基于管辖领域程序性权利的性质,应当明确的是,被追诉人并非可以针对所有的管辖事项或管辖决定来行使程序主张权。管辖领域中有关管辖的事项众多,如地区管辖中存在法定管辖、移送管辖等,级别管辖中存在上级法院同意移送或不同意移送案

---

〔1〕 参见林山田等:《刑事诉讼法改革对案——刑事程序法研讨会系列》(一),台北,元照出版公司2000年版,第156页。

件的情形,以及上下级法院管辖的牵连案件合并管辖或分离管辖等情形,指定管辖中存在指定异地管辖、指定合并管辖等情形,不一而足。有些管辖事项涉及被追诉人的法定管辖权利,有些并没有涉及;有些管辖决定有影响被追诉人权利保障和司法公正之虞,有些却不会涉及。如果均赋予被追诉人程序性权利以要求审查相关管辖问题的合法性及合理性,在程序上要求公权力机关对被追诉人的每一项程序主张进行回应并作出裁决,容易出现程序繁复、权利保障过度的情况,影响诉讼的顺利推进。外国法有关限制性规定也表明了这一点。根据《德国刑事诉讼法典》第 210 条和第 270 条第 1 款、第 3 款之规定,被告人不得对向高级别法院移送事务管辖权的裁定提出异议。根据《法国刑事诉讼法典》第 667-1 条之规定,对有管辖权法院作出的因无法组成法庭的移送管辖之裁定,被告人不得提出不服申请。我国在构建管辖领域程序性权利的规范时,也有必要作相关限定性的安排。

在划定被追诉人管辖程序性权利的范围时,应当考虑以下两个标准:一是权利的范围设定不应脱离权利的性质。管辖程序性权利是一种程序保障请求权,故权利的范围也应以保障被追诉人的法定管辖权利以及促进司法公正为限。二是权利的范围设定应当考虑管辖秩序的稳定性。“在强调当事人享有程序主张权的同时,也应注重法律的权威性和程序的安定性。”[1]赋予被追诉人管辖程序性权利是为了更好地维护管辖秩序,故权利的范围划定不应对管辖秩序造成不利影响。

由此,公权力机关基于保障诉讼效率的需要而依职权对地区

[1] 刘荣军:《程序保障的理论视角》,法律出版社 1999 年版,第 98 页。

管辖中的相牵连案件作出的合并管辖或指定合并管辖、依职权对级别管辖中的相牵连案件作出的合并管辖、上级机关为解决下级机关管辖不明或管辖争议而作出的指定管辖等，不是被追诉人提出不服申请的对象。因为，基于诉讼经济原则而作出的相关管辖裁决，是尽快确定管辖权的诉讼需要，是落实立法政策之必然体现，不宜由被追诉人进行反驳和推翻。我国有学者就指出，对于不同级法院管辖的相牵连案件，得合并由上级法院管辖，即使已系属于下级法院者，其上级法院亦得以裁定方式，命其移送上级法院合并审判。此时尽管下级法院法官有不同意见，亦不得对此裁定加以抗告。这是立法政策关于诉讼经济与裁判一致性的必要之举。〔1〕我国民事诉讼法学者也认为，合并管辖是诉的合并制度顺利运行的程序保障，本质上属于诉的合并制度的衍生物，合并管辖的立法价值具有阻却当事人提出管辖权异议的功能。〔2〕

同时，管辖程序性权利是一种程序上的不同主张权，故该种权利主张的范围应当以被追诉人受到不利益之影响为限。以“利益影响”作为衡量被追诉人是否可以提出相关程序异议的标尺，是许多国家的通行做法。如日本的学界通说认为，被告人对免诉、驳回公诉或管辖错误等形式裁判，均不得提出上诉。理由是“在无罪判决、免诉、驳回公诉、管辖错误的场合，如果击败了检察官的主张，那么被告人在这个刑事程序方面就是取得了‘胜利’”。〔3〕在刑事诉讼中，相关机关宣告自身无管辖权的裁决（包

〔1〕 参见陈新民：《评议法定法官原则的探源与重罪羁押合宪性的争议》，载《军法丛刊》2010 年第 1 期。

〔2〕 参见张晋红：《民事诉讼合并管辖立法研究》，载《中国法学》2012 年第 2 期。

〔3〕 [日]松尾浩也：《日本刑事诉讼法》（下册），张凌译，中国人民大学出版社 2005 年版，第 217 页。

括移送管辖、不予受理和终止审理的裁决等），阻碍了刑事程序的顺利推进。对被追诉人来说，这其实是一种程序上的积极利益。故被追诉人不得对这些裁决提出异议。

基于上述分析，管辖领域中被追诉人的程序性权利应有两种：管辖变更申请权、管辖异议权。在刑事诉讼中，管辖变更申请权和管辖异议权有不同的行使对象，且在行使条件、法律后果等方面也不尽相同。故分别论之。

三、管辖变更申请权及其规范要件

管辖变更申请权，是指被追诉人在已经存在法定管辖的情况下提出变更管辖的权利。从内容上看，管辖异议也是一种关于管辖的申请意见，但管辖变更申请往往指明特定的管辖机关，而管辖异议有时仅指出目前受理案件的机关无管辖权。此外，若严格从法律效果看，审判阶段的管辖异议不发生管辖转移的后果。“移转管辖系从‘有’管辖权之法院，以裁定移转于‘无’管辖权之法院；本‘无’管辖权之法院，则应为管辖错误之判决，不生管辖移转问题。”〔1〕故笔者将刑事诉讼中的管辖变更申请与管辖异议加以区分。

在已经满足法定管辖的情况下，原则上不允许被追诉人提出变更管辖的申请。被追诉人的管辖程序性权利建立在法定管辖的基础之上，当管辖事实已属于法定管辖，那么被追诉人的“法定管辖权利”在形式上已经得到满足。但是，司法公正是诉讼程序

〔1〕 林俊益：《刑事诉讼法概论》，台北，新学林出版股份有限公司2015年版，第67页。

的最高目标和价值所在。当案件的管辖可能影响司法公正时,应当允许被追诉人提出移送管辖、指定异地管辖的申请。从比较法上看,世界很多国家为充分保障被告人的公正审判权,均在立法上赋予被告人管辖变更权。如《美国联邦刑事诉讼规则》第42条、《日本刑事诉讼法典》第17条、《俄罗斯联邦刑事诉讼法典》第35条第1款均规定了被告人有权提出变更地域管辖的申请。

在我国司法实践中,部分重大、有影响性的刑事案件中已经出现被追诉人申请变更管辖的情形,如发生在江西南昌的德国牙医案、陕西西安的法官谋杀院长案等。但是,由于我国《刑事诉讼法》并未赋予被追诉人的管辖变更申请权,上述案例中公权力机关要么对管辖意见置之不理、不予回应,要么武断地拒绝了被追诉方的程序请求。为排斥舆论影响、行政权力或地方保护主义等外在因素对司法的干扰,保障司法机关独立行使司法权,维护司法公信力,有必要赋予被追诉人申请变更管辖的权利。此外,我国《刑事诉讼法》第25~27条所规定的变更管辖均属于法院依职权行使的情形,审判裁量权过大。赋予被追诉人申请变更管辖的权利,可以限制公权力机关的裁量权,使其听取和回应被追诉人的管辖主张,以便准确作出是否变更管辖的决定。

在程序规范的设计上,被追诉人申请变更管辖的权利规范宜包含以下要件:

1. 权利行使的范围和条件。在范围上,可以围绕地区管辖、级别管辖、指定管辖三个层面赋予被追诉人的管辖申请权。就地区管辖而言,被追诉人可以提出将案件转移至同级另一个地区的机关办理的申请。就级别管辖而言,被告人可以提出下级法院不宜行使管辖权,而请求将案件移送至上级法院审理的意见。[1]就指定管辖而言,被追诉人有权提出指定异地管辖的申请,请求上级机关将案件指定给下级的另一个机关办理。同时,为了使自己避免因同一案件受到重复性追诉,或者免受管辖争议的侵扰,被追诉人亦有权在几个不同机关各自宣告有管辖权的情况下,提出指定合并管辖相关案件的申请。从范围上看,上述权利的行使均围绕保障司法公正的需要。案件因管辖不当而遭受行政干预、舆论干扰、地方保护等,容易引发司法不公。由管辖争议引发的重复性追诉或案件久拖不决,也严重影响案件处理的实体公正与程序公正。故这些情形均应纳入被追诉人管辖变更申请的范围。

需要指出的是:(1)被追诉人不得基于自己的喜好而申请变更管辖。被追诉人没有任意选择不同地区的管辖机关的权利(当然更没有选择司法人员的权利),也不享有任意选择较高级别机关管辖案件的权利。从比较法上看,虽然有些国家(如俄罗斯)的立法禁止上级法院未经控辩双方申请而审理属于下级法院管辖的案件,但这并不意味着被告人就享有由较高法院管辖案件的权利。(2)被追诉人不得基于诉讼便利的考虑而申请变更管辖。之所以作此限制性规定,是考虑到管辖领域不能无限扩张被追诉人的管辖申请权,同时也是基于对诉讼便利要素进行权衡的困难。在美国,联邦法律允许法院根据被告人的动议,为当事人以及证人的便利而改变审判地。但是,大部分州对于审判地的规定没有授权基于便利性原因的改变。究其原因,在审判地已经合乎法律

[1] 从比较法上看,有些国家的立法赋予了被告方在级别管辖中的部分申请权。参见《德国刑事诉讼法典》,宗玉琨译注,知识产权出版社 2013 年版,第 185 页。

规定的情况下,被告人的法定管辖权利已经得到满足。从诉讼原理看,司法便利性因素不属于影响司法公正的因素,法院即使不变更审判地,也不侵害被告人的宪法性权利。而且,便利性要件的内容大多十分模糊,双方当事人存在不同的诉讼便利要求。如更换审判地对证人出庭比较便利,但对于被告人来说却又十分不便。因此,该要件容易引发分歧,不宜规定在管辖变更申请权之内。

2. 权利行使的时间和约束力。为避免庭审中断,管辖变更的申请应当在庭审调查之前提出。对于召开庭前会议的案件,应当在庭前会议阶段提出。如果案件没有召开庭前会议,那么在法律明确该种权利的情况下,应当在审判长告知诉讼权利这一阶段提出。由于管辖变更申请的前提是案件已经处于法定管辖状态,故被追诉人超出时间行使申请权利,将产生失权效果,公权力机关可以对该种申请不予审查和处理。[1] 管辖变更申请应具有程序上的约束力,相关机关负有一种应答义务,即需要对该种申请作出正式回应。为保障变更管辖申请的程序效力,公权力机关在处理变更管辖申请的过程中,不应对案件作出实体处理决定。

3. 审查权利主张的主体。被追诉人应当向办理案件的机关提出变更管辖的申请,由该机关作出裁决。学理上有观点认为,基于“自己不得为自己案件的裁判者”之自然正义的要求,应由收到管辖变更申请的机关的上级机关进行审查和作出裁决。但是,

---

〔1〕 在杭州蓝色钱江保姆纵火案中,被告人莫某晶委托的辩护律师于 2017 年 12 月 21 日的庭审中提出管辖变更申请,法庭当庭决定中止审理。但是,庭审开始后因管辖变更申请而中止审理,无疑影响庭审的集中性和审判效率。最高人民法院显然注意到了程序性问题对庭审中断的重大影响,在 2017 年 12 月 27 日颁布的《人民法院办理刑事案件庭前会议规程(试行)》中规定,案件管辖异议应当在庭前会议中提出。

被追诉人所提出的管辖变更申请毕竟不是利益争端意义上的主张，被追诉人与受理案件的机关也不是利益对立的不同当事人。管辖变更申请的主要目的是敦促办案机关更好地省视管辖问题，帮助办案机关更合理地确认管辖权，故此处不应适用严格的“自然正义”审理规则。如果被追诉人认为可以通过指定管辖的方式来改变案件的管辖，那么其应当向办案机关的上级机关提出申请。当然，鉴于公权力机关存在层级关系，如果任由被追诉人向任何上级机关提出申请，将不当扩张程序性诉求的效力范围，也容易影响诉讼裁决的效率。故这里所谓的“上级机关”应指“上一级机关”。

4. 权利行使的理由。申请变更管辖应当有一定的事实根据，排斥无根据的推测。这里的事实根据包括：大规模的媒体报道；行政干扰、地方保护等。[1] 在个案中，这些事实根据往往以一种综合性的样态予以表现，如媒体广泛报道后引起行政干扰，或者行政干扰后引起有影响力的媒体关注。审视这种事实根据，不在于相关影响因素的因果关系，而在于其是否达到了影响司法公正的程度。

5. 权利行使的证明责任和证明标准。管辖变更的申请是一种在法定管辖状态下转移管辖的主张，本质上不是对管辖权事实的否定，也不涉及诉讼程序的合法性证明问题。从性质上看，这种申请是一种程序上的积极抗辩。而且，“由于转移证人、法庭人

---

〔1〕 需要指出的是，辩护人庭前的程序性申请和意见未被采纳，不足以证明案件受到外部干扰。否则，形式上的法定管辖可能随时被变更管辖的申请所打破。

员的需要,变更审判地会产生麻烦和低效率”,[1]故应由被追诉方承担证明责任。在美国,被告人有权在审前动议中提出更换审判地的申请。其理由可能是在当地已经形成了严重的倾向性宣传,致使公正审判无法实现。被告人可以提出诸如民意测验、民意调查之类的证据材料来影响法官,法官在作出决定时可以对宣传事件的本质、频率、时间等因素进行评估。[2] 由于被追诉方取证能力有限,故管辖变更申请的证明标准应当相对较低。美国联邦最高法院在谢泼德(Sheppard)一案中认为,被告人提出变更审判地的申请时,需要证明影响公正审判的“偏见”达到“合理可能性”之程度。但是,有些州却采用较高程度的“实际偏见”标准,认为被告人必须证明陪审员事实上因有害的倾向性宣传而产生了偏见。[3] 比较而言,变更管辖的证明标准越高,被告人申请就越得不到法院的支持,权利的实效性就越差,甚至有可能变成一种形式上的权利。故管辖变更申请的证明标准以“合理可能性”或“大致相信”为宜。

四、管辖异议权及其程序设计

管辖异议权是针对相关机关无管辖权的情形而提出不同意见的权利。管辖异议权是管辖领域中最具有对抗性的程序性权

---

〔1〕 John M. Scheb & John M. Scheb Ⅱ, *Criminal Law and Procedure*, 5th ed., Tomson Wadsworth Press, 2005, p. 453.

〔2〕 See James B. Haddad, Linda R. Meyer, James B. Zagel, Gary L. Starkman & William J. Bauer, *Criminal Procedure: Cases and Comments*, 5th ed., New York Foundation Press, 1998, p. 937.

〔3〕 See Joel Samaha, *Criminal Procedure*, 6th ed., Tomson Wadsworth Press, 2005, p. 473.

利，其直接指向相关机关办理案件的合法资格。关于管辖异议权的性质，学理上有意见认为其属于救济性程序权利。但就内容指向而言，管辖异议权其实是一种程序上的不同主张权，本身并无救济性权利的性质。因为当管辖异议权受到无理拒绝时，还需要其他权利进行有效的救济。如果管辖异议权本身是救济性权利，那么必然衍生出救济性权利的救济问题，理论的繁杂和程序的过度将不可避免。因此，笔者拟将管辖异议权与相关程序性权利的救济进行区分。

长期以来，我国刑事诉讼中的管辖异议权是一种"事实上"的权利。之所以这么说，是因为我国刑事诉讼规范从未明确被追诉人享有该种权利，但是在审判实践中被告人提出管辖异议又非常普遍，司法机关对该种管辖异议权或多或少地也予以承认。但是，如果对司法解释相关条款作体系上的解释，目前的规范似乎仅表示审判长在庭前会议中"可以"注意管辖异议问题，规范的功能仅在于对审判长作业务上的提示。从形式上看，最高人民法院于 2012 年颁布的《关于适用〈中华人民共和国刑事诉讼法〉的解释》(以下简称 2012 年《刑诉法解释》)第 184 条和最高人民法院于 2017 年颁布的《人民法院办理刑事案件庭前会议规程(试行)》(以下简称《庭前会议规程》)第 10 条之规定并没有采用被告人"有权提出管辖异议"这种规范表述。从内容上看，《刑诉法解释》(2012 年)第 193 条所规定的审判长应当告知当事方的诉讼权利中也没有"管辖异议"，根据第 194 条第 1 款的规定，审判长也不需要询问当事方是否提出"管辖异议"。如果管辖异议权要获得与申请回避权一样的法律地位，那么至少其规范表述应当与《刑事诉讼法》第 29 条关于回避申请的规定保持一致，即当事方"有权提出管辖异议”,且还应赋予当事方相应的救济权利。2018年《刑事诉讼法》以及2021年最高人民法院颁布的《关于适用〈中华人民共和国刑事诉讼法〉的解释》(以下简称2021年《刑诉法解释》)在此问题上也未做任何规定。因此,立法机关及最高司法机关似乎只是将管辖异议作为庭前会议的讨论内容来对待,并没有将其作为权利条款来规定。

基于保障被追诉人法定管辖权利的需要,我国应当明确赋予被追诉人提出管辖异议的权利,同时完善相关程序规范以充分保障其行使该种权利。那么,被追诉人可以提出哪些类型的管辖异议?从比较法上看,域外主要国家和地区立法中的管辖异议主要针对地区管辖,但法国还包括了对指定管辖的异议。根据我国管辖制度的内容和实践需求,管辖异议的类型应限于地区管辖和职能管辖。原因在于:第一,职能管辖制度是我国特有的一项诉讼制度,体现了不同性质的机关管辖案件的权限分工。且考虑到实践中职能管辖错误时有发生,故应赋予被追诉人提出该项管辖异议的权利。第二,鉴于审判级别管辖是强制性规范,法院一旦违反该种规范则判决无效,故被告人在理论上可以针对基层法院无级别管辖权的问题提出异议。但被告人基于量刑利益的考虑,实际上不会因被告人可能被判处无期徒刑以上的刑罚,而提出该种管辖异议(但被害人可以提出该种异议)。故被告人提出的级别管辖异议,主要针对中级人民法院审判了本应由基层人民法院管辖的案件这种情形。但是,像我国这样的单一制国家,因上级法院具有吸收性的管辖权,中级人民法院无须经过详细的调查程序,即可以驳回被告人所提的该种异议。第三,关于指定管辖,需要根据其类别进行分析。如果指定管辖是针对管辖不明或管辖争议而作出的,则无错误可言,故也无须从制度上赋予被追诉人异议权。但如果指定管辖是针对案件异地管辖的,基于保障诉讼顺利进行的需要,被追诉人的管辖异议权应当让位于指定管辖的程序稳定性。指定异地管辖应当严格适用,但其程序运行中的合法性与合理性,应通过备案原则由上级机关及时加以审查。如果上级机关经审查后认为指定管辖确有错误,应当及时撤销原有的指定管辖。为减少管辖上的意见冲突,指定管辖决定作出后,不应由被追诉人的异议引发审查问题。因此,理论上需要着重研究的是被追诉人对地区管辖和职能管辖所提出的异议及其程序保障问题。

考虑到我国刑事诉讼的阶段论特点,被追诉人对地区管辖、职能管辖的异议权不应限于审判阶段,还可以存在于侦查、审查起诉阶段。在审前阶段,如果犯罪嫌疑人认为审前机关无法定管辖权,亦可以提出管辖异议。审前机关经过审查发现管辖异议成立的,应当比照管辖错误的程序处理规范作出相关处理;认为管辖异议不成立的,应当予以驳回。在审判阶段,因审判之于权利保障的充分性以及程序的终局性特点,被告人行使管辖异议权的情况最为普遍,但该种权利同时引起的程序审查和处理问题也最值得研究。

1. 管辖异议的提出时间和审查时间

在刑事诉讼中,是否有必要限定管辖异议的提出时间和审查时间?从比较法上看,有些国家如法国,被告人在任何阶段均可以提出无权管辖的异议,法院亦应予以审查。但不少国家为防止审判效率受到影响,对管辖异议作了时间上的限定。如《德国刑事诉讼法典》第16条、《日本刑事诉讼法典》第331条就规定在开始法庭调查后被告人不得提出管辖权异议。根据《庭前会议规程》第10条规定,案件管辖事项是庭前会议的一个重要内容,主持人可以就案件管辖向控辩双方了解情况,听取意见。对于案件管辖事项,人民法院应当依法作出处理,在开庭审理前告知处理决定,并说明理由。控辩双方没有新的理由,在庭审中再次提出有关申请或者异议的,法庭应当依法予以驳回。

管辖权属于诉讼要件,影响诉讼程序的合法性,也影响实体判决能否作出。为保障诉讼程序的顺利进行,避免庭审调查的对象出现错位,管辖异议的提出和审查一般应当先于本案的审理。我国最高司法机关也持先行审查的立场。司法解释的起草者认为,申请回避和提出管辖权异议,均可能导致庭审中断,故回避和案件管辖事项应当在庭前会议阶段集中解决。[1] 但需要注意的是,我国现行司法解释与德国、日本法在管辖异议的时间限定方面存在一定差异。我国采取的是"原则+例外"之形式,规定被告方应在庭前会议阶段提出管辖异议,且在被驳回后没有新的理由不得再次提出异议。但这种规定并没有绝对排斥庭前会议阶段未提管辖异议的被告方在庭审阶段提出异议的权利。而德国和日本法直接以类似于"除斥期间"的方式排除了被告人在庭审阶段提出管辖异议的权利。同时,德国、日本法基本上都规定"无异议则无管辖错误",即被告人若没有在一定时间内提出管辖异议,法院也不会依职权审查管辖权。而我国现行司法解释尚没有触及这个问题,即被告方不提出管辖异议则产生管辖权职权调查失

[1] 参见戴长林、鹿素勋:《〈人民法院办理刑事案件庭前会议规程(试行)〉理解与适用》,载《人民法院报》2018年1月31日,第6版。

权的效果。

笔者认为,管辖异议一般应当在庭前提出,这是一种规范上的倡导性时间,不应作为除斥期间来对待。因为在某些特殊情形下,被告方于庭前尚无能力发现管辖权事实中的疑问。如果被告方于庭审期间发现新的事实和理由,据此可以质疑管辖权的存在,那么应当允许其提出管辖异议。对于法院来说,庭前没有发现管辖权事实问题,并不意味着庭审中绝对不会发现。在司法实践中,法院受理案件之后才发现管辖权事实存在疑问的情况,时有发生。如在部分经济犯罪案件中,被告人往往实行了时间前后不一的多个行为,其中某些行为是前期行为,另一些是后续行为。侦控机关往往认为,前期行为即是犯罪预备行为,该行为的对应地即是犯罪行为地,故可以作为管辖权的连接点。但基于主客观相一致的原则,如果前期行为不是在被告人主观犯意统领下的行为,无法成立犯罪预备行为。对于上述合法行为与犯罪行为的区分、行为人主观故意形成的时间点等实体事项,不通过对案件的实体审理,往往无法准确地判定。对"犯罪对象被侵害地"这一连接点的判断也存在类似情况。在上述情况中,管辖权事实往往与案件实体事实结合在一起,只有判定了该些实体事项,才能判定管辖权事实的存在。德国民事诉讼法学者将管辖权事实与请求权依据事实相重叠的情形称为"双重重要的事实"。[1] 我国民事诉讼法学者也认为,对于包含有诸如"侵权行为地"之类的实体要素的管辖规范,如果不予审查,将使该类规范形同空文,导致完全

---

〔1〕 参见[德]罗森贝克等:《德国民事诉讼法》(上),李大雪译,中国法制出版社2007年版,第60页。

听凭原告确定管辖法院,无视被告合理的管辖利益。[1]

其实,这些包含有案件行为事实的管辖权事实,无论被告人是否提出管辖异议,法院都应当依职权进行调查。因为此种情况下案件行为事实涉及的是实体法事实,是案件进入实体审理环节后所必须查明的事项。而管辖权事实一旦与实体法事实重叠,如果不进行庭审调查,不仅使程序法规范形同虚设,还将严重影响案件的实体正义。从比较法上看,英美国家多从保障被告人权利的角度规定法院具有宽泛性的审查管辖权事实的时间。如在美国,仅仅一小部分司法区规定,被告人必须通过审前动议的方式提出审判地的异议,而法庭在审前听证会中解决该问题。但在联邦和大部分州法律系统,审判地不仅仅是被告人可以在审前提出异议的先决条件,而且还是控方在庭审中必须证明的一个内容。这些司法区对庭审中必须证明的审判地提供了不同的解释。如审判地被描述为"通过无罪答辩而提出的管辖权事实"、"必须与其他指控要件一起被证明的起诉要点"、"与罪行的实质性要素无本质区别的'犯罪要素'"或者"最适合在罪行的证明和事实的查明过程中提出的一个'争议事实'"。[2]

根据我国《庭前会议规程》的规定,在召开庭前会议的案件中,被告方可以提出管辖异议,法院一般应当在庭前会议中解决该程序问题。那么,对于不召开庭前会议的案件,被告方是否有权提出管辖异议,以及如何处理该种管辖异议?对于前一问题,如果刑事诉讼法律规范承认管辖异议权是被告人的一项基本诉

---

〔1〕 参见严仁群:《管辖规范中的实体要素》,载《法律科学》2013 年第 2 期。

〔2〕 Wayne R. LaFav, Jerold H. Israel & Nancy J. king, *Criminal Procedure*, 4th ed., West Group, 2004, p. 810.

讼权利,那么就应当不区分案件的类型均赋予被告方该项权利。对于后一问题,我国法律和司法解释并没有明确。根据管辖权调查一般应先于案件事实的调查这一原理,不召开庭前会议的案件,也应当尽可能在案件实体调查之前的一个独立程序阶段中处理管辖异议。在我国刑事庭审中,审判长在法庭调查之前告知被告人诉讼权利并征询其意见是一个独立的程序环节。根据现行的程序规范,被告人在这个环节可以行使法定的回避申请权。考虑到我国刑事庭审程序的阶段性,对于不召开庭前会议的案件,可以将管辖异议置于庭审中审判长告知当事人诉讼权利这一环节进行处理。

值得探讨的是,如果在庭前会议阶段已经对管辖异议作出处理决定如驳回异议的,那么在庭审诉讼权利告知环节是否还需要征询被告方的意见?《庭前会议规程》施行后,类似的问题已经开始显现。根据《庭前会议规程》第 10 条、第 23 条、第 24 条之规定,对于管辖异议、回避申请等影响庭审的问题,庭前会议结束后要作出相关处理决定。在庭审开始后,对庭前会议处理管辖异议、申请回避等事项,法庭可以在告知当事人诉讼权利后宣布庭前会议报告的相关内容。在吉林省辽源市中级人民法院二审审理的王某忠民事枉法裁判案中,该案审判长在告知当事人诉讼权利后,直接宣读庭前会议报告的内容。该案辩护人律师提出反对意见,认为该案审判长告知诉讼权利后应当征询被告方的意见后才能宣读庭前会议报告。而该案审判长则认为,根据《庭前会议规程》的规定,告知诉讼权利后可以直接宣读庭前会议报告,并无必要再征询被告方是否行使权利的意见,理由是庭前会议已经听取了被告方的意见。[1]

其实,相关诉讼环节的先后顺序反映出程序权利与程序效率之间的微妙关系。现行司法解释的本意是通过庭前会议提前解决管辖、回避等程序中断事项,故宣读庭前会议报告其实是向当事方昭示上述程序性问题已妥善解决。此时,就无必要先行征询当事方的意见再宣读庭前会议报告。但由于现行司法解释并没有完全排斥被告人在具有新理由的情况下于庭审中提出管辖异议,而且审判长负有的告知当事人诉讼权利这一义务在法律上并没有任何变化,故庭前会议报告宣读后被告人有新的理由提出管辖异议,则法庭仍然应当对此程序问题继续审理。从这一角度看,实践中有些案件的程序处理就不甚妥当,如审判长在宣读庭前会议报告后直接宣布"鉴于庭前会议时当事方没有提出管辖异议、回避申请,本合议庭依法成立",并进入公诉人宣读起诉书这一环节。[2] 如果在学理上和解释论上承认提出管辖异议的限定时间不具有绝对化效力,那么庭审程序中还应当告知被告方"没有新的理由,不得提出管辖异议、回避申请",以提示被告方该些程序性权利并没有被完全排除。当然,从立法论的角度看,未来立法若构建起一种完善的程序裁决机制,赋予被告人对驳回管辖异议或回避申请的裁定进行上诉的权利,那么该些程序异议经过二审终审被驳回后,庭审开始阶段就无须再告知被告人其诉讼权利并征询其意见。

---

〔1〕 参见《吉林辽源法官王某忠二审庭审视频及文字实录》,载腾讯网,https://new.qq.com/omn/20181109/20181109A0EUWI.html,最后访问日期:2019 年 10 月 23 日。

〔2〕 从笔者对多个地方的法院调研情况看,采用该种处理方法已是常态。

2.关于管辖异议的调查程序

对管辖异议如何调查,关系到管辖异议权能否真正得到保障。如果被告人提出管辖异议后,法院不遵循严格的调查程序而简单地予以驳回,那么立法赋予被告人管辖异议权也没有多大现实意义。〔1〕 从《庭前会议规程》的规定来看,对于管辖异议的处理,我国并未赋予被告人实质性地参与解决管辖异议的机会。法院对管辖异议的处理既不举行听证,也不进行法庭调查,被告人的管辖异议对调查结果影响极为有限。其主要原因在于,最高司法机关将程序性争议区分为事实争议和法律争议两类,将非法取证视为事实争议,将管辖、回避问题视为纯粹的法律争议问题。〔2〕 但这种划分似有绝对化之嫌。

管辖异议有时针对管辖规范的法律适用问题,但更多时候涉及管辖权事实的准确认定问题。因法律异议和事实异议的调查难度不一,故两种程序的繁简程度也应有所区别。对于管辖规范法律适用方面的异议,如职能管辖权是否具备、地区管辖权连接点是否涵盖于相关法律规范等,调查程序可以相对简单些,法院可以通过听取双方的意见后作出裁决。对于管辖权事实方面的异议,因控方承担最终证明管辖权事实成立的责任,故辩方提出异议后,控方应当在移送案件材料的基础上作进一步的说明,或者补充相关证据材料,充足管辖权事实的证明要求。辩方亦可自

---

〔1〕 日本学者认为,为了确定管辖权存在与否,法院有必要听取当事人就管辖原因事实所作的陈述。因此,通过辩论准备程序或者口头辩论来进行这种调查是较为妥当的。参见[日]新堂幸司:《新民事诉讼法》,林剑锋译,法律出版社2008年版,第83页。笔者认为,该种分析对刑事诉讼管辖异议的调查也有借鉴意义。

〔2〕 参见戴长林等:《中国非法证据排除制度——原理、案例、适用》,法律出版社2016年版,第237页。

行收集相关证据材料质疑管辖权的成立,或者向法院申请调取相关材料。审判方亦可依职权询问报案人、受害人,或者调取物证、书证或电子数据等。从整体上看,由于管辖权的最终判定会影响控辩双方的程序利益,故无论是法律适用异议还是事实异议,管辖异议的调查程序都应当具有一定的控辩性质。[1]

这里需要指出的有两点:(1)管辖异议的调查应当是一种递进式的调查程序。即对于部分管辖异议,法院经过审查后认为该种异议因明显没有事实上或法律上的依据而根本无法成立的,可以直接裁定驳回。如果法院经审查后认为,管辖异议已经使法官的心证形成了初步的疑点,那么就应当展开控辩式的调查程序,或者法官依职权进行调查。该种递进式调查也是因诉讼环节有别而产生的必然要求。在案件受理环节,法官只进行书面审查,被告方也不一定能及时提出管辖异议。但是在庭前会议或庭审告知诉讼权利的环节,被告方若对管辖权有不同看法,一般会提出比较详细的异议理由。法官此时就应当组织控辩双方进行听审,充分调查管辖权的成立问题。尤其是庭前会议阶段,控辩双方针对诸多程序性事项均可以发表较为充分的意见。[2] 当管辖权事实与案件行为事实交织时,庭审还应对管辖权事实进行详细的调查。由于涉及实体事实,该种调查可能会有直接言词调查的色彩,如证人、被害人、侦查人员出庭作证等。(2)与管辖变更申请的调查相比,管辖异议的调查应当更加全面、充分。相比较而

---

〔1〕 在英美法中,法官在作出影响控辩双方程序利益的裁决时,均需听取双方的意见。See John Sprack, *Criminal Procedure*, 12th ed., Oxford University Press, 2008, p. 166.

〔2〕 按照陈瑞华教授的观点,我国刑事庭前会议已经具有"基本的诉讼形态"。参见陈瑞华:《非法证据排除程序的理论展开》,载《比较法研究》2018 年第 1 期。

言，提出管辖变更申请时，管辖权事实已经存在，只不过控辩双方对是否变更管辖权可能存在不同意见。而提出管辖异议时，往往对案件管辖权事实存疑，甚至经过调查后该种事实可能被否定。因此，后者显然需要司法人员投入更多的精力。

3. 关于被告人不提出管辖异议的法律效果

基于审前程序的相对封闭性以及人权保障的正当性要求，即使犯罪嫌疑人在审前阶段不提出管辖异议，也不应产生审前机关当然取得管辖权的法律效果。那么，被告人在审判阶段不提出管辖异议，是否意味着法院可以在管辖错误的状态下继续审理案件？换言之，被告人不提出管辖异议之行为效力，仅及于其意思表示，还是及于法院的管辖权状态？我国《民事诉讼法》第 127 条第 2 款规定："当事人未提出管辖异议，并应诉答辩的，视为受诉人民法院有管辖权，但违反级别管辖和专属管辖规定的除外。"据此，民事诉讼中当事人不提出管辖异议之默示会产生受诉法院有管辖权的法律效果。那么，在我国《刑事诉讼法》中是否也有必要规定类似的默示管辖制度？

默示管辖的本质是被告人不提出管辖异议，则法院不再宣告管辖错误。其制度优势是有利于维持法院的审理状态，防止程序因无管辖权而发生"断裂"，从而影响诉讼效率。尤其是在审判阶段，法院因无管辖权而宣告管辖错误，往往引起控审关系的紧张，导致案件不得不重新审理。确立默示管辖制度后，将有利于诉讼程序向前推进，极大地节省了司法资源。

域外刑事诉讼中的默示管辖仅针对地区管辖而言。日本学者认为："地域管辖，主要是考虑便于被告人出庭和防御，如果被告人没有提出异议就没有必要终止程序。因此，刑事诉讼法规定,只有被告人提出异议时才能宣告管辖错误。”[1]“土地管辖是相对的诉讼要件,属于当事人判断的内容。”[2]从比较法上看,刑事诉讼中的默示管辖主要有三种立法例:一是以日本为代表的“无异议即无管辖错误”模式。根据《日本刑事诉讼法典》第331条第1款规定,如果没有被告人的申请,法院不得就地区管辖作出管辖错误的宣告。管辖错误的申请,在被告案件已经开始调查证据后,不得提出。该种立法规定的特点是,整个审判阶段均实行默示管辖,不采取法院职权审查并宣告无管辖权的做法。二是以德国为代表的“部分无异议则无管辖错误”模式。根据《德国刑事诉讼法典》第16条规定,法院应当在开启审判程序前,依职权调查地域管辖权。此后,仅允许法院依被告人异议而宣告自身无权管辖。也就是说,德国法以开启审判程序作为划分界限,之前实行职权审查,之后实行无异议即无管辖错误的做法。三是以俄罗斯为代表的“同意则无管辖错误”模式。根据《俄罗斯联邦刑事诉讼法典》第34条第2款规定,法院确认所受理的刑事案件属于同级的另一法院管辖,如果已经开始审理,则有权经受审人同意后继续审理该案。该种立法规定的特点是,法院对地区管辖仍然实行职权审查,发现管辖错误后在征得被告人同意后继续审理,如果被告人有异议,则宣告管辖错误。

相比较而言,“无异议即无管辖错误”的模式,有利于解开案件在特定阶段无管辖权之程序僵局,使法院因被告人不提出管辖异议而取得对案件的管辖权,进而推进诉讼程序的进行。但是,

---

〔1〕［日］新堂幸司:《新民事诉讼法》,林剑锋译,法律出版社2008年版,第167页。
〔2〕［日］田口守一:《刑事诉讼法》,刘迪等译,法律出版社2000年版,第119页。

该种模式强行设定了被告人管辖异议提出的时间,并规定管辖异议的失权效果,这样就可能出现法院"坐等"被告人提出管辖异议的被动情形,致使法院忽视管辖权审查。从主体性参与程度看,刑事诉讼被告人显然无法与民事诉讼被告相比。在民事诉讼默示管辖中,被告主动应诉答辩是其中的约束性条件,从行为本身可以判断出被告愿意接受应诉法院的管辖。但刑事被告人却因国家强制力而被动参与到审判程序中来。这样,实践中是否可能会出现被告人在意思表示不真实的情况下而被动认可法院无管辖权的状态,殊值怀疑。而一旦被告人意思表示不真实,那么事实上的管辖错误因无法获得程序正当性支撑而具有默示管辖的效力。此外,目前我国对刑事诉讼管辖权异议的审查过于薄弱,像日本法那样的全部"以自己的意思决定地区管辖这一当事人处分主义的内容",[1]还很难为我国所接受。从现实必要性看,当下规范的重点应是强化法院对管辖权异议的职权调查责任,而不是通过默示管辖去减轻或免除法院的这种责任。依据职权调查的一般含义,法院主动依职权调查作为诉讼要件的管辖权事项,无须征询被告人意见,亦不受被告人主张或意见的约束。就权利保障的深度而言,法院负有全程性的调查义务其实是保障被告人"法定管辖权利"一种最好的手段。比如在法国,在诉讼的任何阶段,当事人均可提出受诉法院"无管辖权抗辩"。在没有任何人提出无管辖权抗辩的情况下,受诉法院也可以依职权宣告自己无管辖权,因为任何法院都有权审查自己对受理的案件是否有管辖

---

[1] [日]田口守一:《刑事诉讼的目的》(增补版),张凌、于秀峰译,中国政法大学出版社2011年版,第234页。

权,因而在必要时,可以拒绝对案件进行审判。[1]

故为防范被告人错误地表达无管辖异议之意思,保障被告人的管辖利益,我国在规范层面上应当规定:即使被告人在庭前或庭审中不提出管辖异议,法院亦需对管辖权事实作职权调查。

但法院通过职权调查发现管辖错误后,往往会陷入程序困境。一方面,法院已经开展了较多法庭准备乃至庭审工作,如果确认无管辖权,将导致之前的程序进展全部作废;另一方面,法院如果移送案件,必然面临与其他司法机关之间的管辖协商,耗费较多时间和精力。即使法院基于司法最终解决的原理,作出宣告无管辖权的裁决,因该种裁决对控方来说实际上是一种“不利益”,也容易引起控方的不服进而进入救济程序。

为缓解程序耗费与诉讼主体之间的紧张关系,可以借由“无异议即无管辖错误”的模式,从技术上解决后续管辖权缺失所带来的程序难题。通过赋予被告人在一定情况下的异议选择权,可以解决诉讼全过程对管辖权事实采取职权调查和职权处理所引起的程序倒退问题,有助于保障诉讼效率。我国民事诉讼法学者也认为:“如果发现管辖错误就移送,在复杂化程序的同时,亦可能有损当事人的意愿。通过告知当事人,让其在成立无异议管辖与移送之间进行选择,则可以较好地平衡各方的程序利益关系,亦不违背程序的基本规则。”[2]

但是,被告人无管辖异议的意思表示之明智性,仍然是一个

---

〔1〕 参见[法]贝尔纳·布洛克:《法国刑事诉讼法》,罗结珍译,中国政法大学出版社2009年版,第304页。

〔2〕 许尚豪:《无权管辖制度研究——兼评〈民事诉讼法〉之应诉答辩管辖制度》,载《法学论坛》2015年第1期。

问题。被告人是否提出管辖异议,属于程序选择。既然是一种程序选择,那么诉讼主体在选择时的背景因素和信息充分性就十分重要,更何况是这种选择会产生无管辖错误的程序效果。如果被告人在作出有可能影响其“法定管辖权利”的重大选择时,根本不知道程序的状态和信息,那么我们就有理由怀疑充分披露程序信息后,其是否还会作出该种选择。因此,为充分保障被告人的法定管辖权利,法院因无管辖权而产生程序困境后,应当告知被告人案件无管辖权这一事实状态。在知悉这一信息后,被告人可以对更换管辖机关后的审判结果、诉讼时间等因素进行充分评估。若其仍然表示无管辖异议的话,才能发生“无异议即无管辖错误”的程序效力。

法院在告知被告人无管辖权这一事实时,基于降低程序烦琐的考虑,有可能利用自身的资源优势对被告人进行诱导性压制,迫使被告人接受无异议管辖。日本学者棚濑孝雄曾指出,合意诱导从根本上说不外是为了让他人采取一定的行动而施加影响力的一种过程。在此过程中,明显或潜在的制裁(包括正面的激励)是一个重要的因素。这种因素意味着纠纷处理机关将其可以控制的资源作为讨价还价的材料,并借此操纵当事人接受解决方案的动机。[1] 如果法院在告知无管辖权时进行合意诱导,发出“更换管辖法院但结果仍然一样”“有可能量刑更重”等潜在的强制性信息,极有可能导致被告人不真实的意思判断。因此,该项无管辖权的告知内容应接受以下条件约束:纯粹的无管辖权之事实告

---

〔1〕 参见[日]棚濑孝雄:《纠纷的解决与审判制度》,王亚新译,中国政法大学出版社2004年版,第95页。

知,绝对不涉及审判结果之预测或信息透露;宣告无管辖权后案件移送管辖将重新计算审限。这种客观性内容的告知,不涉及审理法院的倾向性意见,可以帮助被告人进行自主选择。

因此,在我国刑事诉讼的制度设计中,被告人不提出管辖异议与法院职权调查、管辖错误三者之间的恰当关系应是:(1)被告人提出的管辖异议仅仅是引起职权调查的一种资料,是职权调查的一种辅助手段。被告人不提出管辖异议,不产生管辖权调查的失权效果。(2)法院不依职权调查管辖权或者在被告人提出管辖异议后错误地驳回了其抗辩,进而在无管辖权的状态下作出判决,仍然可能因错误管辖而遭致判决无效之后果。(3)法院通过职权调查后发现管辖错误,应当告知被告人,法院在征得其明确同意后可以继续审理案件。但是,这种"同意即无管辖错误",应仅限于被告人对地区管辖异议的放弃。职能管辖涉及公安机关和法院之间的强制性权限分工,在保障公共秩序的必要性上明显超过被告人的管辖利益,故被告人即使不提出管辖异议也不产生继续审理的法律效果。从我国民事司法解释来看,具有较强公益性色彩的级别管辖与专属管辖,就不在被告默示管辖的范围内。即便当事人主义的典型代表如美国,民事诉讼中也不实行全部的默示管辖。[1] (4)在法院告知无管辖权后,被告人明确同意无权管辖,即表示其接受相应的程序效力。在后续的救济程序中,被告人不得再提出案件无管辖权的程序抗辩。通过对上述关系的厘定,被告人同意无权管辖能够充分体现出其主体性的程序选

---

〔1〕 根据《美国联邦民事诉讼规则》第12条(b)和(h)之规定,当事人可以放弃包括"对人管辖权""事项管辖权""审判地"等方面的异议权利。但是,法院在任何时候发现自身没有事项管辖权,必须驳回起诉。

择,也成为解决法庭审理阶段因管辖错误而出现的程序困境的有力手段。依据权利行使的一般条件,被告人放弃权利的意思表示应当自愿、真实,法院不得对被告人施加压力,或进行诱导、欺骗,使其产生错误的意思表示。因此,被告人作出无权管辖的同意时,应当有律师的协助。

五、管辖程序性权利的救济

救济是对已发生的不当行为的一种纠正或矫正。我国目前所有的管辖规范均没有规定管辖程序性权利的救济问题。根据《庭前会议规程》第 11 条之规定,法院经审查认为管辖权异议不成立的,依法驳回。对此驳回决定,被告人无法申请复议。但根据《刑事诉讼法》第 31 条第 3 款、《庭前会议规程》第 12 条第 2 款之规定,附有法定理由的回避申请被驳回后,被告人可以申请复议。可见,我国对管辖异议申请和回避申请两种程序性权利的救济作了区别对待。但从两种权利的重要性看,理应均设置救济机制。回避申请涉及法官中立和审判公正问题,立法对回避申请规定救济机制,旨在严格保障权利和慎重处理该类申请。而管辖异议申请系对管辖权的有无问题提出的一种挑战,关系诉讼要件的成立与否和诉讼程序能否合法进行,法律规范亦应规定相应的救济机制,保障管辖程序性权利落到实处。

在审前阶段,即便侦控方驳回犯罪嫌疑人提出的管辖程序性主张,由于法院对管辖权问题具有最终的确认权,故无必要在审前阶段就由法院对驳回性的管辖裁决进行司法救济。尤其在我国,法院对程序性问题的裁决权并没有延伸至审前阶段,故对审前阶段的管辖程序性权利采用一种非司法化的救济方式更具有现实性。因此,如果犯罪嫌疑人对审前阶段驳回管辖程序性主张的裁决不服,可以向作出驳回裁决的机关的上一级机关申请复议。复议期间,除侦查行为和诉讼紧急措施之外,其余的诉讼行为应当中止。

在审判阶段,如果法院驳回被告人的管辖程序性主张,那么对于该种驳回性的管辖裁决,是否需要单独进行上诉救济?从国外立法看,对审理法院在判决前作出的有关程序问题的裁定,部分允许上诉,部分却不允许上诉。如根据《日本刑事诉讼法典》第19条第3款规定,允许对移送裁定或者驳回移送请求的裁定提起即时抗告,但以该裁定显著危害利益为限,且需要陈明事由。即使如此,该法第420条将判决前管辖问题的决定与判决前诉讼程序的决定进行并列,规定除该法有可以提起即时抗告的特别规定的以外,不得抗告。日本学者认为,对终局判决提出的上诉是概括性救济,所以这种不服申请的方法是充分的。把派生的论争作为一个个上诉的对象,可能分散法院的精力,也会导致程序的迟延。[1] 根据《德国刑事诉讼法典》第305条之规定,对审理法院在判决作出前的裁定,不得抗告。例外情形是对于该法第304条第4款第4项所规定的因为程序障碍而停止程序的裁定,可以提出一般抗告。德国学者认为,限制对判决以外的裁定和决定进行抗告,理由是避免重复和交叉性的上诉,这样的上诉会扰乱审判法庭决定审判行为的权威。[2] 可以看出,即使是实行审判管辖

---

〔1〕 参见[日]新堂幸司:《新民事诉讼法》,林剑锋译,法律出版社2008年版,第198页。

〔2〕 参见[德]托马斯·魏根特:《德国刑事诉讼程序》,岳礼玲、温小洁译,中国政法大学出版社2004年版,第219页。

中心论的国家,也并非一律允许对法院驳回管辖程序性主张的所有裁决进行上诉审救济,而是对允许上诉的驳回性管辖裁决作了范围上的限制。

我国刑事诉讼法学界此前也有探讨法院驳回管辖权异议的裁决的上诉救济问题,但学者们观点不一,且均没有给出理由。[1] 从比较法上看,相关国家虽然限制对诉讼程序中的部分管辖裁决进行上诉,但也并非全然禁止。从理论上分析,如果是基于案件管辖权问题的裁决可以与实体问题一并得到审查之原因,而禁止对管辖裁决进行上诉,那么就很难解释为何德国和日本均允许对驳回回避申请的裁决单独进行上诉。毕竟,回避问题也可以与实体问题一并接受上诉审的审查,从而得到终局性的判定。由此看来,是否允许对驳回管辖程序性主张的裁决进行上诉,关键还是看该些管辖程序性主张是否与被告人的权利有关。刑事诉讼中的管辖事项众多,其中有些事项对当事人的权利并无影响。如果立法不从权利行使的范围对管辖程序性主张进行限制,那么难免形成大量无涉被告人权利的管辖裁决。对于这些"多余"的管辖裁决,本无理由允许被告人再行上诉,无端浪费国家司法资源。但是,如果立法以"利益影响"为条件,事先限定管辖程序性主张的范围,那么就需考虑关于驳回程序性主张的管辖裁决的上诉权问题。前文已指出,我国引入"法定管辖权利"这一概念后,应当以保障案件司法公正与保障被追诉人的"法定管辖

[1] 参见房保国:《刑事诉讼管辖权异议的裁判体系》,载《烟台大学学报(哲学社会科学版)》2004 年第 1 期;张处社:《论刑事诉讼管辖权异议》,载《青海社会科学》2003 年第 3 期;石晓波:《刑事诉讼管辖权异议制度研究》,载《中国刑事法杂志》2004 年第 4 期。

权利”为限度，赋予被追诉人以管辖变更申请权和管辖异议权。也就是说，刑事诉讼立法完善后，我国管辖程序性权利的行使应当以法定范围为限。因此，该些管辖程序性主张如果被法院驳回，理应得到上诉的救济机会。但上诉救济本身有独立救济和附属救济之分，鉴于管辖程序性权利的重要性，上诉审法院对驳回性的管辖裁决的再次审查不应依附于实体判决，而应当具有独立性，即需有一种单独的审查程序保障上诉审救济的有效性。当然，基于程序的对等性，对于法院采纳被告人提出的管辖程序性主张而宣告自身无管辖权的裁定，检察机关应有权提出抗诉。

允许对驳回管辖程序性主张的裁决进行上诉后，带来的现实问题是程序进行将受到阻碍，同时上级法院的审判工作量将大幅度增加。根据我国《民事诉讼法》及相关司法解释规定，当事人可以对受诉法院驳回地区管辖权异议的裁定、驳回级别管辖权异议的裁定提起上诉，第二审法院应依法审理并作出裁定。但在民事司法实践中，管辖权异议的上诉权利被滥用的情形非常普遍。据北京市知识产权法院统计，自 2014 年 11 月 6 日建院至 2018 年 6 月 30 日，该院共受理各类知识产权案件 44，139 件。其中，管辖权异议二审案件 3287 件，约占全院民事二审案件收案量的 1/3。在受理的 3287 件管辖权异议二审案件中，仅有 6 件作出了撤销原裁定的裁判，仅占 0. 18%。[1] 据重庆市第三中级人民法院统计，2013～2016 年受理的 842 件管辖权异议二审案件中，维持一审驳

---

〔1〕 赵书博：《北京知识产权法院通报管辖权异议二审案件情况》，载北京法院网，http://bjgy. chinacourt. org/article/detail/2018/07/id/3404048. shtml，最后访问日期：2018 年 7 月 30 日。

回裁定的有839件，占99.64%。[1] 有实务部门的同志指出，现行《民事诉讼法》对于管辖权异议的规定过于粗疏，对当事人提出的管辖权异议，无论理由是否荒谬也无论是否有证据佐证，均需下裁定，针对该裁定，还可以提出上诉。这样，当事人只需一纸管辖权异议申请书、上诉状，随便编造一个理由，甚至不需要提供任何证据材料，便可以启动程序。[2] 无根据地启动管辖权异议上诉程序，只会浪费国家司法资源，徒增二审法院的审判工作量。鉴于此，在《民事诉讼法》修改过程时，多个地方的审判法官均提出，应当取消当事人对驳回管辖权异议的上诉权，避免当事人滥用诉权。[3]

刑事诉讼管辖中的程序性权利涉及司法公正，在制度规范上一律不允许被告人对驳回性的管辖裁决进行上诉，不符合人权保障的总体方向。但民事诉讼管辖权异议上诉权的滥用，却是一种客观的现实，值得我们反思。笔者认为，在设计刑事诉讼管辖规范时，可以建立上诉许可机制，防止该种权利被滥用。上诉许可机制，是指被告人对驳回管辖权异议的裁决的上诉，应当先由二审法院进行审查。如果发现管辖权异议的上诉没有理由或理由明显系编造，或者无视管辖权的法定连接点规定、只选择其中一个连接点作为上诉理由，二审法院可以不予受理该种上诉。也就是说，通过该种机制，可以剔除大量没有根据的上诉请求，避免这

---

〔1〕 刘继雁：《民事诉讼管辖权异议被滥用问题突出》，载重庆法院网，http://cqfy.chinacourt.org/article/detail/2016/08/id/2059585.shtml，最后访问日期：2018年7月28日。

〔2〕 参见孙明：《管辖权异议上诉程序探析》，载《华东交通大学学报》2013年第1期。

〔3〕 参见全国人大常委会法制工作委员会民法室编：《民事诉讼法立法背景与观点全集》，法律出版社2012年版，第87、168页。

些上诉进入二审程序,保障二审法院集中精力处理那些真正有价值的上诉案件。不少国外学者认为,“裁量上诉可能成为解决上诉案件持续增长的有效手段。在未增加足够资源的情况下,废除这一制度,将会降低而不是提升上诉程序的质量。改革裁量上诉将会用最少的花费使得上诉程序的质量得以提升,并且为上诉案件正在激增的区域提供方向”。[1] “裁量上诉可以减少上诉结果的不确定性,促进案件的及时解决。同时,上诉法院通过该种机制对上诉案件进行筛选和过滤,这样剩下的案件就能得到充分的考虑。作为一种筛选方式嵌入在上诉过程中,裁量上诉可以为法院节约成本。”[2]由此看来,该种程序机制既维护了被告人的上诉权,同时也控制了不必要的上诉,在权利保障与诉讼效率之间取得了较好的平衡。基于这些原因,有不少国家在刑事诉讼法规范中确立了对驳回管辖程序性主张的裁决的上诉许可机制。如在法国,虽然根据《法国刑事诉讼法典》第 507 条之规定,可以对与实体判决分开作出的中间判决提出上诉,但由于法院驳回无管辖权抗辩的判决并不终止诉讼程序,故对该判决提出上诉不能立即得到受理,还需要上诉法院审查上诉申请后才能进入上诉程序。[3] 在英国,根据《治安法院法》第 111 条之规定,被告人可在法律错误或者超越管辖权的基础上通过向治安法官申请把案件陈述给高等法院以征求它关于涉及的法律或管辖权问题的意见

---

〔1〕 Bernard G. Barrow, *The Discretionary Appeal: A Cost Effective Tool of Appellate Justice*, 11 George Mason University Law Review 31(1988).

〔2〕 Steven Shavell, *On the Design of the Appeals Process: The Optimal Use of Discretionary Review versus Direct Appeal*, 39 Journal of Legal Studies 63(2010).

〔3〕 参见[法]贝尔纳·布洛克:《法国刑事诉讼法》,罗结珍译,中国政法大学出版社 2009 年版,第 528~529 页。

的方式对程序质疑。这种通过案件陈述的方式向高等法院提出的上诉,应当获得高等法院的同意。[1]

除上诉许可机制之外,为尽快处理实体判决作出前的管辖权问题,对于驳回管辖程序性主张的裁决的上诉,还应当建立其他的程序加速机制。一是尽可能缩短上诉期限。很多大陆法系国家规定了对裁定的立即抗告制度。“立即抗告在许多情形下,则为立法者所明文规定,其乃基于法的法定性而必须有一迅速、彻底、确定的说明。”[2]我国立法关于刑事裁定的上诉期限,原则上应予维持。但对管辖程序性主张的裁决,上诉期限可以缩短为3日,以体现即时上诉的特点。二是上诉审可以不开庭审理。依据程序法理,司法资源的分配应符合分配正义的哲学,个案获得的法院资源必须与该案的难度、复杂程度、价值、重要性大致相当。[3] 鉴于保障被告人管辖程序性权利的重点阶段在一审程序,而管辖权问题毕竟不涉及被告人的罪与非罪等实体问题,且上诉审程序对部分事实清楚的实体事项也可以不开庭审理,故在原审法院已经通过较为严密的程序对管辖程序性主张进行过调查后,二审程序已无必要再行开庭审理。正是基于上述原因,德国和日本的刑事诉讼立法均规定,抗告法院的裁定可以不需要经过言词辩论而作出。如此迅捷和简化的救济程序,主要考虑因素还是诉讼效率。三是上诉审期间,应当中止案件的实体审理。为

---

〔1〕 参见[英]约翰·斯普莱克:《英国刑事诉讼程序》,徐美君、杨立涛译,中国人民大学出版社2006年版,第683~686页。

〔2〕 [德]克劳思·罗科信:《刑事诉讼法》,吴丽琪译,法律出版社2003年版,第538页。

〔3〕 参见[英]阿德里安A.S.朱克曼主编:《危机中的民事司法——民事诉讼程序的比较视角》,傅郁林等译,中国政法大学出版社2005年版,第16页。

防止二审法院对管辖权问题作出有别于一审法院的判断,进而影响到原审审理程序的效力,故从整体上保障案件处理的效率这一角度,中止案件的实体审理是有必要的。

六、结语

综观我国刑事诉讼管辖规范,被追诉人的程序性权利并未获得一席之地。超越案件分配机制这一范畴,可以发现管辖制度其实与被追诉人的权利保障问题紧密相关。由此,被追诉人享有管辖程序性权利应具有必要性与正当性。通过对"法定管辖权利"的正面论证,管辖程序性权利的来源和性质就变得清晰起来,权利的范围也得到恰当框定。基于不同权利的功能需要,管辖变更申请权与管辖异议权在我国刑事诉讼中应有不同的规范设计与程序安排。为平衡权利保障与程序效率之间的关系,应当考虑建立恰当的管辖程序性权利救济机制。需要看到的是,因现有规范对管辖问题的判定使用"决定"而不使用"裁定"形式,这样就因裁判种类的限制而封死了管辖程序性权利得到独立的上诉审救济之可能性。程序争议的裁决因形式问题而缺乏可抗辩性和可救济性,反映出我国制定刑事诉讼法律规范时的另一种"重实体(结果)轻程序"的思维。因此,管辖程序性权利规范的整体构建,应当与完善刑事程序争议的裁决机制一并加以考虑。

第二章 刑事被追诉人的妥速审判权

一、妥速审判权保障已成为一种国际刑事司法趋势

妥速审判权，又称“迅速审判权”“适时审判权”“速审权”。在刑事诉讼领域，妥速审判权是指被追诉人在受刑事指控后，有权获得及时的审判。由于这种及时审判并非越快越好，而是在不损害司法公正前提下的妥当的快速，因而称此种权利为“妥速审判权”更为恰当。

被追诉人的妥速审判权源于英美普通法，最早规定妥速审判权的是 1166 年《英国克拉伦敦法》。该法要求，在王室巡回法官即将到来时，已经逮捕了犯罪嫌疑人的地方治安官必须及时通知法官，以便及时安排审判。1215 年《英国大宪章》第 40 条对该权利作了更明确的规定：“余等不得向任何人出售、拒绝，或延搁其应享之权利与公正裁判。”1679 年《英国人身保护法》（*Habeas Corpus Act*）也对妥速审判权进行了保护。如科克曾对此评论道，未经审判的超期羁押有违英国法律与习惯，迟来的审判是对正义

的背离。[1] 1791 年,美国联邦政府通过《美国联邦宪法》第六修正案,将妥速审判权规定为宪法性权利。随后,美国 50 个州的宪法也均将妥速审判权纳入宪法性权利范围。[2] 1967 年,美国联邦最高法院通过科勒普案(Kloper v. North Carolina),将妥速审判权条款与《美国联邦宪法》第十四修正案正当程序条款结合,从而使联邦宪法妥速审判权的约束力扩及美国各州。[3] 1974 年,为进一步保障妥速审判权,美国国会制定《美国 1974 年联邦妥速审判法》(*Federal Speedy Trial Act of* 1974),此后很多州也相继制定各自的妥速审判法。

目前,认可与保障被追诉人的妥速审判权已成为一种国际刑事司法潮流。在国际条约层面,1966 年通过的联合国《公民权利和政治权利国际公约》第 14 条第 3 款第 3 项规定,在判定对他提出的刑事指控时,人人完全平等地享有"受审时间不被无故拖延"的最低保证。在区域性条约层面,1950 年通过的《欧洲保障人权和基本自由公约》(又称《欧洲人权公约》)第 6 条第 1 项规定:"在决定某人的权利和义务或者在决定某人的行为是否构成犯罪时,任何人都有权在合理时间内受到依法设立的独立、公正法院的公平且公开的审讯。"该规定通过欧洲人权法院(European Court of Human Rights,ECHR)的大量判例,已成为约束欧盟各成员国刑事司法的一个重要规定。以 2000 年为例,欧洲人权法院在该年作出 659 个判决,其中就有 521 个判决涉及妥速审判权问

---

〔1〕 See Po H. Chiu, *Doggett v. United States: Adapting the Barker Speedy Trial Test to Due Process Violations*, 14 Whittier Law Review 45(1993).

〔2〕 See Clayton Thompson, *A Shooting Suspect's Release Revives the Right to a Speedy Trial in Missouri*, 76 Missouri Law Review 976(2011).

〔3〕 See Kloper v. North Carolina, 386 U. S. 213(1967).

题,约占所有判决的 3/4。[1] 1969 年通过的《美洲人权公约》与 1981 年通过的《非洲人权和民族权宪章》也有类似规定。在国家与地区法律层面,除前述英美外,很多其他国家也对妥速审判权作出了不同程度的规定。在日本,《日本宪法》第 37 条第 1 款规定:"在一切刑事案件中,被告人享有接受法院公正迅速的公开审判的权利。"同时,《日本刑事诉讼法典》第 1 条也将通过正当程序迅速处理刑事案件视为刑事诉讼法的目的之一。[2] 不仅如此,日本还在 2003 年专门制定《关于快速进行审判的法律》,要求第一审诉讼程序应当在 2 年内结束,其他法院程序也应当根据各自特点,在短期内结束。[3] 在德国,自 1969 年德国宪法法院吸收英美国家的"公正审判"概念之后,"妥速审判权"概念逐渐出现于刑事诉讼领域。现在的《德国刑事诉讼法典》虽然并无妥速审判权的一般规定,但许多法条却体现了这种权利要求,而且德国联邦最高法院的一些判例也认可并通过相应措施保障了被追诉人的这种权利。[4]

在我国,刑事诉讼法并没有将妥速审判权作为被追诉人的诉讼权利加以认可与保障,其主要体现是刑事诉讼法既未明确规定被追诉人享有妥速审判权,也未针对妥速审判权规定任何救济措

[1] 参见吴志光:《适当期间接受裁判权之实践——以欧洲人权法院 Kudla v. Poland 案暨相关裁判为核心》,载《台湾本土法学杂志》2005 年第 5 期。

[2] 在日本,从理论界到实务界,大多认为《日本刑事诉讼法典》第 1 条规定的刑事诉讼法的目的之一就是迅速处理刑事案件。参见[日]田口守一:《刑事诉讼法》,张凌、于秀峰译,中国政法大学出版社 2010 年版,第 19 页。

[3] 参见[日]田口守一:《刑事诉讼法》,张凌、于秀峰译,中国政法大学出版社 2010 年版,第 20 页。

[4] 参见[德]克劳思·罗科信:《刑事诉讼法》,吴丽琪译,法律出版社 2003 年版,第 130、132 页。

施,更遑论对该权利的救济程序有相应之规定。与此相应,刑事诉讼学界虽有人论及诉讼及时原则,却很少有人从被追诉人妥速审判权的角度对此问题深入论述。[1]

也许有人认为,我国《刑事诉讼法》虽未明确规定被追诉人享有妥速审判权,但已明确将诉讼及时作为调整任务之一,且对主要诉讼阶段都规定了期限,已足以保障被追诉人的相关利益,没有必要对妥速审判权作专门规定。这种看法值得商榷。首先,从理论上看,即使我国《刑事诉讼法》第2条可理解为包含了诉讼及时原则,但作为一种法律原则,正如罗纳德·德沃金所说的,它只能"指导我们在决定如何对一个特定的事件作出反应时,指导我们对特定因素的思考",[2]如要落到实处,还需具体规则与制度;而刑事诉讼法的期限规定,如无对应的权利规定,即使规定再周密,[3]也因无法从权利的角度启动超期办案制裁机制,被追诉人的合理利益难以得到有效救济。其次,从实务上看,这些规定收效甚微。从1979年《刑事诉讼法》开始,我国每部《刑事诉讼法》均将保障诉讼及时作为主要任务之一,均对侦查、审查起诉、一审程序与二审程序等主要诉讼阶段规定了相应期限,但诉讼迟延问题却相当普遍,表现之一就是超期羁押现象屡见不鲜。据媒体报

〔1〕 从期刊网查询情况来看,目前只有4篇有关被追诉人妥速审判权的论文,其中有一篇是冯喜恒的有关美国联邦妥速审判权的介绍性论文——《美国联邦法律中的迅速审判权》(载《环球法律评论》2011年第3期)。

〔2〕 [美]罗纳德·德沃金:《认真对待权利》,信春鹰、吴玉章译,中国大百科全书出版社1998年版,中文版序言第18页。

〔3〕 现行《刑事诉讼法》有关期限的规定漏洞较多。如对侦查阶段规定的只是侦查羁押期限而非侦查期限;检察人员在审判阶段可申请延期审理而对案件进行补充侦查,而《刑事诉讼法》对可延期审理几次却无明确规定;不管是审查起诉阶段,还是审判阶段,案件改变管辖的,都要重新计算审查起诉期限或审理期限,而《刑事诉讼法》对案件管辖改变的次数并未作明确限制;等等。

道，在2003年最高人民法院、最高人民检察院（以下简称“两高”）与公安部等有关部门展开“阳光羁押”专项治理行动以前，超期羁押现象极其严重，如超期羁押达28年之久的谢洪武案，[1]超期羁押达14年之久的吴留锁案。[2] 目前即使经过专项治理活动，这种超期羁押现象仍然让人担忧。《最高人民检察院工作报告》显示，2009年全国检察机关对超期羁押提出纠正意见337人次；[3] 2010年纠正超期羁押525人次；[4]2011年会同公安机关、法院清理久押不决案件463件，依法纠正超期羁押242人次。[5]

我国已在1998年签署《公民权利与政治权利国际公约》，一旦全国人民代表大会批准该公约，根据国际条约信守原则之要求，认可与保障被追诉人的妥速审判权将是我国应尽的义务。另外，继2004年《宪法修正案》明确规定“国家尊重与保障人权”之后，2012年修改后的《刑事诉讼法》也顺应人权保障之国际刑事司法潮流，在第2条明确将“尊重和保障人权”作为《刑事诉讼法》的主要任务之一，认可与保障被追诉人的妥速审判权也必将成为

---

〔1〕 1974年6月24日，广西玉林市农民谢洪武被公安部门以私藏反动传单为由送入看守所，在无卷宗、无判决、无罪名、无期限的情况下，直到2002年10月30日才被无罪释放。正是这一中国最长的“拘留”案，引起了中央领导的重视，并由此引发了全国范围的清理超期羁押专项整治活动。参见谢洪武：《非法超期羁押第一人》，载正义网，http://newspaper.jcrb.com/dzb/zhukan/page_27/200807/t20080725_54426.html，最后访问日期：2017年1月20日。

〔2〕 1984年9月8日，河南伊川县人吴留锁因涉嫌故意杀人被刑事拘留后，未经法院判决被关押于看守所达14年之久。参见卞君瑜：《吴留锁案结论难产，超期羁押达十四年》，载《法律与生活》1999年第1期。

〔3〕 参见2009年《最高人民检察院工作报告》，载新华网，http://news.xinhuanet.com/politics/2010-03/18/content_13192959_4.htm，最后访问日期：2017年1月23日。

〔4〕 参见2010年《最高人民检察院工作报告》，载人民网，http://politics.people.com.cn/GB/1027/14185729.html，最后访问日期：2017年1月23日。

〔5〕 参见2011年《最高人民检察院工作报告》，载新华网，http://news.xinhuanet.com/politics/2012lh/2012-03/19/c_111672904.htm，最后访问日期：2017年1月23日。

我国刑事司法的重要内容之一。因为妥速审判权不仅是人权在刑事司法领域的重要内容之一,也是人权其他内容在刑事司法中得以保障的重要措施。在此种情况下,研究我国被追诉人的妥速审判权问题,绝非研究"屠龙之技",而是信守我国所参加的国际条约,深化我国刑事诉讼法人权保障功能之所需。由于欧洲人权法院与美国在此问题上已有丰富立法或实践经验,本章以下自论证被追诉人妥速审判权之正当性入手,以欧洲人权法院的相关判例与美国的有关立法与实践作为比较视角,试对我国应当如何规定与保障被追诉人的妥速审判权作出论述,以引起学界对此问题的深入探讨。

二、妥速审判权的正当性——被追诉人合理利益的认可与保障

权利的正当性何在,亦即法律为何赋予特定主体某种权利,这是任何权利保障议题最先需要解决的问题,它直接关系到该权利的保护范围与保障措施的界定与选择。对此问题,美国联邦最高法院曾在保障被追诉人个人利益与保障社会公共利益之间摇摆不定。在1966易威尔案(United States v. Ewell)中,美国联邦最高法院认为妥速审判权的目的,一是为了防止不恰当的、具有压制性的审前羁押;二是尽量减少刑事指控给被追诉人所带来的焦虑与担忧;三是减轻诉讼迟延对辩护权的损害。[1] 但在1972年巴克案(Barker v. Wingo)中,美国联邦最高法院又认为妥速审判权除保障被追诉人的合理利益外,还保障社会利益:一是若被追

〔1〕 See United States v. Ewell,383 U.S.116(1966).

诉人是有罪之人,在审前未受羁押的,妥速审判可及时对其定罪判刑,减少其审前再次犯罪的概率;二是若被追诉人已被羁押,审判迟延会造成超期羁押,因而会增加政府财政支出与行政负担;三是审判迟延有可能导致控方证人死亡或记忆衰退,进而导致放纵有罪之人;四是若被追诉人确为有罪之人,审判迟延会导致执行与矫正的推迟,进而降低矫正的成功率。〔1〕 有人对美国联邦最高法院的这种双重论证进路提出疑问,认为美国联邦权利法案的目的不是保护社会利益,而是保护个人自由,因而社会利益不是妥速审判权的保护内容。〔2〕 还有人认为,《1974 年联邦妥速审判法》也表明妥速审判权保护的是人身自由,因为该法规定,只有提出刑事指控后才开始计算诉讼迟延时间。〔3〕 也许因为存在此类质疑,在 1982 年麦克唐纳案(U. S. v. MacDonald)、1986 年霍克案(U. S. v. Loud Hawk)以及 1993 年多格特案(Doggett v. U. S.)中,涉及妥速审判权的正当性时,联邦最高法院主要是以被追诉人的合法权益作为论证基础。如前两案认为妥速审判权旨在防止对被追诉人的人身损害,〔4〕后一案则强调辩护权的保障。〔5〕

对欧洲人权法院来说,被追诉人妥速审判权的正当性,既在于保障被追诉人的诉讼基本权,也在于避免当事人实体权利因

〔1〕 See Barker v. Wingo, 407 U. S. 514(1972).

〔2〕 See Timothy J. Searight, *The Sixth Amendment Right to a Speedy Trial: Applying Barker v. Wingo after United States v. Doggett*, 22 Western State University Law Review 63 (1994).

〔3〕 See Po H. Chiu, *Doggett v. United States: Adapting the Barker Speedy Trial Test to Due Process Violations*, 14 Whittier Law Review 917(1993).

〔4〕 See U. S. v. MacDonald, 456 U. S. 1(1982); U. S. v. Loud Hawk, 474 U. S. 302 (1986).

〔5〕 See Doggett v. U. S. 505 U. S. 647(1992).

“讼累”而遭受不可恢复的损害;同时,还在于妥速审判有利于提高司法效率与公信力。[1] 而在德国法院,一般以法治国家原则作为妥速审判权的基础。[2]

将社会公共利益作为论证妥速审判权正当性的重要论据之一,表面看来,似乎为妥速审判权的正当性提供了更广阔的基础,但细究下来,这种进路是一条“危途”。权利,实为“权力”与“利益”相结合的产物,[3]是得到法律认可并以强制力保护的利益。如德国学者亨克勒(Heinrich Henkel)就曾认为,社会在立法之前就存在一种利益结构,这种利益结构是法律的基石,是法律构建之动因,法律就是根据合目的性及正义理念对各种利益进行考量得出的结果。[4] 法律保护利益之手段,就是权利。[5] 而利益其实就是利益主体寻求满足的一种需求、欲望或期望。[6] 各种利益需求之间既可能存在冲突,也可能存在重合。法律在对各种互相冲突的利益进行衡量,并以权利形式认可与保护某些主体的利益时,也可能附带地满足了其他利益主体的一些利益需求。但是,这种附带满足的利益需求具有相对性或偶然性,可能会与其他利益主体的其他利益需求发生冲突,因而在权衡过程中有可能成为其他利益的牺牲品。妥速审判虽在保障被追诉人合理利益

---

〔1〕 参见吴志光:《适当期间接受裁判权之实践——以欧洲人权法院 Kudla v. Poland 案暨相关裁判为核心》,载《台湾本土法学杂志》2005 年第 5 期。

〔2〕 参见[德]克劳思·罗科信:《刑事诉讼法》,吴丽琪译,法律出版社 2003 年版,第 132 页。

〔3〕 参见燕树棠:《公道、自由与法》,清华大学出版社 2006 年版,第 70 页。

〔4〕 参见高金桂:《利益衡量与刑法之犯罪判断》,台北,元照出版公司 2003 年版,第 69 页。

〔5〕 参见燕树棠:《公道、自由与法》,清华大学出版社 2006 年版,第 75 页。

〔6〕 参见[美]罗斯科·庞德:《法理学》(第 3 卷),廖德宇译,法律出版社 2007 年版,第 14 页。

的同时，也可满足节约司法资源、提高追诉效率的社会公共利益需求，但在某些情况下，这种妥速审判也不利于犯罪追诉，因而有可能成为追求犯罪追诉利益的牺牲品。如果以社会公共利益论证妥速审判权的正当性，在这种情形下就可能得出否定妥速审判权的结论。为此，妥速审判权是否正当，不能以该权利行使所可能满足的社会公共利益需求作为论证基础，而只能以被追诉人本身的利益需求是否合理作为论证基础。对于这一点，国外学界不乏清醒认识。如有美国学者认为，在界定任何权利之前，关键在于界定该权利所要保护的利益，目前妥速审判权之所以存在混乱，就在于没有明确其保护的利益。[1]

鉴于此，笔者认为，被追诉人妥速审判权的正当性在于被追诉人对妥速审判具有合理利益，作为调整刑事诉讼活动的刑事诉讼法应当以权利形式认可与保障这种合理利益：

一是尽量减少未决羁押时间。根据无罪推定原则，任何人在法院正式判决之前，都应被视为无罪之人，其包括人身自由在内的合法权益都应受到法律保障，不得随意加以剥夺。未决羁押，虽属程序性保障措施，但从实际效果来看，它仍然是对被追诉人人身自由的一种剥夺。法律之所以允许对被追诉人采取未决羁押措施，这是犯罪追诉利益与被追诉人人身自由利益相平衡的结果。这种未决羁押作为一种利益平衡结果，虽因案件千差万别，法律不可强行规定一个绝对确定的期限，但应根据案件情况将其控制在合理限度内，超出此合理限度，就违反了无罪推定原则。

---

〔1〕 See Timothy J. Searight, *The Sixth Amendment Right to a Speedy Trial: Applying Barker v. Wingo after United States v. Doggett*, 22 Western State University Law Review 63 (1994).

由于担心被追诉人逃跑、串供、毁灭证据,被追诉人在法院判决前常常被采取羁押措施,尤其是我国,虽然有逮捕条件之限制,但实际却是以羁押为原则,取保候审为例外,[1]诉讼迟延往往意味着超期羁押。这种超期羁押不仅有违无罪推定原则,侵害被追诉人的人身自由权,而且还可能使被追诉人丧失被判处较短刑期或缓刑的机会,使被追诉人的法律适用平等权受到侵害。这是因为,如果被追诉人被超期羁押,为使羁押时间得以折抵刑期,即使根据犯罪情节,被追诉人可判处短于羁押时间的刑期,甚至可判处缓刑,最后也可能会被判处长于或等于羁押时间的刑期。另外,在刑事赔偿压力之下,这种超期羁押在我国还可能引发本可作不起诉处理却仍然提出公诉、本可判决无罪却判有罪的风险。为保障被追诉人的人身自由权与法律适用平等权等合法权益,应将未决羁押时间限制在合理范围内,而要做到这一点,关键是被追诉人能得以妥速审判。

二是尽量减轻诉讼未决状态给被追诉人所造成损害。不管被追诉人是否被采取羁押措施,诉讼未及时终结,均会给被追诉人的精神与物质造成一定的损害,诉讼持续时间越长,这种损害也就越大。在精神方面,这种损害主要是诉讼长期未决给被追诉人带来的未来命运不确定的精神焦虑与折磨。如贝卡利亚曾言:"惩罚犯罪的刑罚越是迅速和及时,就越是公正和有益。""说它比较公正是因为:它减轻了捉摸不定给犯人带来的无益而残酷的折

[1] 如根据2008年的统计,公诉案件的逮捕率达86%以上,而采取其他措施的案件不到14%。参见顾永忠:《1997—2008年我国刑事诉讼整体运行情况的考察分析——以程序分流为视角》,载《人民检察》2010年第8期。

磨,犯人越富有想象力,越感到自己软弱,就越感受到这种折磨。"[1]另外,即使被追诉人未被羁押,他的正常生活也会因此被打乱,被追诉人及其家庭也会因此长期生活在怀疑与敌意的阴影下。[2] 在物质方面,这种损害主要表现为公开指控给被追诉人就业、工作等带来的负面影响:一方面,即使未被羁押,其他强制措施,尤其是我国的监视居住措施,实际也剥夺或限制了被追诉人就业机会;另一方面,为应付长时间诉讼,被追诉人除了要投入大量钱财外,还会因为疲于应对诉讼而无暇顾及工作,导致工作收入的减少等。这种因为诉讼未决而带来的损害,虽然不可能完全避免,被追诉人也有一定的忍受义务,但也必须将其控制在合理限度内,措施之一就是尽量妥速审判,缩短诉讼未决时间。

三是被追诉人有效行使辩护权。虽然被追诉人没有证明自己无罪的责任,但被追诉人积极行使辩护权时,尤其是我国涉嫌巨额财产来源不明罪的被追诉人提出财产来源合法的辩护理由时,也需提出相应证据加以证明或说明。诉讼长期未决,有利于被追诉人的证据有可能随时间推移而灭失,影响被追诉人有效行使辩护权。另外,如果被追诉人被未决羁押,诉讼迟延还会阻碍被追诉人收集证据、接触证人或进行其他辩护准备工作,从而影响被追诉人辩护权的有效行使。[3] 出于保障被追诉人的辩护权,亦有必要妥速作出终局裁判。

---

[1] [意]贝卡里亚:《论犯罪与刑罚》,黄风译,中国大百科全书出版社 1993 年版,第 56 页。

[2] See Barker v. Wingo, 407 U. S. 514(1972).

[3] See Barker v. Wingo, 407 U. S. 514(1972).

三、妥速审判权的适用范围

妥速审判权的适用范围，主要是指妥速审判权的适用期间。该问题实际包含两方面：一是被追诉人在何时开始享有妥速审判权；二是被追诉人的妥速审判权在何时结束。

（一）美国与欧洲人权法院妥速审判权的适用范围

1. 美国妥速审判权的适用范围

对于妥速审判权的开始时间，美国联邦最高法院在1971年马里恩案(United States v. Marion)中建立了一种“控诉后规则”(The Post-accusation Rule)，认为只有被逮捕或被正式起诉后，被追诉人才享有妥速审判权。其中，正式起诉包括检察官起诉与大陪审团起诉或正式的控诉。〔1〕 其理由是，该权利旨在避免被追诉人遭受长期的未决羁押、减少羁押所导致的精神焦虑、消除辩护权行使障碍，而这些问题唯有被追诉人被逮捕或正式起诉后才会产生。〔2〕《1974年联邦妥速审判法》作了更明确的规定：从大陪审团或检察官提出起诉书之日起，如果被追诉人被逮捕的，从被追诉人第一次出庭(initial appearance)〔3〕之日起，被追诉人即享有妥速审判权。各州妥速审判法的规定与联邦规定大致相同。对于妥速审判权的结束时间，联邦最高法院未有明确规定，但从《1974年联邦妥速审判法》的相关规定可看出美国联邦的一般做

〔1〕 这里的“控诉”(complaint)是指针对轻罪案件向治安法官提出的起诉书。参见王兆鹏：《美国刑事诉讼法》，北京大学出版社2005年版，第10页。

〔2〕 See United States v. Marion, 404 U. S. 307(1971).

〔3〕 “第一次出庭”，是指被追诉人被逮捕后第一次被带到治安法官面前。它是被追诉人第一次与法院的接触，此时，被追诉人将被告知相应的权利，并被决定是否可以取保候审。参见王兆鹏：《美国刑事诉讼法》，北京大学出版社2005年版，第9页。

法。根据该法规定,有关妥速审判的期限主要有两点:一是起诉应当在被追诉人被逮捕或传唤之日起 30 天内提出;二是如果被追诉人不认罪,庭审应当在起诉之日起 70 天内开始。[1] 也就是说,妥速审判权结束于庭审开始之时,庭审期间不受妥速审判权之约束。

但是,从美国司法实务来看,也绝非其他诉讼期间均不受妥速审判权之约束。首先,根据 1957 年波拉德案(Pollard v. United States),量刑程序也受妥速审判权的约束。其理由是,量刑是审判的组成部分,量刑时间并非法官可随意决定,而且《美国联邦刑事诉讼规则》第 32(a)条也要求量刑不得有不必要的延迟。[2] 其次,很多联邦法院认为上诉期间也受妥速审判权的约束。[3] 根据第五巡回上诉法院在雷阿克案(Reuark v. Shaw)中的判决,被追诉人的以下利益也应当得到保护:缩短上诉期间的痛苦羁押;减轻等待上诉结果的精神焦虑和担忧;减少上诉理由或驳回重审时的辩护能力受到损害的可能性。[4]

另外要注意的是,虽然美国联邦最高法院强调妥速审判权保障的利益之一是避免不恰当的未决羁押,但这既不意味着服刑罪犯不受妥速审判权的保护,如 1973 年斯特伦克案(Strunk v. United States)就认为,对于已被关押的罪犯,虽然审判迟延对其造

---

〔1〕 See 18 U. S. C 3161(b)(c).

〔2〕 See Pollard v. United States, 352 U. S. 354(1957).

〔3〕 See Jordan Glaser, *The Silence of Gideon's Trumpet: The Court's Inattention to Systemic Inequities Causing Violations of Speedy Trial Rights in Vermont v. Brillon*, 416 Nebraska Law Review, Vol. 89(2010).

〔4〕 参见冯喜恒:《美国联邦法律中的迅速审判权》,载《环球法律评论》2011 年第 3 期。

成的压力也许比较少,但仍然受妥速审判权的保护;[1]也不意味着未受羁押的被追诉人不受妥速审判权的保护,如 1967 年科勒普案(Hoper v. North Carolina)就认为,即使被追诉人未受羁押,仍受妥速审判权的保障。[2]

2. 欧洲人权法院妥速审判权的适用范围

由于欧洲人权法院的判例对欧盟成员国均具有约束力,欧洲人权法院的妥速审判权适用范围一般也是欧盟各成员国的适用范围。根据 1968 年纽美斯特诉奥地利案(Neumeister v. Austria),欧洲人权法院妥速审判权的适用期间始于指控,终于法院裁决。[3]

根据 1982 年额可勒诉德国案(Eckle v. Germany),指控是一种控诉犯罪并送达被指控人的官方正式通知。根据该案,指控何时开始,应根据被追诉人是否知悉指控或是否受到指控实质影响作为判断标准,指控时间既可能早于案件到达法院之时,也可能是逮捕之时、正式通知之时或初步侦查(preliminary investigations)开始之时,但受理被害人控告之时不能作为指控开始时间,因为此时并无任何正式调查措施。[4] 当然,该指控必须属于正式通知,如司法机关虽已采取侦查措施,但并未告知被追诉人,而系被追诉人“无意”知晓的,不应视为指控开始时间。[5]

所谓法院裁决,根据 1968 年威姆霍夫诉德国案(Wemhoff v.

[1] See Strunk v. United States, 412 U. S. 434(1973).

[2] See Kloper v. North Carolina, 386 U. S. 213(1967).

[3] See Neumeister v. Austria, No. 1936/63, ECHR, 1968.

[4] See Eckle v. Germany, No. 8130/78, ECHR, 1982.

[5] 参见吴志光:《适当期间接受裁判权之实践——以欧洲人权法院 Kudla v. Poland 案暨相关裁判为核心》,载《台湾本土法学杂志》2005 年第 5 期。

Germany)，它指的是法院作出无罪判决或有罪判决(包括上诉法院作出的判决)，而非审判开始之时，因为无限制的延期审判也让人感到恐惧。[1] 换言之，妥速审判权的结束时间是终局裁判确定之时，一审期间、上诉期间与再审期间皆属该权利的适用范围。

另外，根据欧洲人权法院的解释，在设置有宪法法院的国家，法官申请释宪的规范审查程序，以及当事人对终局裁判提起的宪法诉讼程序，也受妥速审判权的约束。[2]

3. 简要的比较分析

很明显，欧、美妥速审判权的适用范围有很大差异：欧洲人权法院妥速审判权的适用范围涵盖了从指控提出到判决确定的整个诉讼程序，而美国妥速审判权并不适用于法院审理程序。导致这种差异的原因在于美国与欧洲大陆国家刑事诉讼程序存在很大差异。

美国妥速审判权之所以不适用于法院审理程序，一方面，在于美国刑事审判实行当事人主义，举证责任由控辩双方承担，在审判之前大都有“审前会议”与“证据展示”制度。基于这些因素，一旦开庭审判，轻罪之审判多在一日内解决；重罪之审判，如由陪审团审判，多在2~3日终结；如由法官审判，多在一日内解决。由于审理程序不存在诉讼迟延问题，妥速审判权的规范对象主要是警察、检察官等人，而非法官。另一方面，由于受“禁止双重危险”原则之限制，美国检察官的上诉权受到诸多限制，不利于被追诉人的上诉情形并不多，虽然美国联邦上诉程序也受妥速审判权之

[1] See Wemhoff v. Germany, No. 2122/64, ECHR, 1968.

[2] 参见吴志光：《适当期间接受裁判权之实践——以欧洲人权法院 Kudla v. Poland 案暨相关裁判为核心》，载《台湾本土法学杂志》2005年第5期。

约束，但并非妥速审判权的规范重点。

但在欧洲大陆，大多数国家实行的是一种职权主义审判模式，虽有集中审理原则之要求，但受各种因素之影响，审判程序仍然有可能出现长时间未决的现象。如 1997 年雷哈特与斯勒曼内-凯德诉法国案（Reinhardt and Slimane-Kaïd v. France），法国检察机关在 1989 年 11 月 28 日提起公诉，但一审法院直到 1990 年 11 月 14 日才作出判决。[1] 而且，因受实体公正理念之影响，欧洲大陆国家不仅未对检察机关的上诉权作类似于美国的限制，而且还允许检察机关在特定情况下提起不利于被追诉人的再审程序。而此类上诉程序或再审程序，也经常出现长时间未决的现象。如 1999 年普利斯尔与萨斯诉法国案（Pélissier and Sassi v. France），被追诉人于 1991 年 3 月 14 日提出上诉，但直到 1992 年 11 月 26 日才作出二审判决。[2] 由于欧洲大陆国家从提出指控到最终裁决之前，刑事诉讼均有可能迟延，其妥速审判权的适用范围自然也应涵盖整个刑事诉讼程序。

（二）我国妥速审判权适用范围的构想

在我国，刑事诉讼模式虽已吸收很多当事人主义因素，但仍然属于一种职权主义诉讼模式，[3] 而且实体公正亦是我国刑事

---

[1] See Reinhardt and Slimane-Kaïd v. France, 21/1997/805/1008 and 22/1997/806/1009, ECHR, 1997.

[2] See Pélissier and Sassi v. France, no. 25444/94, ECHR, 1999.

[3] 对于我国目前的刑事诉讼模式，一般认为，虽已吸收较多当事人主义因素，但大体上还是一种职权主义诉讼模式。参见江必新：《完善刑事再审程序的若干问题探讨》，载《法学》2011 年第 5 期。

诉讼目标之一。[1] 由于这些因素,我国刑事诉讼迟延现象不仅在侦查、起诉阶段存在,在一审程序、二审程序以及再审程序也存在。如湖南长沙谭某华案,长沙市中级人民法院从2002年1月8日首次开庭,到2003年1月28日作出一审判决,耗时1年多;从2007年10月11日最高人民法院下达"指令再审决定书",到2011年1月30日湖南省高级人民法院再审判决谭某华无罪,耗时3年多。[2] 再如河北承德陈某清超期羁押案,超期羁押的9年时间,大部分皆耗费在上级法院发回重审之上:三次被承德市中级人民法院判处死刑,又三次被河北省高级人民法院以"事实不清"为由撤销原判,发回重审。[3] 福建省福清纪委爆炸案尤能说明上述问题:从2001年9月陈某云、谢某等被告人被拘留开始,到2004年12月福州市中级人民法院作出一审判决;从2006年10月一审法院重审作出有罪判决,被告人上诉到福建省高级人民法院,到2013年5月该院作出无罪判决,案件在侦查、起诉、一审、二审均有严重迟延问题。[4] 尤其是我国《刑事诉讼法》对再审程序的提出,既未将其限于有利于被告人的情形,只要生效判决、裁定确有错误,均可启动再审程序;也未对再审次数进行限制,只要符合再

---

〔1〕 从相关讨论来看,虽然学界强调程序公正,但无人否认实体公正是我国刑事诉讼的目标之一,争议焦点在于实体公正与程序公正发生冲突时,如何合理平衡。参见陈光中:《建设公正高效权威的社会主义司法制度之我见》,载《人民检察》2009年第4期;王永杰、朱晋峰:《"司法实体公正与程序公正的冲突与衡平"研讨会简讯》,载《探索与争鸣》2011年第11期。

〔2〕 参见廖隆章:《湖南厅级官员被控受贿获刑8年,10年后再审无罪》,载《民主与法制时报》2011年2月14日,第2版。

〔3〕 参见蔡平、林晓莺:《被反复驳回的死刑判决》,载《中国青年报》2000年12月27日,第9版。

〔4〕 参见刘长:《为保一桩错案,要制造多少错误?——福清纪委爆炸案的"递罪"逻辑》,载《南方周末》2013年5月23日,第1版。

审条件,均可再次再审,生效判决未必就是最终判决,刑事案件仍可长期处于未决状态。

结合我国刑事诉讼的上述特点,在构建妥速审判权时,无疑应当将侦查、起诉、一审程序、二审程序以及再审程序皆纳入妥速审判权的适用范围。需讨论的是,我国刑事诉讼有专门立案程序,有些案件在立案之前还有纪检机构“双规”措施,妥速审判权的开始时间是否应为立案时间,甚至纪检机构采取“双规”措施的时间呢?

笔者认为,能否以立案时间作为妥速审判权的开始时间,需根据妥速审判权所保护的利益区别不同情形,不能一概而论。在我国,立案的基本条件是有犯罪事实,并需要追究刑事责任,犯罪嫌疑人是否被抓获,并非立案条件。同时根据《刑事诉讼法》的规定,公安机关对现行犯或者重大嫌疑分子可未经立案而先行拘留。另外,对于自诉案件,根据 2021 年《刑诉法解释》第 316 条与第 320 条规定,需要有明确的被告人,且被告人不属于“下落不明”的,法院才能立案。根据这些规定,不同案件的立案行为对被追诉人的利益影响是不一样的。对于先行拘留案件,被追诉人在立案前实际已面临刑事指控,已存在妥速审判的合理利益需求。在这种情况下,以立案时间作为妥速审判权开始时间的做法,明显不恰当,而应参考域外经验,将妥速审判权的开始时间定于先行拘留之时。对于仅仅发现有犯罪事实,需要追究刑事责任,但未确定被追诉人就立案的案件来说,被追诉人未被羁押,甚至未知立案事实,因而并未存在妥速审判的大部分利益需求,以立案时间作为妥速审判权的开始时间,亦不恰当。对于这种情形,比较妥当的做法是以采取刑事强制措施或者传唤犯罪嫌疑人之时作为妥速审判权的开始时间。对于自诉案件,由于法院一旦立案,就应当及时向被追诉人送达自诉状副本,而且在很多情况下,自诉人向法院提出自诉时,被追诉人就已知悉。在这种情况下,虽以被追诉人收到自诉状副本之时作为妥速审判权的开始时间更为准确,但出于操作之方便,以立案之时作为妥速审判权的开始时间,也未尝不可。

对于被告人已被纪检机构"双规"的刑事案件,则不宜以"双规"时间作为妥速审判权的开始时间。原因是,虽然对于被"双规"的人来说,也存在一种尽量缩短人身自由限制,减轻"双规"所造成精神焦虑与担忧的合理利益需求,因而也存在一种纪检机构办案应妥速进行的问题。但因"双规"所要追究的责任是违反党纪的责任,而违反党纪的行为有可能但未必都会启动刑事诉讼程序,纪检机构办案程序不属于刑事诉讼法的调整范围,因而不属妥速审判权的规范对象,不能以"双规"时间作为妥速审判权的开始时间。

四、妥速审判权违反的审查标准

(一)美国的审查标准

在美国,虽自 1905 年比威斯案(Beavers v. Haubert)开始,联邦最高法院就有很多案件涉及妥速审判权问题,但美国联邦最高法院一直无意制定一个统一的审查标准,而是交由各个法院根据个案进行判断。[1] 正因为联邦最高法院的这种消极态度,司法实践中存在诸多做法。其中有两种较为流行:第一种做法是确定

---

〔1〕 See Dickey v. Florida, 398 U. S. 30(1970).

一个特定期限,然后根据此期限审查是否违反妥速审判权;第二种做法是根据被追诉人是否主张权利来判断是否违反妥速审判权。[1] 第一种做法虽然明确且易于操作,却过于僵化,与刑事案件的复杂多样性不相符合。第二种做法似乎要比第一种做法更符合刑事案件的特点,却与美国当时标准的弃权理论不相符合。根据这种弃权理论,弃权是对一种已知权利或特权的故意放弃或抛弃,[2]而第二种做法实际是通过沉默推定被追诉人弃权,这与弃权理论所要求的故意且知情地放弃权利明显不相符。由于这种差别各异的审查标准不利于对被追诉人妥速审判权的切实保障,美国联邦最高法院在1972年巴克案(Barker v. Wingo)中不得不综合已有审查标准,要求统一从迟延时间、迟延原因、被追诉人权利主张、被追诉人迟延损害等四个方面综合考虑与衡量诉讼迟延是否违反妥速审判权;并认为,这些因素的任何一方面既不是必须条件,也不是充足条件。[3] 由于妥速审判权系美国联邦宪法规定的权利,联邦最高法院的判例对各州均具有约束力,在此案后,美国各个法院均是从这四个方面来审查是否违反妥速审判权,只是侧重点与具体要求不一样。

在迟延时间方面,主要考虑两个问题:一是迟延多长时间才能启动妥速审判权审查程序;二是迟延时间足够启动审查程序后,还能否将其作为是否违反妥速审判权的考虑因素。对前一问题,巴克案认为,诉讼经过多长时间才算诉讼迟延,不同犯罪种类

---

[1] See Barker v. Wingo, 407 U. S. 514(1972).

[2] See Johnson v. Zerbst, 304 U. S. 458, 464, 58 S. Ct. 1019, 1023, 82 L. Ed. 1461 (1938).

[3] See Barker v. Wingo, 407 U. S. 514(1972).

具有不同标准:一般街头犯罪比较短,而严重、复杂的共同犯罪则比较长。[1] 但联邦法院一般是以 1 年作为诉讼迟延的最低标准,[2]而州法院的做法各异:有些州是对所有案件都规定一个确定期限,如有的要求 9 个月,有的要求 1 年左右;[3]而有些州则根据犯罪追诉期限来确定,如加利福尼亚州;[4]但也有些州是根据个案来确定,如亚拉巴马州。[5] 对于后一问题,巴克案认为迟延时间是触发妥速审判权审查程序的开关,无诉讼迟延就无须对其他方面因素进行审查,一旦触发审查程序,迟延时间就不再作为考虑因素。[6] 但在 1992 年多格特案(States v. Doggett)中,联邦最高法院修正了这一做法,认为迟延时间具有双重功能:一是触发审查程序的功能;二是与其他因素作为综合权衡是否违反妥速审判权的依据。[7] 但有些州法院并未遵从该做法,而是沿用巴克案的做法,如北加利福尼亚州。[8]

在迟延原因方面,主要考虑哪些迟延原因可作为认定违反妥速审判权的依据。巴克案认为,不同原因具有不同权重,故意妨

---

[1] See William L. Pfeifer, JR. & G. Ray Kolb. JR, *The Right to a Speedy Trial in Alabama*, 65 The Alabama Lawyer 104(2004).

[2] See Gregory P. N. Joseph, *Speedy Trial Rights in Application*, 48 Fordham Law Review 623(1980).

[3] See Myles Braccio & Jessie Lundberg, *The Mother of All Balancing Tests: State V. Ariegwe and Montana's Revised Speedy Trial Analysis*, 69 Montana Law Review 490(2008).

[4] See Serna v. Superior Court, 40 Cal. 3d 239, 219 Cal. Rptr. 420, 707 P. 2d 793, 806 (1985), cert. denied, 475 U. S. 1096, 106 S. Ct. 1493, 89 L. Ed. 2d 894(1986).

[5] See William L. Pfeifer, JR. & G. Ray Kolb. JR., *The Right to a Speedy Trial in Alabama*, 65 The Alabama Lawye104(2004).

[6] See Timothy J. Searight, *The Sixth Amendment Right to a Speedy Trial: Applying Barker v. Wingo after United States v. Doggett*, 22 Western State University Law Review 66 (1994).

[7] See Doggett v. U. S. 505 U. S. 647(1992).

[8] See State v. Spivey, 357 N. C. 114, 115, 579 S. E. 2d 251, 253(2003).

碍辩护权行使最有可能违反妥速审判权，诸如过失、法院案件积压之类的原因次之，而证人失踪之类的合法原因则可成为诉讼迟延的正当理由。[1] 根据《美国1974年联邦妥速审判法》规定，被追诉人原因导致的诉讼迟延，如被追诉人逃跑、审前动议、中间上诉，以及被追诉人认罪协商所导致的拖延等，不能认为违反妥速审判权。[2] 但要注意的是，在一些州，如亚拉巴马州，如果被追诉人逃跑而控诉方没有尽力查获的，也视为控诉方故意迟延。[3] 关键证人的失踪与此类似，一般属于正当理由，但控诉方必须证明已经尽力查找但仍然没有找到该证人。[4] 另外，根据联邦最高法院2009年比利恩案（Vermont v. Brillon）的判决，指定律师所导致的诉讼迟延，应归因于被追诉人。[5] 对于其他未具体规定的迟延原因，如刑事司法的内在本性、控辩双方都无法控制的原因，虽在实务上不能作为正当理由，但其权重要低于故意与过失等原因，理由是政府有职责修改法律，制定相关措施，以促进刑事审判妥速进行。[6]

在被追诉人权利主张方面，巴克案反对以被追诉人的沉默推定其放弃妥速审判权，但又认为被追诉人是否以及如何提出权利主张是认定是否违反妥速审判权的一个重要因素。其理由是，审

---

〔1〕 See Barker v. Wingo, 407 U. S. 514(1972).

〔2〕 See 18U. S. C. 3161(h)(1).

〔3〕 See William L. Pfeifer, JR., & G. Ray Kolb. JR., *The Right to a Speedy Trial in Alabama*, 65 The Alabama Lawyer 105(2004).

〔4〕 See William L. Pfeifer, JR., & G. Ray Kolb. JR., *The Right to a Speedy Trial in Alabama*, 65 The Alabama Lawyer 105(2004).

〔5〕 See Vermont v. Brillon, 129 S. Ct. 1283(2009).

〔6〕 See Myles Braccio & Jessie Lundberg, *The Mother of All Balancing Tests: State V. Ariegwe and Montana's Revised Speedy Trial Analysis*, 69 Montana Law Review 485(2008).

判迟延可能有利于被追诉人，而且辩护律师也可能会利用诉讼技巧拖延审判；被追诉人主张权利的努力程度是迟延时间长短、迟延原因，尤其是迟延损害程度的一个重要体现：被追诉人越是积极主张权利，说明其受到的损害越大。[1] 为此在实务上，如被追诉人有条件主张权利而不积极主张权利，法院往往会倾向于作出未违反妥速审判权的裁决。另外根据1986年霍克案的判决，被追诉人如欲获得有利裁决，不但要积极向法院主张妥速审判权，而且要善意地提出该主张，不能出于拖延诉讼之目的而不断提出，否则法院仍然会作出未违反妥速审判权的裁决。[2]

在被追诉人迟延损害方面，主要考虑出现何种损害才可认定违反妥速审判权。巴克案认为，应当考虑妥速审判权所保护的利益，尤其是辩护权是否受到损害。[3] 但对损害的举证责任应当由谁来承担，该案并未给出明确答案。由此导致一些法院认为，一旦被追诉人证明迟延时间达到触发审查程序的标准，就转由控诉方承担不存在损害的证明责任。[4] 但更多法院主张，只有被追诉人证明存在损害时，才能认定违反妥速审判权。[5] 在1986年霍克案中，联邦最高法院也持类似的观点。[6] 但1992年多格特案对此进行了修正，认为辩护权是妥速审判权重点保护的利

---

〔1〕 See Barker v. Wingo, 407 U. S. 514(1972).

〔2〕 See U. S. v. Loud Hawk, 474 U. S. 302(1986).

〔3〕 See Barker v. Wingo, 407 U. S. 514(1972).

〔4〕 See Timothy J. Searight, *The Sixth Amendment Right to a Speedy Trial: Applying Barker v. Wingo after United States v. Doggett*, 22 Western State University Law Review 66 (1994).

〔5〕 See Timothy J. Searight, *The Sixth Amendment Right to a Speedy Trial: Applying Barker v. Wingo after United States v. Doggett*, 22 Western State University Law Review 70 (1994).

〔6〕 See U. S. v. Loud Hawk, 474 U. S. 302(1986).

益,但证明诉讼迟延损害了辩护权,具有天生的困难性,而且并非每个案件都需要证明存在特定损害,务实的态度应当是:极度的诉讼迟延被假定通过一种诉讼双方都无法证明的方式损害了审判的可信性。基于此理由,该案裁决,虽然被追诉人没有证据证明存在具体损害,但控诉方长达 8 年的诉讼迟延,已足以认定违反了妥速审判权。〔1〕 有人认为,该案实际确立了一个新规则:只要控诉方导致的诉讼迟延超过了启动审查程序的时间点,就可推定存在损害,从而转由控诉方提出证据证明不存在损害。〔2〕 但在此案后,也有法院并未根据损害推定来裁决此类案件。如在 1993 年威廉姆斯案(State v. Williams)中,密苏里州的一个上诉法院就仍然以被追诉人未能证明 11 个月的诉讼迟延给其造成实际损害为由,认定未违反妥速审判权。〔3〕 但对于一些迟延时间比较长的案件,法院一般还是遵循了多格特案的做法。如在 2011 年戈德曼案(State ex rel. Garcia v. Goldman)中,密苏里州最高法院就依多格特案裁决,控诉方长达 7 年的诉讼迟延已经推定性地损害了被追诉人的辩护权,由于控诉方未能推翻该损害推定,此诉讼迟延违反了妥速审判权。〔4〕

(二)欧洲人权法院的审查标准

虽然欧洲人权法院反复强调,是否违反妥速审判权,应根据

---

〔1〕 See Doggett v. U. S. 505 U. S. 647(1992).

〔2〕 See Clayton Thompson, *A Shooting Suspect's Release Revives the Right to a Speedy Trial in Missouri*, 76 Missouri Law Review 984(2011).

〔3〕 See Clayton Thompson, *A Shooting Suspect's Release Revives the Right to a Speedy Trial in Missouri*, 76 Missouri Law Review 984(2011).

〔4〕 See Clayton Thompson, *A Shooting Suspect's Release Revives the Right to a Speedy Trial in Missouri*, 76 Missouri Law Review 984(2011).

个案具体审查，但在审查时应当考量哪些因素，基本上是确定的。这些考量因素主要形成于 1978 年的柯尼格诉德国案（König v. Germany）。在该案中，欧洲人权法院认为，是否违反妥速审判权，应当根据个案考虑案件的复杂性、被追诉人的诉讼行为、有关国家机关的行为等因素。[1] 从 20 世纪 90 年代开始，欧洲人权法院又增加了一个考量因素——被追诉人因诉讼迟延所遭受的不利影响。[2]

关于案件复杂性，主要考察以下事实：案件的性质、被追诉人是否上诉、法院（包括上诉法院）开庭审理所用的时间、案件所涉事实的多少、被追诉人的人数、诉讼卷宗的多少、是否需要国外取证、所涉及的证人人数等。如 1968 年纽美斯特诉奥地利案[3]与 1998 年波庭顿诉希腊案（Portington v. Greece）[4]，就主要是从这些方面考察了案件的复杂性。但是，法院单纯的管辖转移，或者案件的政治性，不代表案件具有复杂性。[5]

关于被追诉人的诉讼行为，主要是考察被追诉人是否存在逃避审判、多次申请法官回避或申请不必要的鉴定、无正当理由频繁更换律师等妨碍诉讼顺利进行的事实。如在 1982 年额可勒诉德国案中，欧洲人权法院就认为，虽然被追诉人没有义务配合司法机关加快诉讼进程，不能因为他们行使法定权利而指责他们，但被追诉人妨碍诉讼进程的行为不能归因于政府，因而在确定诉

---

〔1〕 See König v. Germany, No. 6232/73, ECHR, 1978.

〔2〕 See Portington v. Greece, No. 109/1997/893/1105, ECHR, 1997.

〔3〕 See Neumeister v. Austria, No. 1936/63, ECHR, 1968.

〔4〕 See Portington v. Greece, No. 109/1997/893/1105, ECHR, 1997.

〔5〕 参见吴志光：《适当期间接受裁判权之实践——以欧洲人权法院 Kudla v. Poland 案暨相关裁判为核心》，载《台湾本土法学杂志》2005 年第 5 期。

讼时间是否合理时,应当加以考虑。[1]

关于国家机关的诉讼行为,主要考察有关国家机关是否勤勉诉讼,是否采取了合理诉讼措施。由于欧洲人权法院认为各缔约国包括法院在内的国家机关有义务提供或改革司法制度,以保障妥速审判权,对于司法机关不必要的诉讼中止、容忍不合理的鉴定工作、审判法官频繁变更、法官人数不足、法院案件积压及律师罢工等事实,不得作为诉讼迟延的正当理由。[2] 另外,如果诉讼迟延是因为证人等其他诉讼参与人所导致的,而法院未能充分利用法定制裁措施促使这些人及时参与诉讼的,应归因于政府。[3] 相反,如果司法机关的诉讼行为取得了被追诉人的同意,为此导致的诉讼迟延不可归因于政府。[4]

关于被追诉人所遭受的不利影响,主要考察被追诉人是否被羁押,是否因为诉讼迟延而影响就业或辩护权的行使等。[5] 另外,被追诉人拟判处的刑罚也是一个考量因素。如 1998 年波庭顿诉希腊案中,欧洲人权法院的考量因素之一就是被追诉人被判处了死刑,需要及时将其从死刑恐惧中解脱出来。[6]

(三)我国妥速审判权审查标准的建构

违反妥速审判权,实际就是侵害了妥速审判权所保护的被追诉人的合理利益。为此,是否违反妥速审判权的审查标准,应当

---

〔1〕 See Eckle v. Germany, No. 8130/78, ECHR, 1982.

〔2〕 参见吴志光:《适当期间接受裁判权之实践——以欧洲人权法院 Kudla v. Poland 案暨相关裁判为核心》,载《台湾本土法学杂志》2005 年第 5 期。

〔3〕 See Zementova v. Russia, Application no. 942/02, ECHR, 2007.

〔4〕 See Pedersen and Baadsgaard v. Denmark, Application no. 49017/99, ECHR, 2004.

〔5〕 See Portington v. Greece, No. 109/1997/893/1105, ECHR, 1997.

〔6〕 See Portington v. Greece, No. 109/1997/893/1105, ECHR, 1997.

围绕被追诉人的合理利益是否受到侵害这一点来构建。从前述妥速审判权所保护的合理利益来看,妥速审判权否定的只是那些超过合理期限的未决羁押、超过限度的精神焦虑与担忧、对辩护权造成的不合理影响。而何为合理期限,何为超过限度,是否对辩护权造成了不合理影响,这需要与犯罪追诉利益权衡后才可得出结论,具有相对性。由于这种相对性,法律不可能提供一个绝对客观统一的判断标准,而只能由法官根据个案判断。另外,由于诉讼迟延在某些情况下有利于被追诉人,被追诉人有可能采取一些合法或不合法措施制造诉讼迟延,在认定是否违反妥速审判权时应当考量诉讼迟延原因。

从这点来看,美国与欧洲人权法院强调妥速审判权的违反应根据个案具体判断的理由是:美国与欧洲人权法院所考量的因素在本质上是一致的,均是两点:一是诉讼迟延给被追诉人造成的损害;二是诉讼迟延原因。就前者而言,美国所考量的诉讼迟延时间,实际也是考量诉讼迟延给被追诉人造成的损害。因为在损害无法证明的情况下,迟延时间实际就是此类损害的一种体现:迟延时间越长,损害越严重。而欧洲人权法院所考量的被追诉人行为因素,有相当部分类似于美国所考量的被追诉人权利主张因素,实际也是据此考察其是否因为诉讼迟延遭受了损害:越是积极主张权利,越能说明其遭受了损害。就后者而言,欧洲人权法院所考量的案件复杂性、相关国家机关行为因素,实际考量的也就是诉讼迟延原因能否归因于被追诉人,如能归因于被追诉人,即使诉讼迟延严重,也不能认定违反妥速审判权。

我国《刑事诉讼法》对各诉讼阶段都规定了诉讼期限,超过该诉讼期限,实际就已出现诉讼迟延现象,为此可如欧洲人权法院一样，无须将迟延时间作为考量因素。美国之所以将迟延时间作为考量因素，主要在于联邦与各州刑事诉讼法长期以来对有关诉讼期限缺乏规定，法院不得不在个案中考虑是否存在迟延问题。鉴于此，在建构妥速审判权的审查标准时，我国可借鉴美国与欧洲人权法院的合理成分，从迟延损害与迟延原因两个维度构建审查标准的第一个层次，然后再明确若干具体因素作为第二层次的审查标准。只有通过第二层次的具体因素的考量，确定诉讼迟延不是源于被追诉人，且给被追诉人造成损害时，方可认定违反妥速审判权。

1. 诉讼迟延损害

在我国，诉讼迟延给被追诉人造成的首要损害在于超期羁押以及因此产生的负面后果。这一方面在于我国刑事诉讼与其他国家的刑事诉讼不同，对于判决前的被追诉人，实际是以羁押为原则，取保候审为例外，诉讼迟延往往意味着超期羁押；另一方面在于我国刑事诉讼不同于英美国家当事人主义诉讼模式，被追诉人是否有罪的举证责任在于控诉方，诉讼迟延对辩护权的损害相对要小得多。次要损害在于刑事指控长期未决给被追诉人带来的精神焦虑与工作、生活秩序的紊乱。这是因为，在我国，即使被追诉人未被羁押，但一般会被采取取保候审或监视居住措施。这些措施虽未剥夺但却限制了被追诉人的自由活动范围，因而会对其正常工作与生活秩序带来很大负面影响。而且，长期生活在未决指控阴影下，未来命运的未确定性也会给被追诉人的精神带来巨大压力，使被追诉人长期遭受精神折磨。

由于我国这种特别的诉讼迟延损害结构，在审查诉讼迟延造成的损害时，首先要考量因素应当是被追诉人是否被羁押；如果被羁押,只要存在诉讼迟延就可认定存在损害。其次要考量的因素是诉讼迟延尤其是超期羁押所造成的其他损害,如身体健康受损、工作机会丧失、财产权益受损等。最后要考量的因素是辩护证据是否因为诉讼迟延而灭失或证明力被削弱等。

2. 诉讼迟延原因

从我国司法实践来看,导致诉讼迟延的直接原因有以下三种:

(1)被追诉人本身的原因。被追诉人在两种情形下可导致诉讼迟延:第一种情形是被追诉人以积极行为逃避或妨碍侦查、起诉或审判。如被追诉人在立案侦查后逃匿、毁灭、伪造证据、妨碍证人作证等。第二种情形是被追诉人不断行使法定诉讼权利。如提出回避,要求更换辩护人等。对于第一种情形,一般不能作为认定违反妥速审判权的依据,但能证明司法机关有能力避免而故意不采取措施避免或者及时解决此类问题的除外。对于第二种情形所导致的迟延,一般不应当计入诉讼迟延时间,但因司法机关先前不当行为迫使被追诉人行使权利或者因司法机关未配合或保障该种权利的行使而导致的诉讼迟延除外。

(2)司法机关及其工作人员的原因。这主要是指侦查、起诉、审判机关未能勤勉、合理地履行诉讼职责而造成的诉讼迟延。如侦查机关立案后该采取合理措施通缉犯罪嫌疑人而未采取,检察机关应当及时审查起诉而长时间未审查起诉,法院应当及时安排庭审而未及时安排庭审等。由于国家负有义务完善相关法律制度、提供足够人力资源,司法机关有义务制定规范性文件落实法定职责,因相关程序制度不明确、不合理或者案件积压而造成的诉讼迟延,应当归因于司法机关,所导致的诉讼迟延应当计入诉讼迟延时间,不能予以合理化。

(3)案件本身的复杂性,以及其他不可归因于诉讼一方的原因。案件复杂程度不同,所需诉讼时间本应当不同,因案件复杂而导致的诉讼迟延不能作为认定违反妥速审判权的依据。但是,案件是否具有复杂性,是否因为复杂性导致诉讼迟延,应当由控诉方承担举证责任。刑事案件具有复杂性,是指案件事实的查清需要耗费大量人力、物力与时间,可考虑的因素有:被追诉人人数、所涉及罪名种类与数量、犯罪行为所涉及地域范围、被害人人数、证人人数等。案件具有重大社会影响,并不足以说明案件具有复杂性。其他不可归因于被追诉人、司法机关的原因,主要是指证人下落不明、域外司法协助迟缓等。对于此类原因导致的诉讼迟延,虽然司法机关不存在过错,但毕竟被追诉人也没有义务承担此类迟延造成的不利后果,因此在被追诉人能证明存在此种诉讼迟延损害时,可认定违反妥速审判权。

五、妥速审判权的救济措施

如何加强被追诉人妥速审判权的保障,一方面在于事前保障,另一方面在于事后救济。对于事前保障措施,从域外来看,主要有两种:一是明确规定关键诉讼行为的期限;二是针对复杂程度不同的案件进行程序分流。对于这些措施,我国《刑事诉讼法》也有相应规定,学界对此论述也比较多。[1] 为避免不必要的重

---

〔1〕 关于诉讼期限,参见李哲:《刑事诉讼法的诉讼及时原则》,载《国家检察官学院学报》2004 年第 4 期;廖荣辉:《刑事案件"延长羁押期限"问题研究》,载《河北法学》2008 年第 1 期。关于审判程序分流,参见詹建红、李纪亮:《困境与出路——我国刑事程序分流的制度化》,载《当代法学》2011 年第 6 期;郭明文:《论审判阶段的程序分流》,载《暨南学报》2007 年第 3 期;叶肖华:《论刑事审判程序分流》,载《苏州大学学报(哲学社会科学版)》2009 年第 5 期。

复论述,笔者以下只针对我国学界比较陌生的事后救济措施进行论述。

（一）欧美妥速审判权的主要救济措施

对于违反妥速审判权的行为,虽然基于《欧洲人权公约》规定的权限,欧洲人权法院除可判决宣告诉讼迟延违反妥速审判权外,只能判令有关国家赔偿被追诉人一定数额的金钱。如在2012年西佐娃诉俄罗斯案(Sizov v. Russia)中,欧洲人权法院就只能在宣告诉讼迟延违反妥速审判权外,判令俄罗斯政府赔偿被追诉人2000欧元。〔1〕但在欧盟成员国内,除损害赔偿外,一般还有减轻刑罚、终止诉讼等救济措施。如意大利就规定,妥速审判权违反,除可作为损害赔偿的依据外,还可作为终止诉讼或减轻刑罚的事由;在瑞士,实务中也认为妥速审判权违反可作为减轻刑罚的事由,必要时可终止诉讼程序。〔2〕在德国,一些法院则将妥速审判权违反视为一种减轻刑罚的特别情节。如在1982年额可勒诉德国案中,德国法院就因为诉讼迟延减轻了被追诉人额可勒的刑罚。〔3〕德国联邦最高法院还认为,故意的、严重的妥速审判权违反可构成诉讼终止的理由。〔4〕从各国的规定来看,损害赔偿一般不限于财产损害,还包括非财产损害。如法国在实务中认为,损害赔偿包括财产与非财产之损害,被追诉人因诉讼迟延而身心

---

〔1〕 Sizov v. Russia(No. 2), Application No. 58104/08, ECHR, 2012.

〔2〕 参见吴志光:《适当期间接受裁判权之实践——以欧洲人权法院 Kudla v. Poland 案暨相关裁判为核心》,载《台湾本土法学杂志》2005年第5期。

〔3〕 See Eckle v. Germany, No. 8130/78, ECHR, 1982.

〔4〕 参见[德]克劳思·罗科信:《刑事诉讼法》,吴丽琪译,法律出版社2003年版,第132页;吴志光:《适当期间接受裁判权之实践——以欧洲人权法院 Kudla v. Poland 案暨相关裁判为核心》,载《台湾本土法学杂志》2005年第5期。

俱疲是给予非财产损害赔偿的主要原因。[1] 对于上述救济措施,并非诉讼终结后才能提出申请,有些国家明确规定在诉讼过程中也可提起这种救济申请。如《法国法院组织法》第 781 条之一规定,请求诉讼迟延赔偿案件,不限于诉讼已终结之情形,对进行中的诉讼也可适用。[2]

在美国,对于违反妥速审判权的救济措施,联邦最高法院与《1974 年联邦妥速审判法》的规定并不一致。早在 1972 年的巴克案中,联邦最高法院就已指出,驳回起诉(dismiss the indictment)是妥速审判权唯一可行的救济措施。[3] 在 1973 年的斯特伦克案中,联邦最高法院重申,驳回起诉虽是一种难以令人满意的、严厉的救济措施,可能会放纵罪犯,但它仍然是违反妥速审判权的唯一可行的救济措施。原因在于,妥速审判权不同于其他宪法权利,其他权利的违反可通过撤销原判,由陪审团重新公开审理而得到救济,但妥速审判权的违反并不能通过重新审判而得以救济。[4] 《1974 年联邦妥速审判法》规定的救济措施虽然也是驳回起诉,但该法将驳回起诉分为两种:可再次起诉的驳回起诉(dismiss without prejudice)与不可再次起诉的驳回起诉(dismiss with prejudice)。[5] 法院应当以何种方式驳回起诉,该法要求考量三种因素:一是犯罪的严重性;二是谁应对诉讼迟延负责;三是

---

〔1〕 参见吴志光:《适当期间接受裁判权之实践——以欧洲人权法院 Kudla v. Poland 案暨相关裁判为核心》,载《台湾本土法学杂志》2005 年第 5 期。

〔2〕 参见吴志光:《适当期间接受裁判权之实践——以欧洲人权法院 Kudla v. Poland 案暨相关裁判为核心》,载《台湾本土法学杂志》2005 年第 5 期。

〔3〕 See Barker v. Wingo, 407 U. S. 514(1972).

〔4〕 See Strunk v. United States, 412 U. S. 434(1973).

〔5〕 See 18 U. S. C. 3162(a)(1).

再次起诉对于实施该法或司法正义所可能造成的冲击。[1] 在1988年的泰勒案(United States v. Taylor)中,联邦最高法院再增一个考虑因素:诉讼迟延给被追诉人造成的损害。根据该案判决,如果诉讼迟延对被追诉人是“无害的”,应采取可再次起诉的驳回起诉。[2]

上述救济措施各有利弊。首先是终止诉讼。虽然对被追诉人而言,这是最彻底的救济措施。但由于该措施存在放纵罪犯的风险,法官在认定是否违反妥速审判权时,往往审查较严。尤其是被追诉人涉嫌重罪,而迟延时间不是特别长时,法官往往会倾向于裁决未违反妥速审判权。如《1974年联邦妥速审判法》出台前,美国很多案件之所以未被认定违反妥速审判权,一个根本原因就在于终止诉讼是唯一救济措施。[3] 可见,终止诉讼对被追诉人未必就是最佳救济措施。但我国台湾地区一些学者认为终止诉讼无异于将“妥速审判”扭曲为“拒绝审判”,实际是允许“法官吃案”之观点,[4] 也有失公允。因为一旦终止诉讼,检察机关就不能再次起诉,终止诉讼并非拒绝审判,而是一种特殊结案方式。其次是减轻刑罚。该措施在避免放纵罪犯的同时,又对被追诉人进行了一定救济。从这点来看,减轻刑罚不失为一种合理救济措施。但是,该措施只适用于被追诉人被判决有罪的情形,对无罪的被追诉人并不适用。再次是可重新起诉的驳回起诉。虽

---

〔1〕 See 18 U. S. C. 3162(a).

〔2〕 See United States v. Taylor, 487 U. S. 326(1988).

〔3〕 See Timothy J. Searight, *The Sixth Amendment Right to a Speedy Trial: Applying Barker v. Wingo after United States v. Doggett*, 22 Western State University Law Review 61 (1994).

〔4〕 参见张升星:《“刑事妥速审判法”的立法商榷》,载《台湾法学杂志》2010年第1期。

因有罪判决的撤销对那些因诉讼迟延而丧失判处较轻刑罚机会的被追诉人能起到一种救济作用,但因检察机关还可再次起诉,被追诉人的其他受损利益并未得到有效救济。最后是损害赔偿。如果不限于物质损害赔偿而包括精神损害赔偿,该救济措施对妥速审判权违反所造成的不当未决羁押与精神焦虑等损害,确实能起到相当救济作用,但对于辩护权损害却无能为力。

(二)我国妥速审判权救济措施的设置构想

所谓权利救济,应是对受损害之合法利益进行救济。被追诉人受妥速审判权保护的利益有多种,不同案件受损利益并不一致。为此,应采取何种救济措施,应视被追诉人受损利益而定。如美国学者阿姆斯特丹(Anthony G. Amsterdam)就主张,违反妥速审判权的主要救济措施应当是加快审判进程,而非取消审判;在加快审判进程亦不能救济时,方可根据受损利益确定不同救济措施:如果造成的是不当的、压制性的审前羁押,救济措施应当是解除羁押措施;如果造成的是被追诉人精神焦虑与其他因为指控所带来的负面后果,救济措施应当是可再次起诉的驳回起诉;如果损害的是辩护权,救济措施应当是不可再次起诉的驳回起诉。[1]

针对前述各种救济措施的利弊,结合我国实际情况,宜根据不同情形,采取以下不同措施对妥速审判权进行救济。

1. 拒绝或终止诉讼延期

妥速审判权的最终目的是促使诉讼在合理时间内终结,而且,我国《刑事诉讼法》对各个诉讼阶段都有期限规定,妥速审判

---

[1] See Anthony G. Amsterda, *Speedy Criminal Trial: Rights and Remedies*, 27 Stanford Law Review 534(1975).

权之违反,很大部分在于司法机关利用例外规定,随意申请诉讼延期,而负有监控职责的机关也未严格把关,有申请即予以批准。[1] 如果规定司法机关申请诉讼延期时或诉讼延期批准后,被追诉人有权以违反妥速审判权为由提出异议,一旦异议成立,就拒绝或终止诉讼延期,对妥速审判权无疑具有保障与救济作用。对此,国外亦有立法例。如奥地利 1991 年《法院组织法》第 91 条规定,在诉讼过程中,如被追诉人认为妥速审判权受到侵害,可向上级法院提出申请,判令该法院加快诉讼进程。[2] 我国可规定,司法机关申请诉讼延期时应当将延期申请通知被追诉人,并告知其有权提出异议,另外规定该司法机关除要承担法定延期原因的举证责任外,还应承担被追诉人异议不成立的举证责任,证明标准为优势证据标准。

2. 减轻刑罚

对于减轻刑罚措施,有学者质疑,认为妥速审判权之违反属于程序问题,采取实体性减轻刑罚措施进行救济,难以作出合理说明。[3] 有人甚至认为,该做法既不符合司法正义的标准,也与无罪推定原则相违背。[4] 此种质疑是不恰当的。首先,减轻刑罚只适用于被追诉人被判决有罪的情形,并不违反无罪推定原

---

〔1〕 据司法实务调查,侦查部门对犯罪嫌疑人的拘留几乎是“每拘必延”;检察机关对延长侦查羁押期限的申请,很少有不批准的。参见廖荣辉:《刑事案件“延长羁押期限”问题研究》,载《河北法学》2008 年第 1 期。

〔2〕 参见吴志光:《适当期间接受裁判权之实践——以欧洲人权法院 Kudla v. Poland 案暨相关裁判为核心》,载《台湾本土法学杂志》2005 年第 5 期。

〔3〕 参见吴景钦:《迟来的正义非正义,速来的正义即正义?——刑事妥速审判法评析》,载《司法改革杂志》2010 年第 2 期。

〔4〕 参见张升星:《“刑事妥速审判法”的立法商榷》,载《台湾法学杂志》2010 年第 1 期。

则。其次，如被追诉人被羁押，违反妥速审判权有可能造成轻罪重判，或者使被追诉人丧失缓刑机会，将未决羁押折抵刑期，无法对此类损害进行救济，只有适当减轻刑罚，方可达到救济目的。最后，从我国司法实践来看，即使被追诉人未被羁押，但大多被采取取保候审或监视居住措施，此类措施虽未剥夺但也限制了被追诉人的人身自由。尤其是监视居住措施，常因司法实践操作不当而几乎等同于剥夺人身自由。[1] 而根据我国《刑法》与《刑事诉讼法》的相关规定，判决前取保候审、未指定居所的监视居住不能折抵刑罚。为此，在严重违反妥速审判权时，对被追诉人的刑罚予以适当减轻，也是合理的。

如何适用减轻刑罚措施，可分为两种情形：一是被追诉人被羁押的，因未决羁押可折抵刑期，应将该救济措施限于那些基于未决羁押而轻罪重判的案件。如被追诉人本当判处 1 年有期徒刑，但法院考虑到已未决羁押 2 年，因而判处 2 年有期徒刑。此时应当减轻的刑罚，就是被不当增加的刑罚。二是被追诉人未被羁押的，则将该救济措施限于严重违反妥速审判权的案件，减轻刑罚的幅度，可参照《刑法》规定的管制刑折抵方法，超期取保候审或未指定居所监视居住 2 日，折抵有期徒刑或拘役 1 日，或折抵管制 2 日。

3. 终止诉讼

确实，终止诉讼有放纵罪犯的风险。但是，在辩护权受到严重损害的情形，如巨额财产来源不明罪的被追诉人用以证明财产

[1] 如有人统计，绝大部分监视居住场所是派出所、宾馆、招待所、拘留所等地。参见李钟、刘浪：《监视居住制度评析——以 2011 年〈刑事诉讼法修正案（草案）〉为视角》，载《法学杂志》2012 年第 1 期。

来源合法的证据因诉讼迟延而灭失的,终止诉讼就是唯一有效的救济措施。因此,我国可将终止诉讼作为妥速审判权的救济措施之一,但考虑到其固有风险,应将其限制于被追诉人需要承担部分事实的举证责任,而诉讼迟延导致证明此类事实的证据灭失或毁坏,或相关证人不可获得的案件。

4. 损害赔偿

根据我国《国家赔偿法》第 17 条第 1 项规定,损害赔偿是我国超期羁押的一种救济措施,将其作为妥速审判权的一种救济措施也是恰当的。妥速审判权的违反给被追诉人带来的损害,既有物质方面的,也有精神方面的。对于物质方面的损害,根据《国家赔偿法》规定,被追诉人最后被撤销案件、不起诉或被判决无罪的,国家应予以赔偿。但对于被判决有罪以及因犯罪情节轻微不需要判处刑罚而被不起诉的,以及被追诉人未被羁押的,即使存在诉讼迟延,都不予以赔偿。对于精神方面的损害,虽根据《国家赔偿法》第 35 条规定,被追诉人可要求精神损害抚慰金,但也只限于被逮捕、拘留、被执行刑罚,最后被撤销案件、不起诉或判决无罪的情形,或诉讼过程中遭受人身损害的情形,对未被羁押、或虽被羁押但最后被判决有罪的被追诉人并不适用。为切实保障被追诉人的妥速审判权,我国应当顺应世界刑事司法潮流,不管被追诉人是否被羁押,都应从物质与精神上予以适当赔偿。而且,即使采取了终止诉讼、减轻刑罚等救济措施,这种损害仍然存在,被追诉人在获得此类救济的同时,仍然可要求损害赔偿。由于损害赔偿属于一种填补责任,对于物质损害赔偿,可要求被追诉人承担存在损害的举证责任;对于精神损害赔偿,由于存在证明的困难性,应由法院根据被追诉人是否被羁押、是否导致其他严重后果、迟延时间长短等因素,决定需要赔偿的数额。

六、结语

刑事诉讼过程往往会剥夺或限制被追诉人的人身自由,对被追诉人甚至其近亲属的正常生活、工作造成重大负面影响。“迟来的正义非正义。”这句西方法谚用在刑事诉讼尤其恰当。正因如此,很多国家与地区已将妥速审判权作为被追诉人的一项重要权利加以保障。我国《刑事诉讼法》虽然也将诉讼及时作为刑事诉讼法的一项重要任务,并对重要诉讼阶段均规定了期限,但诉讼迟延问题仍然存在,超期羁押现象就是该类问题的一个重要体现。究其原因,关键在于我国《刑事诉讼法》未将妥速审判作为一种权利赋予被追诉人。由于被追诉人不能将妥速审判作为一种权利申请救济,对于诉讼迟延问题也就只能依靠中央司法机关以“运动式”专项治理活动予以解决。为此,诉讼迟延问题只能随此类专项治理活动的来去而时好时坏,不能有效根治。为有效根治刑事诉讼迟延问题,保障被追诉人的合法权益,我国《刑事诉讼法》应赋予被追诉人妥速审判权,并借鉴域外规范与实践经验,合理界定妥速审判权的适用范围,建立可行的妥速审判权审查标准,设置合理的救济措施。

第三章　被追诉人的法律援助获得权

目前,由于经济不景气,各国政府相继不同程度地削减法律援助经费预算,不断减少的可使用法律援助资源与不断增长的法律援助需求由此产生冲突。如向来在法律援助方面投入比较多的北欧福利国家,也在不断削减法律援助经费预算。[1] 在这种情况下,必然会产生谁可优先获得法律援助,可获得何种法律援助,这种法律援助应当由谁来提供等一系列问题。[2] 刑事法律援助虽是各国优先保障领域,但也不可避免地受到这种财政预算缩紧的影响:一方面,获得法律援助的资格标准提高,受益人数减少;另一方面,由于可支付给援助律师的报酬降低,法律援助案件质量相应下降,受援助人的合法权益难以得到切实保障。从数据来看,我国法律援助经费投入一直在不断增加,受援助人数也在

---

〔1〕 See Olaf Halvorsen Rønning & Ole Hammerslev, *Outsourcing Legal Aid in the Nordic Welfare States*, Palgrave Macmillan, 2017, p. 1.

〔2〕 See Mary Anne Noone, *Legal Aid Crisis - Lessons from Victoria's Response*, 39 Alternative Law journal 40(2014).

逐年递增。[1] 但是,我国的刑事法律援助仍然难以满足现实需求,法律援助案件质量仍是亟待解决的问题。[2]

对于法律援助,虽然各国含义不同,但从总体上看,实际就是在公民面临法律问题希望获得法律专业人员的帮助而自己却无力支付或无力完全支付法律服务费用时,由国家、社会团体或个人帮助其支付相应法律费用,或法律服务提供者减少、免除相应法律服务费用的行为。从目前来看,各国面临的法律援助问题,实际就是在公民自己无力解决所面临的法律问题时所产生的两个方面的问题:一方面是国家由于财力问题或公共政策考虑问题,压缩法律援助范围或减少法律援助费,不能帮助所有缺乏支付能力的公民解决法律服务费用问题;另一方面是法律服务提供者或法律纠纷解决者因为相关费用未能得到满足而不愿意或未尽力为受援人提供所需的法律服务或解决法律纠纷。提高公民自身的法律问题解决能力,虽可在一定程度上缓解法律援助问题,但其作用相当有限。法律服务提供者是有自己利益需求的独立利益主体,不可能要求其放弃法律服务费用。法律纠纷解决者需要运营成本费用,要求其完全免除相关费用也不现实。因此,法律援助问题的解决,关键还在于国家。而国家如何解决法律援助问题,实际又取决于国家如何看待法律援助问题,或者说如何看待公民的法律援助请求问题。如果国家将公民获得法律援助视为一种相当重要的权利,将法律援助问题视为一个直接关系国

〔1〕 该数据来源于司法部法律援助中心网站,http://www.chinalegalaid.gov.cn/China_legalaid/node_40884.htm,最后访问日期:2021 年 10 月 5 日。

〔2〕 参见李雪莲、夏慧、吴宏耀:《法律援助经费保障制度报告》,载中华人民共和国司法部 http://www.moj.gov.cn/pub/sfbgw/jgszzsdw/zsdwflyzzx/flyzzxzcxx/zcxxllyj/202102/t20210225_189061.html,最后访问日期:2021 年 10 月 5 日。

家发展、社会稳定、政治文明的,需要优先解决的法治建设问题,法律援助问题自然会比较顺利地得以解决。如果仅仅将法律援助视为一种慈善事业,或一种恩赐的特权,那法律援助问题解决起来肯定会相当困难。

一般来说,可体现一个国家对某个问题重视程度的是这个国家对隐藏在该问题后面的相关利益需求的衡量、认可与保障程度,即是否将这种利益需求上升为一种受法律保护的权利,将这种权利置于国家权利体系中的何种地位。鉴于此,笔者从权利角度对被追诉人的法律援助问题进行简要讨论。历史总能给人启示,因而本章将首先以英美国家的刑事法律援助制度为主要对象,以客观描述方式对被追诉人的法律援助发展过程进行简要梳理,然后再依次对被追诉人法律援助获得权的正当性基础、权利属性、权利实现等问题进行简要讨论。

一、被追诉人的法律援助获得:从慈善到权利

被追诉人的法律援助问题,从内容来看,实际可分为两个方面:一是被追诉人在刑事诉讼中可委托律师辩护;二是被追诉人无力聘请律师时,可免费获得律师辩护。在现代国家,被追诉人可委托律师辩护,这是毫无争议的,因而被追诉人的法律援助问题主要是第二个方面的问题。但在历史上,第一个方面的问题也是一个重要问题。相对而言,第一个方面内容存在一个从不允许到允许被追诉人委托律师辩护的历史发展过程,只是这个过程并不长。而第二个方面内容则比较复杂,不仅有一个从不能免费获得律师辩护到可免费获得律师辩护,可免费获得律师辩护的范围从庭审阶段扩展到审前阶段以及其他诉讼阶段,从重罪案件扩展

到所有刑事案件的发展过程,还有一个可免费获得律师辩护的基础从基于国家、社会团体以及律师个人的慈善事业发展到基于被追诉人的权利的历史过程。由于被追诉人的法律援助问题的核心在于可免费获得律师辩护的基础,因而从总体上看,被追诉人的法律援助存在一个从慈善到权利的历史发展过程。

据有些国外学者的考证,辩护权最早可追溯到《旧约》的记载;古希腊亚里士多德第一次在《雅典宪制》(*The Constitution of Athenians*)中提到辩护权:"一个人一旦被基于杀人罪传唤到法官(Areopagus)面前……他亲自出来为自己进行辩护,但检察官不敢出面,因而撤回起诉……"古罗马的司法制度也出现过辩护权。[1]

在英国,轻罪被告人很早以前就可聘请律师辩护,但重罪被告人无权聘请律师辩护。在1688年革命后,这种权利范围扩大到稍微严重一些的犯罪。1695年,英国国会(Parliament)通过法律允许叛国罪被告人聘请律师出庭辩护。然而,对于其他重罪,即使被判处死刑,也不能聘请律师辩护,虽然法官也许在一些随后产生的附属问题上会听取律师的意见。对此,布莱克斯通在其英国法注释中曾提出疑问:面临死刑之被告人不能聘请律师辩护,而被指控轻微侵入罪的被告人却可以,真不知是基于什么理由?[2] 此后,经过一个世纪的不可考据的漫长发展过程,其他普通重罪才逐渐可聘请律师出庭辩护。此时,律师可为被告人进行

---

〔1〕 See Oana - Mariuca Petrescu, *Ensuring Equal Legal Aid to the Citizens in the European Procedural Law*, 55 Acta Juridica Hungarica. 57(2014).

〔2〕 See Charles S. Potts, *Right to Counsel in Criminal Cases: Legal Aid or Public Defender*, 28 Texas Law Review 491(1950).

质证与交叉询问证人,可向法庭提出法律问题,但不能向陪审团陈述,这种状况一直持续到1836年国会通过一个法律之后。[1]

在英国古代,长期以来刑事诉讼不存在法律援助现象。[2] 但一般认为,作为特例,至少在14世纪英国,作为有权在法庭从事有偿辩护的交换,每个律师有义务拿出一些时间帮助那些无钱支付之当事人。[3] 同时,英国在很早以前就存在一种已不可考据的法律援助实践——授予简洁辩护(dock briefs),即在可诉罪刑事被告人受审时,如果有出庭律师刚好在庭的,法官可授予被告人获得此律师的辩护帮助,这种辩护无须事务律师参与,被告人只需给予出庭律师一个畿尼(guinea)。一般来说,审理复杂案件的法官一般会请求律师提供这种带有慈善性的辩护。[4] 1495年,英国通过一个法律,规定了一种以贫民身份免付诉讼费(in forma pauperis)程序,即允许贫困者在起诉时可不支付诉讼费,并指定律师免费代理。由于政府不向律师支付报酬,这实际是一种强制免费(pro bono)服务,而不是现代的法律援助制度。该制度在1883年被废除。[5]

在1903年,《英国贫困犯人辩护法》(*The Poor Prisoners*

---

〔1〕 See Charles S. Potts, *Right to Counsel in Criminal Cases: Legal Aid or Public Defender*, 28 Texas Law Review 491(1950).

〔2〕 参见[英]丹宁勋爵:《法律的未来》,刘庸安、张文镇译,法律出版社1999年版,第128页。

〔3〕 See Howard Dana, *Legal Aid and Legal Services: An Overview*, 67 Maine Law Review 276(2015).

〔4〕 See Warren Freedman, *A Reading of the British Statute on Legal Aid and Advice*, 39 Kentucky Law Journal 151(1951).

〔5〕 See Joan Mahoney, *Green Forms and Legal Aid Offices: A History of Publicly Funded Legal Services in Britain and the United States*, 17 Saint Louis University Public Law Review 223(1998).

Defense Act)规定,因可诉罪被审判的被告人可得到法律援助,并规定由法官决定是否授予这种法律援助。一旦被告人获得这种法律援助,律师费用与证人出庭费用就由公共财政支付。[1] 1930年的《贫困犯人辩护法》再次对刑事法律援助问题作出规定,免费法律援助可通过法官授予法律援助资格(legal aid certificate)与辩护资格(defence certificate)的方式实施,前者适用于简易罪审判的被告人,后者适用于可诉罪审判的被告人。根据该法第1条规定,如果承审法官认为,被指控可诉罪的被告人无力支付的,可授予其获得法律辩护的资格。如果指控谋杀,则必须授予法律辩护资格,甚至可以获得两名指定律师。根据第2条规定,如果简易罪审判庭或预审法官认为被告人无力获得法律帮助,而且因为指控的严重性或特殊情况,获得律师辩护是实现正义所需要时,则可授予被告人法律援助资格,以获得事务律师的帮助。法庭书记员一般备有一张由愿意向贫困被告人提供免费辩护的事务律师与出庭律师组成的名单。一旦授予刑事被告人法律援助资格,法官就需要在名单中指定律师。在提供帮助后,律师可获得适度的费用、出差费与一些必要的现金支付费用,这些费用将由城镇基金或市镇一般利率基金(rate fund)支付。一般来说,法律辩护获得的报酬要比法律援助获得的要多一些。1949年,英国通过《英国法律援助与法律咨询法》(*The Legal Aid and Advice Act*,1949)。根据该法第15~17条规定,免费法律帮助适用于所有刑事法庭的案件,只要认为是实现正义利益(the interests of justice)所需要的;

[1] See Warren Freedman, *A Reading of the British Statute on Legal Aid and Advice*, 39 Kentucky Law Journal 151(1951).

在是否应当给予法律援助存在疑问时，应当作出有利于申请人的决定。[1] 1982年通过的《英国法律援助法》建立了值班律师制度，要求律师轮流受指定在治安法院的刑事诉讼程序向刑事被告人提供法律援助。[2]

在美国，刑事被告人有权获得辩护，这是很早就被承认的。英国14世纪时要求律师有义务抽出一些时间无偿帮助贫穷被告人的普通法传统也被移植到殖民地。[3] 1776年马里兰州宪法宣布：在所有刑事案件中，任何人有权聘请律师。随后其他各州宪法也作了类似规定。1791年生效的《美国联邦宪法》第六修正案规定，在所有刑事诉讼程序中，犯罪嫌疑人有权获得律师帮助。在1932年以前，美国联邦与各州基本上均通过法律明确规定或通过法院裁决要求，法官在刑事被告人无力聘请律师时，有义务为其指定律师。在大多数州，该规则适用于所有刑事案件；在有些州则只适用于严重刑事案件；在少数州，只适用于死刑案件。[4] 在1932年的鲍威尔案（Powell v. Alabama）中，美国联邦最高法院裁决认为，至少在死刑案件中，被告人有权获得律师的辩护帮助，如果被告人无力聘请律师的，应当为其指定辩护律师，否则违反正当程序要求。[5] 由于该案只涉及死刑案件，对于非死

---

〔1〕 See Warren Freedman, *A Reading of the British Statute on Legal Aid and Advice*, 39 Kentucky Law Journal 151(1951).

〔2〕 See Joan Mahoney, *Green Forms and Legal Aid Offices: A History of Publicly Funded Legal Services in Britain and the United States*, 17 Saint Louis University Public Law Review 223(1998).

〔3〕 See Howard Dana, *Legal Aid and Legal Services: An Overview*, 67 Maine Law Review 276(2015).

〔4〕 See Powell v. Alabama, 287 U. S. 45(1932).

〔5〕 See Powell v. Alabama, 287 U. S. 45(1932).

刑案件能否要求指定辩护律师不确定,美国联邦最高法院在 1963 年的吉迪恩案(Gideon v. Wainwright)的裁决中认为,在各州刑事诉讼中,贫穷被告人获得律师帮助是公正审判的基本权利,未给无力聘请律师的被告人指定辩护律师,违反了《美国联邦宪法》第十四修正案的正当程序。[1]

虽然美国的刑事被告人有权获得法律援助,但在很长一段时间内,美国的刑事法律援助均以个人形式出现。1876 年,一个德籍社团在纽约成立第一个法律援助机构,为德国移民提供法律援助。自此,美国各地相继成立法律援助机构,为贫穷当事人提供法律援助。到 1919 年,全美共有 41 个类似法律援助机构。[2] 1910 年,堪萨斯州建立了第一个由市政资助的法律援助机构,随后有 8 个城市纷纷效仿,建立公共财政资助的法律援助机构。[3]

从法律援助经费的使用与来源来看,在 20 世纪 60 年代以前,美国的刑事指定辩护基本上是一种慈善性质的行为。[4] 依据是:一是相当多的法律援助提供者是无报酬的,完全出自自愿。如据美国学者埃默里·布劳内尔(Emory Brownell)对 1920~1960 年的美国法律援助的研究,全国每年只有 350 万美元用于 236 个法律援助机构的 400 个全职法律援助律师,在这些机构中,有 93

[1] See Gideon v. Wainwright, 372 U. S. 335(1963).

[2] See Stephen K. Huber, *Thou Shalt Not Ration Justice: A History and Bibliography of Legal Aid in America*, 44 George Washington Law Review 754(1976).

[3] See Reginald Heber Smith, *The Relation between Legal Aid Work and the Administration of Justice*, 91 Century Law Journal 372(1920).

[4] See Marshall J. Breger, *Legal Aid for the Poor: A Conceptual Analysis*, 60 North Carolina Law Review 281(1981).

个机构没有带薪职员，完全由自愿的私人执业者组成。[1] 二是即使法律援助提供者可收取报酬，在很多情况下也是象征性的，或相当低的。如据上述学者的研究，在这 40 年里，法律援助一直面临案件压力大，薪酬极低的问题：在 1959 年，带薪援助律师年平均薪酬只有 6000 美元，援助中心主任律师年平均薪酬只有 10,000 美元，而法律援助案件却从每年人均 460 件上升到 2533 件。[2] 另有 1936 年的一项调查表明，有 19 个州不支付律师报酬，其他州大部分也只是象征性的支付。如在北加利福尼亚州，死刑案件的指定律师只能得到 25 美元；俄克拉何马州的所有案件都只有 25 美元；在华盛顿，律师工作一天只有 10 美元。另外只有 8 个州会补偿指定律师为其客户所产生的费用。[3] 三是从法律援助资金的来源来看，其大部分源于政府以外的企业、社团与个人的捐赠，只有各地设置的法律援助机构的经费源于地方财政，美国联邦财政几乎与法律援助经费无关。如据统计，在 1964 年，51%的法律援助资金源于社会团体的捐赠，17%的资金来自律师协会或者律师的缴费。[4]

由于主要依靠慈善捐赠支撑的法律援助面临很多问题，美国各界均不满意这种法律援助制度，学界主张通过建立一种由联邦财政支持的"邻人法律公司"（Neighborhood Law Firms）的方式解

---

〔1〕 See Stephen K. Huber, *Thou Shalt Not Ration Justice: A History and Bibliography of Legal Aid in America*, 44 George Washington Law Review 754(1976).

〔2〕 See Stephen K. Huber, *Thou Shalt Not Ration Justice: A History and Bibliography of Legal Aid in America*, 44 George Washington Law Review 754(1976).

〔3〕 See Charles S. Potts, *Right to Counsel in Criminal Cases: Legal Aid or Public Defender*, 28 Texas Law Review 491(1950).

〔4〕 See The odore Voorhees, *Legal Aid: Past, Present and Future*, 56 American Bar Association Journal 765(1970).

决法律援助问题。[1] 1965年,美国经济机会办公室(the Office of Economic Opportunity)经美国联邦立法机构授权成立法律服务办公室(the Office of Legal Services),在美国联邦财政的支持下从事法律援助工作及相关事项。[2] 自此美国法律援助经费来源变成由联邦财政、地方财政以及慈善捐赠共同支撑的局面。其中,以美国联邦财政为主。如在1969年的法律援助总预算5500万美元中,4500万美元是联邦资金,占总预算的82%。[3] 自此,美国的刑事法律援助成为一种由国家财政保障的公民权利。

在法国,从1791年开始就授予犯罪嫌疑人包括律师帮助权在内的辩护权。[4] 在1851年,建立了相应的法律援助制度。该制度虽经多次修改,但直到1958年,其基本框架并没有发生彻底改变,所规定的法律援助基本上属于一种慈善性质的行为。1972年,法国通过新法律,将法律援助的性质从根本上以社会责任代替慈善行为,将贫穷被告人的法律援助作为一种权利纳入社会保障范围。[5] 但是,在澳大利亚,虽然1958年刑法规定,任何被逮捕或羁押的人必须被告知有权获得法律建议,并且任何讯问必须被中止,以便这些人可以或希望与律师进行沟通,

---

〔1〕 See Joan Mahoney, *Green Forms and Legal Aid Offices: A History of Publicly Funded Legal Services in Britain and the United States*, 17 Saint Louis University Public Law Review 223(1998).

〔2〕 See Stephen K. Huber, *Thou Shalt Not Ration Justice: A History and Bibliography of Legal Aid in America*, 44 George Washington Law Review 754(1976).

〔3〕 See Theodore Voorhees, *Legal Aid: Past, Present and Future*, 56 American Bar Association Journal 765(August, 1970).

〔4〕 See Oana-Mariuca Petrescu, *Ensuring Equal Legal Aid to the Citizens in the European Procedural Law*, 55 Act a Juridica Hungarica 57(2014).

〔5〕 See Peter Herzog & Brigitte Ecolivet Herzog, *The Reform of the Legal Professions and of Legal Aid in France*, 22 International and Comparative Law Quarterly 462(1973).

但并没有规定被告人无力支付时,确保其得到律师帮助。[1] 在1992年的奥拉夫·迪特里希案(Olaf Dietrich v. The Queen)中,澳大利亚联邦最高法院认为,澳大利亚的法律不存在被告人的法律援助获得权,但在涉及严重犯罪时,如果被告人不能获得律师帮助,法官应当延期审理或停止审理,否则就是不公正的。只是这种要求的适用范围有限,不适用于非严重刑事案件,也不适用于审前程序。[2]

从目前来看,在现代法治国家中,被追诉人的法律援助需求虽然还面临难以全面满足的问题,但已被很多国家作为一种权利加以保障,被追诉人的法律援助也基本上从原来的慈善行为转变成一种权利实现行为。[3] 北欧的一些国家甚至将被追诉人的这种权利作为一种社会福利权加以保障。这种转变也得到了很多国际性法律文件的认可与倡导。如根据1953年《欧洲人权公约》第6条第3项规定,凡受刑事罪指控者有权"由他本人或者由他自己选择的律师协助替自己辩护,或者如果他无力支付法律协助费用的,则基于公平利益考虑,应当免除他的有关费用"。根据1966年联合国《公民权利与政治权利国际公约》第14条第3项规定,在判定对他提出的任何刑事指控时,人人完全平等地有资格

---

〔1〕 See Asher Flynn, Jacqueline Hodgson, Jude McCulloch & Bronwyn Naylor, *Legal Aid and Access to Legal Representation: Redefining the Right to a Fair Trial*, 40 Melbourne University Law Review 207(2016).

〔2〕 See Asher Flynn, Jacqueline Hodgson, Jude McCulloch & Bronwyn Naylor, *Legal Aid and Access to Legal Representation: Redefining the Right to a Fair Trial*, 40 Melbourne University Law Review 207(2016).

〔3〕 我国有观点认为,自17、18世纪以后,由于资产阶级人权思想的影响,获得法律援助被认为是一种公民权利和政治权利,此时的刑事法律援助已被视为一种权利。从历史资料来看,这种判断是不恰当的,刑事法律援助获得权作为权利出现远没有这么顺利。参见李奕:《法律援助制度正当性基础的反思》,载《社会纵横》2015年第3期。

享受以下最低限度的保障："出席受审并亲自替自己辩护，或经由他自己选择的法律帮助者进行辩护；如果他没有法律帮助者，要通知他享有这种权利；在司法利益有此需要的案件中，为他指定法律帮助者，而在他没有足够能力偿付法律帮助的案件中，不用他自己付费。"联合国《关于律师作用的基本原则》与联合国《保护所有遭受任何形式拘留或监禁的人的原则》中也有类似规定。更值得指出的是，联合国在2012年通过《关于在刑事司法系统中获得法律援助机会的原则和准则》，专门就被追诉人的法律援助问题对各国提出相应要求，将被追诉人的法律援助获得视为一种权利，并将保证这种权利得以实现的责任视为国家的责任。根据该原则和准则，被追诉人的法律援助获得权就应当是一种由国家加以保障实现的公民权利。

二、被追诉人法律援助获得权的正当性基础

被追诉人的法律援助获得权，也就是在被追诉人面临刑事追诉时，自己有意愿却无力聘请律师辩护的，国家就应当出资聘请律师为其进行辩护。由于国家法律援助资金主要源于纳税人所缴纳的税收，由国家出资聘请律师为被追诉人进行辩护，属于一种国民收入的再次分配；而且从经验来看，被追诉人最后大多是被判处有罪之人，国家出资为其进行辩护，这与国家控制犯罪、打击犯罪的目标并不完全相符，因而将被追诉人的法律援助获得需求上升为一种权利，并由国家保障实现，面临一个很难的正当性基础的建构问题。这也是为什么被追诉人的这种法律援助获得权经过漫长的历史发展后才被认可与得到保障的一个重要原因。从目前各国学界与实务界的讨论来看，主要是从法律平等与司法

公正等角度论证被追诉人的法律援助获得权。

(一)域外对于被追诉人法律援助获得权正当性基础的论述

1. 被追诉人的法律援助获得权是司法公正的需要。这是早期学界与实务界用于论证法律援助获得权的一个重要理论基础。如在20世纪20年代就有学者认为,正义应当由受过专门训练的法官根据不考虑个人差别的实体法加以实现。而律师对于法庭工作来说,其重要性与法庭职员、治安官、执法官等同,甚至与法官同样重要。如果将正义实现与汽车比赛相比,法律是发动机,法官是方向盘,而律师则是汽油。如果一方有律师,另一方无律师,实际相当于给诉讼双方相同款式的汽车,却只给一方汽油,另一方则不给,这必然导致不公平的结果。而且,诉讼程序的复杂性,也要求有律师的帮助。而律师与其他人一样,也需要生活,因而只能提供有偿服务。如果一个人仅仅因为贫穷而无法获得律师辩护,这个正义机器就是无效的,因而也就意味着这个人丧失了权利。如何解决这种问题,只有两种可能的途径:一是简化司法机制,使律师辩护成为可有可无的东西;二是向贫穷一方当事人提供免费的律师辩护。由于不能消除律师辩护需求,因而只能免除律师辩护费用。[1]

从相关案例来看,美国联邦最高法院也是从司法公正或程序正当的角度来论证被追诉人的法律援助获得权。如1932年的鲍威尔案,美国联邦最高法院就是从司法公正的角度论证应当赋予被追诉人法律援助获得权的。该案裁决认为,法律援助获得权之

---

〔1〕 See Reginald Heber Smith, *The Relation between Legal Aid Work and the Administration of Justice*, 91 Century Law Journal 372(1920).

所以是一种基本权利，在于法庭听审权是一种基本权利，而听审权从历史与现实来看，它应当包括在有需求时就有获得律师帮助的权利。否则，这种听审权在一些案件中根本就没有任何意义。因为即使聪明的人，如果没有受过专门法律职业教育，在受刑事指控时，没有律师帮助，他就不能识别该指控是好是坏，他就可能被不恰当的指控拖上法庭，被根据无证据资格或不具有相关性的或其他不具有可采性的证据定罪；他即使有很好的辩护理由，他也会既缺乏技巧，也缺乏知识准备辩护，进而也会面临被定罪的风险，即使他是无罪的。对于那些无知的人或文盲，或者那些智力有问题的人，其结果将更加悲惨。因此，在一个死刑案件中，如果被告人不能聘请律师，也无力为自己进行有效辩护，法庭就应当为其指定律师辩护，不管其是否提出要求，这是程序正当的基本要求，这是律师帮助听审宪法权利的必然逻辑结果。〔1〕 在1963年的吉迪恩案中，美国联邦最高法院也基本上是从这个角度来论证的。〔2〕 从联合国《关于在刑事司法系统中获得法律援助机会的原则和准则》的第一个原则来看，其认为被追诉人享有法律援助获得权的一个重要根据也是在此方面："鉴于法律援助是以法治为依据并且行之有效的刑事司法系统的一个基本要件，是享有包括公正审判权等其他权利的基石，并且是确保刑事司法程序基本公正并且得到公众信任的一个重要保障，各国应当尽最大可能在本国法律体系中保障获得法律援助的权利，包括酌情在宪

〔1〕 See Powell v. Alabama, 287 U. S. 45(1932).

〔2〕 See Gideon v. Wainwright, 372 U. S. 335(1963).

法中保障这一权利。”[1]

2. 被追诉人的法律援助获得权是法治原则所要求的法律面前人人平等的需要。如有加拿大学者就是从法律面前人人平等的角度论证这种权利的。该学者认为，有权获得法律援助内在于加拿大《权利与自由宪章》第 15 条的平等保障观念，是与法律面前平等、法律下平等，以及平等保护与平等利益的哲学理念相一致的。因为在现代国家，法律制度通过正式纠纷解决机制提供了一种具有整合功能的一般的正式行为准则，作为社会成员，每个人都有权获得法律，法律援助就是一种使那些无力支付之人获得法律的保障手段。[2] 在德国，也有人认为法律援助获得权与法律平等有关。如北莱茵—威斯特伐利亚州司法部长就曾言：“在这里，法律是所有人的，所有人在法律面前是平等的，我们的宪法第 3 条就是这么规定的。因此，没有人应当因为经济原因而被迫放弃权利行使。有关咨询与诉讼的法律援助在这里就是为保证这一点的。”[3]

对法律援助获得权与平等保障的关系，还有美国学者根据罗尔斯的正义论进行了论证。在 20 世纪 70 年代末到 80 年代初，美国有不少学者在法律援助资金有限的情况下，认为应当从功利主义角度考虑法律援助获得权，进而根据功利主义哲学分配有限的法律援助资金。有学者基于对这种功利主义视角的不满，主张从

---

[1] See Asher Flynn, Jacqueline Hodgson, Jude McCulloch & Bronwyn Naylor, *Legal Aid and Access to Legal Representation: Redefining the Right to a Fair Trial*, 40 Melbourne University Law Review 207(2016).

[2] See Mary Jane Mossman, *The Charter and the Right to Legal Aid*, Journal of Law and Social Policy 21(1985).

[3] See James R. Maxeiner, *A Right to Legal Aid: The ABA Model Access Act in International Perspective*, 13 Loyola New Orleans Journal of Public Interest Law 61(2011).

非功利主义的正义理论来认识、处理法律援助获得权问题。该学者认为,法律援助获得权的正当性源于正义获得理论,可通过罗尔斯的正义分配原则得以正当化。一是获得法律制度可视为一种如同自由的基本的社会之善(primary social good)。根据罗尔斯的正义理论,所有的基本自由都应当受到平等保护;同理,获得法律制度作为一种基本的社会之善,也应当得到平等保护。二是获得法庭审判,就像公共教育一样,这是实现其他权利与利益的前提条件。因此,这种获得就可作为罗尔斯第二原则的可给予优先权的一种善,应当确保公正的平等机会。由于这种有效获得法律制度的权利是确保所有权利的前提条件,公民个人就可向政府主张这种权利。三是由于律师在社会纠纷解决过程中具有重要地位,并且在个人权利或利益需要在法庭进行论证时具有不确定性,这就像个人在宪法制定阶段一般需要律师帮助其识别针对政府的权力一样,也需要法律援助律师提供帮助。根据这种正义获得理论,政府负有一种提供足够法律服务以满足公民正当需求的支持责任。如果没有足够资源满足法律援助需求,立法机关应当义不容辞地拿出更多预算,甚至以牺牲社会福利目标为代价。[1]

政府削减法律援助预算,这是在被追诉人法律援助获得权的实现过程中面临的一个主要阻碍。为此,还有人从效益角度对此权利进行论证,认为被追诉人法律援助地提供对法律制度的有效执行具有积极作用,一个有效的法律援助制度,可减少犯罪嫌疑人被关押在警察拘留所与羁押中心的时间,也可减少监狱在押人

---

〔1〕 See Marshall J. Breger, *Legal Aid for the Poor: A Conceptual Analysis*, 60 North Carolina Law Review, 281(1981).

员,减少错误判决率与法庭拥堵现象等。没有法律援助,很多被追诉人将被迫自己进行辩护,这将导致诉讼迟延与增加法庭运行费用。该学者进而认为,被追诉人的法律援助获得权不是一种负担,而是一种可减少刑事司法制度运行费用的手段。[1]

从内容上看,被追诉人的法律援助获得权实际包括两个内容:一是被追诉人在刑事诉讼程序中有权获得律师辩护;二是被追诉人有权获得国家在财政上的保障,在其无力支付律师辩护费用时,有权要求国家代替其支付全部或部分费用。[2] 前者涉及律师介入刑事诉讼程序的正当性问题,后者涉及国家在国民收入再次分配中向无力支付辩护费用的被追诉人作有利的差别待遇的正当性问题。所谓权利的正当性,实际也就是国家将某种需求上升为法律保护对象而成为权利的正当性理由。对于前者,虽然由于各国刑事诉讼制度不同,刑事诉讼程序的复杂性存在差异,辩护律师在其中发挥的作用也有不同,因而其正当性论证也会存在一些差异,但从总体上来看,其正当性基础就是确保对被追诉人的追诉符合程序公正与实体公正的要求,并有利于提高诉讼效率。对于这一点,应当是比较容易理解,而且也容易达成共识的,因而也是恰当的。比较难以论证的是后者,尤其是在一些检察机关已经谨慎行使追诉权,法院在刑事诉讼程序中具有主导作用,已经比较注重保护被告人合法权益,且刑事定罪率比较高的国家

---

[1] See Auke Willems, *The United Nations Principles and Guidelines on Access to Legal Aid in Criminal Justice Systems: A Step toward Global Assurance of Legal Aid*, 17 Bangladesh Journal of Law Review 184(2014).

[2] 当然,这主要针对那些刑事被追诉人无须承担诉讼费用的国家而言。在那些刑事被追诉人在被判决有罪之后,还可能承担证人出庭作证费用、鉴定费用、法庭诉讼费用等的国家来说,还涉及诉讼费用减免的问题。

中,要论证这种差别待遇是一种值得法律保护的合理需求,更是存在较大难度。有些国家之所以未将被追诉人的法律援助作为一种权利加以保障,问题也主要出在后者。而且,被追诉人法律援助获得权的重点实际也在于后者,这是该种权利不同于一般辩护权的差异所在。从这点来看,仅仅从确保司法公正的角度来论证被追诉人的法律援助获得权是不够的,这实际是仅仅看到前者的存在,而未看到后者的存在。而仅仅从平等保护角度来论证这种权利也并不全面,它并不能完全解释律师辩护的必要性。至于是否可从功利主义角度来论证这种权利的正当性,其实,只要确保功利主义视角不是主要视角、第一视角,而是将其作为辅助手段,这也不是不可以的。毕竟,论证某个事物的正当性,无非就是揭示其存在的合理理由,理由越多,正当性也就越充分。

(二)被追诉人法律援助获得权的正当性基础

对于被追诉人为什么有权要求国家在财政上保障其辩护费用,在其无力支付辩护费用时,国家应当为其支付相关费用?

1. 确如域外学者所主张的,这是平等法律保护的要求。“分配权利的正义,就是平等。”〔1〕将何种需求作为法律保护的权利,应当遵循平等原则。法律面前人人平等,除了包括所享有的权利平等以外,还包括权利受到侵害时的平等保护。而且,建立在这种平等保护需求上的权利也更具有实际意义。因为“将权利理论建立在人们所公认的且力图避免的过去恶行上,要比建立在众说纷纭的理想完美社会概念上来得实际”。〔2〕 根据法治社会的这

---

〔1〕 程燎原、王人博:《权利论》,广西师范大学出版社 2014 年版,第 149 页。

〔2〕 [美]艾伦·德肖维茨:《你的权利从哪里来》,黄煜文译,北京大学出版社 2014 年版,第 7 页。

个基本原则,任何人在面临权利受到侵害的危险时,应当不分民族、性别、财富等个人因素的影响,受到国家的平等保护。因为根据社会契约论,国家是由每个公民不分民族、性别、财富等个人因素统一让渡的权利组成,既然每个人让渡的权利是一样的,理当受到国家同样的保护。同时,公民已根据社会契约将保护自己权利的权利让渡给了国家,国家也应当切实履行约定的保护义务。在刑事诉讼中,每个被追诉人都面临因刑罚权滥用而受到侵害的危险,在此种情况下,国家应当对每个被追诉人给予平等的保护。如果在被追诉人因经济原因而无力聘请辩护律师时,国家也不从财政上支持,实际就是因为被追诉人的财富不同而给予了不同的保护,这明显违反法律平等保护原则。

2. 法治社会的基本要求。法治社会并不仅仅是要求公民被迫遵守法律,而应当是每个公民都能将遵守法律视为社会生活的必要内容,进而自觉地、主动地遵守法律。而要做到这一点,前提是每个公民都能将法律遵守内化为自己的行为准则。“法律必须被信仰,否则它将形同虚设。”哈罗德·J. 伯尔曼的这句法律名言说的就是这个问题。而要做到这一点,就必须是每个公民均将法律视为自己的法律。即既是约束自己的法律,也是保护自己的法律。如果公民认为法律只有约束自己的作用,而无保护自己的功能,希望其信仰法律,无异于痴人说梦。如果被追诉人无力支付辩护律师费用而国家不从财政上支持,这不可避免地会给贫穷的公民留下一种法律只是保护富人权利而不保护穷人权利,法律只是富人的法律,而非穷人的法律的印象。在这种情况下,让所有公民信仰法律,进而建设法治社会,显然不可能。相反,这只能让人相信,这是一个金钱控制、金钱至上的社会。

最后,从功利主义角度来看,这是社会进步与司法文明的需要。一方面,这是社会进步的需要。最低层公民面临的社会问题最能反映一个社会所存在的问题。在这些问题中,有些问题还是社会发展停滞不前的症结所在。从犯罪学的角度来看,一个人之所以犯罪,除了其自身方面的原因以外,还有社会方面的原因。国家保障被追诉人的法律援助需求,实际也是在疏通一条上通民情、展示社会问题的途径,进而有利于及时解决社会问题,促进社会的进步与发展。这也是为什么 20 世纪初的美国法律援助致力于社会改革,而不是关注个案公正的一个重要原因。[1] 另一方面,这是司法文明的需要。木桶效应实际也适用于对一个社会司法文明程度的评价。在现代社会,刑事司法文明的一个评价标准就是国家针对被追诉人的态度,就是被追诉人的辩护权有无得到充分保障。从人员构成来看,无力支付辩护律师费用的被追诉人占据被追诉人的很大部分,这些人的辩护权是否得到充分保障,直接影响到对一个国家刑事司法文明程度的评价高低。刑事法律援助实际就是这些被追诉人的辩护权的重要保障措施,国家通过赋予他们法律援助获得权,可提高自己在国际舞台上的司法文明形象。

三、被追诉人法律援助获得权的权利属性

权利属性的确定关系到某种权利应当如何设置,应当通过何种途径或何种措施进行保障的问题。权利属性可从不同角度进

---

〔1〕 See Mark Spiegel, *Legal Aid* 1900 *to* 1930: *What Happened to Law Reform*, 8 DePaul Journal for Social Justice 199(2015).

行认识:从法律效力来看,权利可分为宪法权利与法定权利;从权利内容来看,权利可分为民事权利、政治权利与社会权利;从权利功能或权利发生的因果关系来看,权利可分为原权与派生权或救济权;从权利的地位来看,权利可分为主权利与从权利。从目前来看,各国学界更多的是从权利的法律效力来讨论被追诉人法律援助获得权的权利属性。因为这直接关系到这种权利的保障力度,关系到国家在这种权利保障方面的职责大小。

在美国,对于被追诉人法律援助获得权的定位,虽然曾在一段时间内存在该权利是一种法定权利还是宪法权利之争,但经过联邦最高法院 1932 年的鲍威尔案与 1963 年的吉迪恩案的论证与认可,它已经基本被认可为一种宪法性权利,对联邦与各州均具有约束力;学界也对此基本达成共识。存在异议的是,这种权利到底是一种什么样的宪法权利。有观点认为,这是一种福利权(welfare right),是一种类似于获得恰当食物、像样住房、医疗保障的权利;而有的观点则认为,这种权利是一种民权与司法权(civil or juridical right),它既不是一种普遍的权利,也不是一种自然权利。[1] 德国的观点与美国类似,也是将这种法律援助获得权作为一种宪法性权利加以规定。

但在加拿大,对于被追诉人的法律援助获得权是否属于一种宪法规定的权利,学界与实务均存在争议。在 1984 年的鲍威尔案(R. v. Powell)中,法院裁决认为,公正审判要求被告人有权获得法律援助,但问题是,该案在论证这种权利的时候,不是基于对

---

〔1〕 See Marshall J. Breger, *Legal Aid for the Poor: A Conceptual Analysis*, 60 North Carolina Law Review 281(1981).

加拿大《权利与自由宪章》相关规定的分析,而是基于对先前案例的分析,并认为加拿大《权利与自由宪章》并没有规定这种权利,而是源于法庭有指定律师的权力。换言之,被追诉人获得法律援助不是一种权利,而出于法庭应有的权力。[1] 但是,早在 1965 年的安大略省的法律援助联合委员会的报告中,该省司法部长就已宣称:法律援助应当是正义实现的部分内容,它是一种权利。安大略省的数个法庭则认为,从《权利与自由宪章》第 7 条、第 10 条第(b)项与第 11 条第(d)项可推出这种法律援助获得权。加拿大很多学者也认为被追诉人的法律援助获得应当是一种权利,而且应当作为加拿大《权利与自由宪章》规定的权利。[2]

在国际舞台上,关于被追诉人法律援助获得权的权利属性问题,也存在很大争议。这可从联合国《关于在刑事司法系统中获得法律援助机会的原则和准则》的制定过程略见一斑。在提交联合国大会审议前,该法律文件草案是将被追诉人的法律援助获得权作为一项基本人权加以规定的。这意味着各成员国一旦签署该法律文件,就应当将该权利纳入宪法保障范围,其他法律制度的设置不能危及该权利,这是一个要求比较高的国家义务。正因如此,在联合国大会就此法律文件最后投票前 2 小时,两个联合国成员国要求公开并删除第一个原则即承认法律援助是一项基本人权的内容。作为努力促进该法律文件通过的国家,南非与格鲁吉亚建议不公开,但同意修正草案并删除"是一种基本人权"的

---

[1] See Mary Jane Mossman, *The Charter and the Right to Legal Aid*, 1 Journal of Law and Social Policy 21(1985).

[2] See Dorothy Nicole Giobbe, *Legal Aid and Right to Counsel under Canada's Charter of Rights and Freedoms*, 25 Brook Journal of International Law 205(1999).

内容。因为这种修正,才使得该草案得到这两个反对国家的认可,该法律文件在2012年4月25日获得联合国大会的通过。[1]根据通过的法律文件规定,虽然被追诉人的法律援助获得权被认为具有相当重要性,但并不被认为属于一项基本人权,因而该法律文件也仅仅是要求"各国应当尽最大可能在本国法律体系中保障获得法律援助的权利,包括酌情在宪法中保障这一权利",并未强烈要求各国应当在宪法中规定此项权利。

被追诉人法律援助获得权权利属性的界定,离不开对其内容的分析。从权利主体来看,该权利主体是社会中的特定群体,即因为各种原因经济水平比较低,无能力支付律师辩护费用的相对贫困群体。虽然每个公民均可能遭遇不能预见的天灾人祸而落入这个群体范围,但至少从权利行使条件来看,这种权利只限于特定的、陷于"不幸"状态的人群,而非所有公民。为此,国家将这种法律援助需求上升为一种权利,具有明显的救助性质。从这点来看,这种权利确实类似于公民的食物、医疗、住房保障权,属于社会保障权的一种社会救助权。正因如此,国外有学者认为,这种权利类似公民在失业、疾病、年老时向国家主张的社会权。[2]由于这种社会救助权主要适用于司法领域,也称为司法救助权。

从权利的义务主体来看,被追诉人的法律援助获得权是向国家主张的,而不是向其他公民、企业、社会团体主张的,其他公民、企业、社会团体虽可基于慈善心对被追诉人提供帮助,但这并不

---

〔1〕 See Auke Willems, *The United Nations Principles and Guidelines on Access to Legal Aid in Criminal Justice Systems*:*A Step toward Global Assurance of Legal Aid*,17 New Criminal Law Review 184(2014).

〔2〕 See E. J. Cohn, *Legal Aid for the Poor*:*A Study in Comparative Law and Legal Reform*,59 Law Quality Review 250(1943).

是一种直接的法律义务,负有这种法律义务的是国家。从这点来看,被追诉人的法律援助获得权显然不是一种民事权利。同时,从权利的具体请求内容来看,被追诉人向国家主张的是一种财产方面的支持,而非诸如言论、选举之类的政治方面的利益,因而这种权利不是一种政治权利。

从被追诉人的法律援助获得权与辩护权以及其他权利的关系来看。在形式上,就被追诉人而言,这种权利的设置目的实际在于保障宪法赋予被追诉人的辩护权能够得以实现,进而保障被追诉人的其他宪法权利或法定权利不受侵害。没有刑事辩护权,也就不存在这种法律援助获得权。从这点来看,被追诉人的法律援助获得权属于一种从权利,主权利是辩护权。但从该权利的重要性来看,被追诉人的法律援助获得权对于辩护权的实现具有相当的重要性。没有这种权利,对于贫穷且缺乏法律知识的被追诉人来说,也就相当于没有辩护权。至于这种权利对于辩护权所保障的其他宪法权利与法定权利的重要性,则需视各国的法律制度而言。在实行对抗制诉讼制度以及在实体法上还保留相当比例的判例法的国家来说,由于律师辩护是保护这些权利的主要措施,法律援助获得权无疑具有相当重要性。但在不实行对抗制诉讼制度,且在实体法上完全属于成文法的国家,由于律师辩护只是保障被追诉人权利的措施之一,法官、检察官在理论上也会关照被追诉人的合法权益,因而这种权利的重要性也会有所降低。美国之所以将被追诉人的法律援助获得权上升为一种宪法权利,与此不无关系。

基于以上分析,将被追诉人的法律援助获得权作为社会保障权的一种社会救助权即司法救助权加以规定更为合适。这种定位有利于不同国家根据自己的经济发展水平作出恰当的权利保障措施。就我国而言,这也是与中共中央办公厅、国务院办公厅2015年颁发的《关于完善法律援助制度的意见》中有关法律援助工作是一项民生工程的定位相符合的。至于是否需要将其上升为一种宪法性权利,将其作为一种基本人权来规定,则应当由各国根据自己的刑事诉讼制度与立法模式作出选择,而不宜作出统一要求。为此,联合国《关于在刑事司法系统中获得法律援助机会的原则和准则》仅仅要求各国"酌情在宪法中保障这一权利",这是比较明智的决定。

四、我国被追诉人的法律援助获得权及其实现

(一)我国有关被追诉人法律援助获得权的规定

在我国,虽然确如一些参与法律援助政策制定过程的专家所言,在20世纪90年代及之前,我国老百姓乃至绝大多数各级官员很少有人知道"法律援助"这个概念,[1]但这并不当然地就可认为我国的被追诉人不存在法律援助获得权。是否存在这种权利,取决于对相关法律条文的理解。从理论上看,自1979年我国《刑事诉讼法》颁布以来,是存在被追诉人的法律援助获得权的。

我国1979年《刑事诉讼法》第27条规定:"公诉人出庭公诉的案件,被告人没有委托辩护人的,人民法院可以为他指定辩护人。被告人是聋、哑或者未成年人而没有委托辩护人的,人民法院应当为他指定辩护人。"从权利与义务的相互关系来看,国家的

[1] 参见司法部法律援助中心编:《中国法律援助制度诞生的前前后后》,中国方正出版社1998年版,第1页。

义务也就是义务行为指向对象的权利,因而至少可从该规定第2款得到聋、哑或者未成年人的刑事被告人有权在审判阶段要求法院指定律师为自己进行辩护的结论,至于第1款规定,则难以据之得出可要求法院指定辩护律师的权利,因为是否指定取决于法院,而非被告人,不符合权利的属性。而根据当时《律师暂行条例》第1条与第13条规定,当时的律师属于国家的法律工作者,律师事务所属于事业单位,律师属于国家财政资助的人员,指定这些律师为聋、哑或者未成年人的刑事被告人进行辩护,实际就属于一种法律援助。只是因为缺乏保障措施,这种法律援助获得权在司法实践中并未得到充分行使。

1996年《刑事诉讼法》第34条将此权利适用范围扩大到盲、聋、哑、未成年人与可能被判处死刑的被告人。2018年《刑事诉讼法》第35条则在1996年《刑事诉讼法》的基础上,将尚未完全丧失辨认或者控制自己行为能力的精神病人、可能被判处无期徒刑、死刑以及符合法律援助条件的被追诉人纳入法律援助获得权的保护范围,同时将这种权利的适用时间范围扩大到刑事诉讼审前程序。

公民权利的设置至少应当由法律加以规定,从这点来看,虽然2003年《法律援助条例》第11条规定了远远超出1996年《刑事诉讼法》规定的可获得法律援助权的被追诉人范围,但很难将其作为被追诉人法律援助获得权的法律依据,因为这个条例仅仅是国务院颁布而非立法机关颁布的规定。另外,我国《宪法》对此缺乏相应规定。因此,就目前而言,我国被追诉人法律援助获得权的唯一法律依据就是《刑事诉讼法》第35条与第278条,《法律援助条例》及2021年《刑诉法解释》等规范性文件只能是这种权利的具体操作规范。由于这种立法模式,我国被追诉人的法律援助获得权实际只是一种司法救济权,并非宪法规定的基本权利,也不是一种社会保障权。如前所述,要想使这种权利在实践中具有可操作性,同时在理论上可经得起各种质疑,宜将其作为一种社会救助权在宪法中加以规定,即在《宪法》第 45 条的社会保障权中作原则性规定,然后以《刑事诉讼法》进行具体规定。

当然,严格说来,我国《刑事诉讼法》第 35 条与第 278 条规定的内容也并非全属法律援助获得权,其中规定的类似于德国、日本强制辩护的内容,有些很难纳入本章所指的被追诉人法律援助获得权。原因在于:一是这种辩护不具有权利的可放弃性,只要符合相关条件,不管被追诉人是否愿意,必须指定律师为其进行辩护;二是这种辩护并不以被追诉人不能支付为条件,关于这一点,后文再作说明。

(二)被追诉人法律援助获得权的行使条件

被追诉人的法律援助获得权作为一种社会救助权,理当设置相应的行使条件,这是由其立法目的所决定的。有关国际性法律文件与很多国家立法对此均设置了相应的条件。如根据《公民权利与政治权利国际公约》第 14 条第 3 项规定,被追诉人行使法律援助获得权的条件有两个:一是司法利益有此需要;二是被追诉人没有足够能力支付法律费用。《欧洲人权公约》第 6 条第 3 项也规定了类似条件。在英国,被追诉人行使法律援助获得权的条件也有两个:一是无能力支付法律费用;二是案件存在司法利益。[1] 在澳大利亚,根据迪特里希案的裁决,被追诉人的法律援

〔1〕 See Warren Freedman, *A Reading of the British Statute on Legal Aid and Advice*, 39 Kentucky Law Journal 151(1951).

助获得权只适用于严重刑事案件,不适用于非严重刑事案件;根据 1994 年的富勒案(Fuller v. Director of Public Prosecutions)的裁决,这种权利只适用审判程序,不适用于审前程序。[1]

在我国,根据 2012 年《刑事诉讼法》第 35 条、第 278 条,以及“两高”、公安部与司法部 2013 年共同颁发的《关于刑事诉讼法律援助工作的规定》第 2 条规定,法律援助案件总体上可分为三类案件,不同案件适用不同条件。一是被追诉人经济困难型案件。对于这类案件,只要被追诉人的经济状况符合案件受理地所在的省、自治区、直辖市人民政府规定的经济困难标准而未委托辩护人的,法律援助机构就应当为其指定辩护律师。二是被追诉人具有特殊情况型案件。对于这类案件,只要被追诉人属于盲、聋、哑人,未成年人,或者是尚未完全丧失辨认或者控制自己行为能力的精神病人,或者属于一级或者二级智力残疾的人,且未委托辩护人的,法律援助机构就应当为其指派法律援助律师。三是案件性质特殊型案件。这主要是指案件重大,被追诉人可能被判处死刑、无期徒刑,或者属于共同犯罪案件,其他被追诉人已委托辩护人,或者属于检察机关抗诉,或者属于具有重大社会影响的案件,只要被追诉人未委托辩护人,也应当为其指定辩护律师。

将我国被追诉人法律援助获得权的行使条件与国际性法律文件以及英美国家立法规定的条件相比较,可发现一个重大差异:在后者的行使条件中,不管是何种案件,均有一个必要条件,即被追诉人无力支付辩护律师费用,而我国除了第一类案件需要

---

〔1〕 See Asher Flynn, Jacqueline Hodgson, Jude McCulloch & Bronwyn Naylor, *Legal Aid and Access to Legal Representation: Redefining the Right to a Fair Trial*, 40 Melbourne University Law Review 207(2016).

被追诉人符合经济困难标准以外,其他两类案件均无这方面的要求。这是因为我国的其他两类案件虽然均有另一个条件——未委托辩护人,但并没有对未委托辩护的原因进行限制。这样就可能造成如下问题:即使被追诉人有能力委托,但被追诉人或其他法定代理人不舍得花钱委托辩护律师,法律援助机构也得为其指定辩护律师,或者本来就是被追诉人放弃该权利,司法机关也得通知法律援助机构为其指定辩护律师。这显然不符合被追诉人法律援助获得权旨在对无能力支付辩护费用的被追诉人进行救助的立法目的,同时也不符合被追诉人法律援助获得权的权利性质,因为作为一种权利,权利主体应当可以放弃该权利。

会出现这种条件规定的主要原因在于,我国立法、司法机关长期以来仅仅将被追诉人的法律援助视为一种司法辅助活动,并未将其视为一种权利,更未将其视为一种司法救助权利,进而未从权利的视角对被追诉人的法律援助获得条件进行设置。由于未将被追诉人的法律援助视为一种权利,被追诉人无权选择,甚至无权放弃,如在上述第二类、第三类法律援助案件中,被追诉人甚至不能放弃法律援助,如死刑案件。由于仅仅将法律援助视为一种司法辅助活动,即使被追诉人不符合经济困难标准,也可施予“强制性”的法律援助。如前所述,法律援助实际属于国民收入再次分配中的一种差别分配,本身就可能面临诸多正当性质疑,现在取消部分法律援助案件的无力支付条件,更是难以经受正当性质疑。鉴于此,宜将被追诉人的经济能力不足以支付合理辩护费用作为其法律援助获得权行使的必要条件之一。当然,在设置该支付能力条件时,不能仅仅参照各地规定的经济困难标准,还应当考虑不同案件的复杂程度,不同时间刑事辩护的平均收费情况,避免出现虽然不符合经济困难标准,却无力聘请合适辩护律师的问题。

(三)被追诉人法律援助获得权的实现途径

我国目前的刑事法律援助案件质量比较低,法律援助资金利用效率不高,这是目前学界与实务界的共识。这实际涉及被追诉人法律援助获得权的实现途径的选择问题。正因如此,目前学界对于如何实现被追诉人的法律援助获得权,已有比较多的讨论,并提出了各种各样的解决方案。[1] 甚至自 21 世纪初,有不少外国学者也对中国的刑事法律援助问题进行研究,有的提出中国的法律援助应当使用重要案件模式,即法律援助应当根据案件的复杂性、指控的严重性与被告人自我辩护的能力进行分配;对于非政府法律援助方面,有人认为美国的诊所法律教育模式,尤其是其强调社会公正这一面,在中国语境下具有指导性。[2]

如何保证被追诉人的法律援助获得权得以充分实现,准确找到问题所在,这是基本的前提条件。我国在此方面面临的问题,实际上与其他国家面临的问题具有很大共性,均是因为被追诉人在刑事诉讼中需要获得专业人员的辩护帮助,但却无力支付相关费用,需要政府提供财政支持,但政府每年可投入的法律援助资金有限,既不足以满足所有存在需求的被追诉人,也不足以激励法律援助提供者尽责维护被追诉人的合法权益。如有差异,也只

---

〔1〕 参见胡铭、王廷婷:《法律援助的中国模式及其改革》,载《浙江大学学报(人文社会科学版)》2017 年第 2 期;左卫民:《中国应当构建什么样的刑事法律援助制度》,载《中国法学》2013 年第 1 期。

〔2〕 See Mark Jia, *Legal Aid and the Rule of Law in the People's Republic of China*, 2011 Maryland Series in Contemporary Asian Studies 1(2011).

是各方面问题的严重程度存在不同。如何解决这些问题,关键在于根据被追诉人法律援助获得权的权利属性,结合我国的制度背景,综合性地对症下药。

首先,关于政府财政投入问题。虽然目前我国对刑事法律援助的投入每年都在递增,但相对于其他同等发展程度的国家来说,仍然存在差距,确实应当加大投入力度。但是,这也应当考虑到被追诉人的法律援助获得权属于一种司法救助权,政府财政对法律援助的投入属于国民收入的再分配,因而政府财政投入应当与经济发展水平相适应,应当考虑与其他社会保障权的财政投入成比例,不能将本应投入其他社会保障权的资源投入刑事法律援助。同时,由于被追诉人的法律援助获得权是一种社会救助权,应当借鉴德国、瑞典、荷兰等国的法律费用保险制度,探索将法律援助纳入社会保险范围。[1] 另外,应当通过其他各种可能途径筹措法律援助资金,以弥补财政投入的不足。这一方面应当通过各种措施发动社会各界以捐赠形式支持刑事法律援助,但不能以施加义务的形式对社会团体或个人分摊捐赠指标,否则就是推卸政府责任,侵害公民与法人的财产权。从这点来看,以很低的办案补贴强制性地要求每个律师每年办理一定的刑事法律援助案件,这是值得反思的。另一方面,应当适当提高法律援助资金账户的利率,通过金融业将一部分法律援助责任分摊到全社会。这也是域外解决法律援助资金来源不足的一项重要措施。[2]

---

〔1〕 See Ben C. J. van Velthoven & Carolien M. Klein Haarhuis, *Legal Aid and Legal Expenses Insurance, Complements or Substitutes—The Case of the Netherlands*, 8 Journal of Empirical Legal Studies 587(2011).

〔2〕 See Karen Fletcher, *Legal Aid-Right or Privilege*, 18 Alternative Law Journal 21 (1993).

其次，关于被追诉人的法律帮助需求问题。这种需求实际源于三个方面：一是被追诉人法律知识匮乏；二是有关诉讼程序与法律制度的复杂化；三是国家司法机关对被追诉人权利保障的关照程度不够。美国之所以如此重视被追诉人的法律援助问题，与其复杂的诉讼程序、判例法属于重要法律渊源、检察官当事人化、法官消极中立等因素不无关系。[1] 因此，通过各种方式加强对公民的法制宣传教育；在保障司法公正的前提下，尽量简化诉讼程序；要求司法人员对被追诉人负有一定程度的诉讼关照义务，实际也是解决被追诉人法律援助获得权问题的一些重要措施。

最后，也是最重要的，关于法律援助提供者的激励措施问题。法律援助提供者为何未能尽责维护被追诉人的合法权益，究其原因，无非在于：一是认真办理法律援助案件的付出与收入不成比例，尤其是目前这种按统一标准而不考虑每个案件的复杂程度与所投入精力的差别给予办案补贴的做法，更是难以激励法律援助提供者花更多时间办理法律援助案件。二是与非法律援助案件相比，办理法律援助案件所获得的利益太小，因而不愁案源的法律援助提供者不愿意花更多精力办理法律援助案件。在某些情况下，有些律师之所以花大量时间办理某个法律援助案件，实际是希望通过该案件获得办案补贴以外的更多利益，如扩大知名度，获取更多案源。三是缺乏有效监督措施，不能借助负面评价风险激励法律援助提供者尽责办理每个法律援助案件。四是缺乏竞争或比较机制，导致法律援助提供者无动力努力维护被追诉

[1] See Rudolf B. Schlesinger, *The German Alternative: A Legal Aid System of Equal Access to the Private Attorney*, 10 Cornell International Law Journal 213(1977).

人的合法权益。针对这些原因,一是应当以政府帮助被追诉人购买法律服务的形式,适当提高法律援助案件办理的补贴,不能让律师等法律援助提供者过多地担当本应当由国家承担的法律援助获得权的保障责任,同时应当改革目前的办案补贴发放标准,将案件复杂程度与所投入办案精力作为发放补贴的重要考虑因素。二是在提高法律援助办案补贴的同时,适当降低非法律援助案件的办案收费标准,以适当缩小两种案件的收益差距。三是建立有效的法律援助案件质量监控机制,以合理的考核标准督促法律援助提供者尽责维护被追诉人的合法权益。四是探索建立公设辩护人机构,扩大刑事法律援助案件的办理资格,将高校法律诊所或法律援助机构的法学专业学生纳入法律援助队伍,赋予被追诉人相应的选择权,以形成法律援助案件办理的良性竞争机制。我国目前的法律援助资源之所以未能满足法律援助需求,实际与我国不恰当地限制了法律援助来源途径有一定关系。高校高年级法律专业学生实际就是法律援助的一个潜在的有效资源,只是由于我国相关制度的限制,其作用未能得以充分发挥。高校法律诊所或法律援助机构的学生,虽然在业务能力上无法与律师或法律服务工作相比,但他们的办案热情远高于一般律师与法律服务工作者,而且高校法学老师的指导也可在一定程度上弥补他们业务能力不足的缺陷,他们完全有能力在老师指导下办好一些比较简单的法律援助案件。因此,目前应当在刑事法律援助案件方面放松会见被追诉人与出庭辩护的资格条件,允许高年级法学专业学生在符合一定条件后可作为被追诉人的辩护人到看守所会见被追诉人,到司法机关查阅各种卷宗材料,在法庭上为被追诉人进行辩护。

第四章　侦查阶段限制会见权的程序规制

简言之,会见权就是辩护人与犯罪嫌疑人、被告人见面的权利。设置该权利的主要目的是保障辩护人与犯罪嫌疑人、被告人在不受干扰、不被监听的情况下自由充分的沟通。[1] 会见权是一种双向性的权利,它既是辩护人的固有权利,也是犯罪嫌疑人、被告人的权利。[2] 会见权是衍生于辩护权的一种权利,属于辩护权的子权利,它是辩护权有效行使的前提和基础,决定着辩护权能否真正实现。[3] “如果不保障犯罪嫌疑人与律师会见、通信权,辩护权就没有意义。”[4]正因如此,这一权利在有些国家和地区被视为是犯罪嫌疑人、被告人最重要的权利。[5] 但是,会见权

---

〔1〕 参见黄朝义:《刑事诉讼法》,台北,新学林出版股份有限公司 2013 年版,第 102 页。

〔2〕 参见陈瑞华:《论被告人的自主性辩护权——以“被告人会见权”为切入的分析》,载《法学家》2013 年第 6 期。

〔3〕 封利强:《会见权及其保障机制研究——重返会见权原点的考察》,载《中国刑事法杂志》2009 年第 1 期。

〔4〕 [日]田口守一:《刑事诉讼法》,刘迪等译,法律出版社 2000 年版,第 94 页。

〔5〕 参见[日]田口守一:《刑事诉讼法》,刘迪等译,法律出版社 2000 年版,第 94 页。

并非属于不可限制的绝对权利，在侦查阶段，有时出于实现侦查目的及维持安全与秩序等的需要，可以对其进行一定的限制。“宪法的当然前提是，发动刑罚权或者为了发动刑罚权而行使侦查权是国家的权能，因此会见权不一定优先。”〔1〕这是多元价值追求下平衡原则在刑事诉讼中的具体应用，更是刑事诉讼理性化的体现，在许多国家和地区的立法及司法实践中也均有体现。〔2〕会见权的重要性以及非绝对性，使如何对限制会见权的行为进行规制、防止其被滥用从而保障会见权及辩护权的实现成为一个无法回避的问题。

一、实体性规制与程序性规制——规制限制会见权的两种方式

实体性规制，是指通过对限制会见权的实体条件如案件范围、具体情形等进行规定，来规制限制会见权的行为。实体性规制具有简捷、高效的优势，一经作出，在其规定范围内便会产生立竿见影的效果。〔3〕但是，对于具备什么实体条件才能限制会见，往往难以达成共识，而且更为重要的是，实体性规制能否有效，要取决于实体性规定能否得到执行，但徒法不足以自行，实体性规定无法自动执行，其在执行中有可能被曲解或被公然违反：一方面，“法律经常利用的日常用语与数理逻辑及科学性语言不同，它并不是外延明确的概念，毋宁是多少具有弹性的表达方式”。〔4〕

---

〔1〕［日］田口守一：《刑事诉讼法》，刘迪等译，法律出版社2000年版，第117页。

〔2〕参见陈学权：《侦查期间合理限制律师会见权研究》，载《现代法学》2011年第5期。

〔3〕参见孙笑侠：《程序的法理》，商务印书馆2005年版，第232页。

〔4〕［德］卡尔·拉伦茨：《法学方法论》，陈爱娥译，商务印书馆2003年版，第193页。

"法律术语是一般语言的特例,但绝不是与后者完全脱离的符号语言。法律语言不能达到像符号语言那样的精确度,它总是需要解释。"[1]"即使是较为明确的概念,仍然经常包含一些本身欠缺明确界限的要素。"[2]"世界本没有完美无缺的立法,更何况,即使制定的再完美的立法也有一个解释适用的问题。"[3]因此,法律需要解释,可以对法律语言作多种解读,而最终选择何种版本解读的权力就必然掌握在有话语权者手中。[4] 受趋利避害本能的驱使,有权者往往会不顾立法的本意,曲意释法做出对己方有利的解释。另一方面,因为违法的原因是多方面的,法律自身的原因只是其中一方面的原因,因此即使是完美无缺到无须解释的法律,也存在被公然违反的可能。而对于如何不被曲意释法或被公然违反,实体性规定自身无能为力,因此单通过实体性规制,无法实现对限制会见权的行为进行规制。

程序性规制是指通过对限制会见权的主体、程序、救济等程序性问题进行规定,来规制限制会见权的行为。与实体性规制相比,程序性规制具有如下优点:一是程序性规制是一种有效的权力制约机制、公平的决策机制。程序是一种权力或规则的适用性机制,但现代意义上的程序并不是一种价值无涉、纯技术性的手续或操作规程,而是一种有价值倾向的程序,即所谓正当程序。[5] 通过这种程序,可以防止权力的恣意,促使其严格适用法

---

〔1〕［德］卡尔·拉伦茨:《法学方法论》,陈爱娥译,商务印书馆2003年版,第201页。

〔2〕［德］卡尔·拉伦茨:《法学方法论》,陈爱娥译,商务印书馆2003年版,第193页。

〔3〕万毅:《"曲意释法"现象批判——以刑事辩护制度为中心的分析》,载《政法论坛》2013年第2期。

〔4〕参见汪海燕:《合理解释——辩护权条款虚化和异化的防线》,载《政法论坛》2012年第6期。

〔5〕参见孙笑侠:《程序的法理》,商务印书馆2005年版,第23页。

律,作出公正的决定。二是程序性规制更容易获得认同。对于符合什么实体性条件才能限制会见权,由于涉及打击犯罪与保障人权的冲突与平衡,因此在倾向于打击犯罪与倾向于保障人权的两方难以形成共识,但无论是哪一方,对于应该采用公正的程序来保障会见权的实现,则并不会有多少异议,因此采用程序性规制更易获得认同。三是程序性规制可以保障实体性规制的实现。程序性规制通过设置中立的决定主体、公正的审查程序、有效的救济机制等,保障实体性规定能够得到执行,并最终保证实体性规制的实现。正因为程序性规制具有这些优点,因此现代法治国家在权力制约机制上的一个较为重要的变化趋势是由注重实体性规制更多倾向于程序性规制的转变。[1]

允许在一定条件下对会见权进行限制,是许多国家的共同做法,为了防止对会见权滥行限制,保障会见权的实现,这些国家都普遍采用程序规制的方式来规制限制会见权的行为。在日本,法律规定检察官、司法警察员等在提起公诉以前,为了侦查的需要,可以指定会见日期、场所以及时间,指定不得不当地限制犯罪嫌疑人准备防卫的权利。日本最高法院对于指定会见,作出了不违反宪法的判断,认为“要合理协调会见通信权的行使与侦查权的行使的二者关系”,并且为了确保自由会见是原则、指定会见是例外这一立法精神,作出了“指定是不得已的例外措施”的判例,但从司法实践看,这并非易事。[2] 由于日本没有设立限制会见的事先司法审查机制,侦查机关可以自行决定指定会见,而侦查机

〔1〕 参见孙笑侠:《程序的法理》,商务印书馆2005年版,第248页。

〔2〕 参见[日]松尾浩也:《日本刑事诉讼法》(上卷),丁相顺译,中国人民大学出版社2005年版,第135页。

关对辩护人不信任,因此他们利用“为了侦查的需要”这一抽象基准,普遍性地指定会见,并形成了一般性指定会见书制度,该制度是由法务大臣训令加以规定的。当检察官认为有必要对犯罪嫌疑人加以指定会见时,其首先要制作“需要将有同意会见书才能会见”的文书,然后将该文书副本交给犯罪嫌疑人、辩护人及监狱长,其后,辩护人要从检察官那里接受确定了日期和时间的书面文件(具体指定书)后,才能会面,这实际上等同于,首先禁止与犯罪嫌疑人会面,然后根据具体指定书解除这一禁令。按这种方式,可以很容易地限制会见。因此,有人批评这实际上是原则与例外的颠倒,称为“会见买票制”。而且指定的会见次数、时间往往也受到限制,一般是拘留期间一次、逮捕期间二次,每次限于15~30分钟,实际上侦查优先的观念在深处发挥着决定性作用。指定会见制度自实施以来,经常导致辩护人与侦查机关之间的尖锐对立。[1] 不过,虽然日本没有设立限制会见的事先司法审查机制,却设立了限制会见的事后司法救济机制,根据该机制,如果辩护人和嫌疑人对侦查机关的指定会见不服的,可以向法院提起抗告,由法院命令侦查机关停止不当的指定会见,以及在案件进入审判程序以后,向法院申请排除不当指定会见期间取得的证据。正是通过这种事后的司法救济机制,使指定会见权的情形大大减少,侦查机关与辩护方的对立也随之减少。[2] 在德国,在法律规定的有限的紧急情况下,被羁押被告人和辩护人之间的交流可以

---

〔1〕 参见[日]松尾浩也:《日本刑事诉讼法》(上卷),丁相顺译,中国人民大学出版社2005年版,第133页。

〔2〕 参见[日]松尾浩也:《日本刑事诉讼法》(上卷),丁相顺译,中国人民大学出版社2005年版,第135页。

被截断,如果有事实表明,恐怖组织成员涉嫌对他人的生命、健康或人身自由构成犯罪的侵犯,被监禁在州监狱的该恐怖组织成员可以被隔离,不与任何人交流,包括与其辩护人的交流。但是侦查机关要截断嫌疑人与辩护人的会见交流,必须事先经过法院的司法审查,侦查机关无权自行决定,并且对于法院的决定,嫌疑人与辩护人可以申请司法救济,请求停止对会见权的限制以及排除取得的证据。[1] 在美国,只有经过法院的司法审查才能限制会见权,对于法院的决定不服,虽然不能立即提起抗告,停止对会见权的限制,但是可以在案件进入审判程序以后,申请法院排除限制会见期间取得的证据。[2] 其他英美法系国家也采取类似做法。

二、重实体性规制,轻程序性规制——我国规制限制会见权的方式

我国会见权经历了从无到有的过程。1979 年《刑事诉讼法》并未赋予犯罪嫌疑人侦查阶段聘请辩护人的权利,因此在这一阶段犯罪嫌疑人也就不可能享有会见权了。1996 年《刑事诉讼法》虽然也未赋予犯罪嫌疑人侦查阶段聘请辩护人的权利,却赋予了犯罪嫌疑人聘请律师的权利,并且赋予了律师会见犯罪嫌疑人的权利,但同时对聘请律师和会见的权利作了限制,规定涉及国家秘密的案件,聘请律师应当经侦查机关批准,律师会见在押的犯罪嫌疑人,侦查机关根据案件情况和需要可以派员在场,并且涉

---

〔1〕 参见[德]魏根特:《德国刑事诉讼程序》,岳礼玲、温小洁译,中国政法大学出版社 2004 年版,第 63 页。

〔2〕 参见王兆鹏:《美国刑事诉讼法》,北京大学出版社 2014 年版,第 372 页。

及国家秘密的案件,律师会见在押的犯罪嫌疑人,应当经侦查机关批准。赋予犯罪嫌疑人聘请律师和会见权,是1996年《刑事诉讼法》的一大进步,它对于改善犯罪嫌疑人的处境乃至提高办案质量等都发挥了重要作用,但是由于有些内容规定不明确,比如什么属于"涉及国家秘密的案件"、什么是"根据案件情况和需要"等,再加上办案人员重打击犯罪轻保障人权的观念没有得到根本改变,实践中出现了"曲意释法"的现象,将一些不属于国家秘密的案件也作为涉及国家秘密的案件,普遍要求经过批准,使立法确立的自由会见是原则、批准会见是例外的精神完全被颠覆了,立法中限制聘请律师和会见的内容被大大扩张,导致聘请律师和会见权被大大限制。[1] 为此,六部委专门出台了司法解释对此予以澄清,规定《刑事诉讼法》第96条规定的"涉及国家秘密的案件",是指案情或者案件性质涉及国家秘密的案件,不能因刑事案件侦查过程中的有关材料和处理意见需保守秘密而作为涉及国家秘密的案件。而且明确规定,涉及国家秘密的案件,律师会见在押的犯罪嫌疑人,应当经侦查机关批准。对于不涉及国家秘密的案件,律师会见犯罪嫌疑人不需要经过批准。不能以侦查过程需要保密作为涉及国家秘密的案件不予批准。律师提出会见犯罪嫌疑人的,应当在48小时内安排会见,对于组织、领导、参加黑社会性质组织罪,组织、领导、参加恐怖活动组织罪或者走私犯罪、毒品犯罪、贪污贿赂犯罪等重大、复杂的两人以上的共同犯罪案件,律师提出会见犯罪嫌疑人的,应当在5日内安排会见。

---

〔1〕 参见万毅:《"曲意释法"现象批判——以刑事辩护制度为中心的分析》,载《政法论坛》2013年第2期。

但是这些规定并未解决好司法实践中的会见难问题,司法实践中曲意释法、公然违法的情形仍然时有发生,[1]对于这些情形,法律并未设立有效的救济途径。随着权利意识的兴起,因为会见问题律师与办案机关或看守所之间的冲突越来越多,严重影响了司法的公信力。[2] 2008年的《律师法》修改时,对会见权问题作了较大修改,规定律师只需凭“三证”(律师执业证书、律师事务所证明和委托书或者法律援助公函)就有权会见犯罪嫌疑人,取消了会见需要经过侦查机关批准的规定,这一规定虽有利于会见权的实现,但由于该规定过于激进且法律效力层次不高,导致其在实践中被侦查机关抵制,适用并不理想,侦查机关仍然沿用1996年《刑事诉讼法》的相关规定来处理会见权问题。[3] 2012年《刑事诉讼法》吸收了《律师法》的部分内容,但也作了一定的修改,规定辩护律师持“三证”要求会见在押的犯罪嫌疑人、被告人的,看守所应当及时安排会见,至迟不得超过48小时。危害国家安全犯罪、恐怖活动犯罪、特别重大贿赂犯罪案件,在侦查期间辩护律师会见在押的犯罪嫌疑人,应当经侦查机关许可。上述案件,侦查机关应当事先通知看守所。根据该规定,除了三类案件会见需要事先批准外,其余案件律师只要持有“三证”就可以自由会见。并且规定了阻碍会见的救济措施,辩护人、诉讼代理人认为公安机关、人民检察院、人民法院及其工作人员阻碍其依法行使诉讼权利的,有权向同级或者上一级人民检察院申诉或者控告。人民检

---

[1] 参见房保国:《当前“律师会见难”的现状剖析》,载《中国刑事法杂志》2004年第3期。

[2] 参见叶竹盛:《死磕派律师》,载《南风窗》2013年第18期。

[3] 参见陈光中、汪海燕:《侦查阶段律师辩护问题研究——兼论修订后的〈律师法〉实施问题》,载《中国法学》2010年第1期。

察院对申诉或者控告应当及时进行审查,情况属实的,通知有关机关予以纠正。与之前的规定相比,2012 年修订的《律师法》用具体案件的类型替代了之前“涉及国家秘密”这一抽象的标准,减少了侦查机关借助标准抽象而曲意释法的空间,根据实证调查,普通案件的会见难问题基本得到解决,现在会见难得问题主要集中在三类案件上。[1] 近年来,在司法改革的背景下,国家对律师执业权利保障的重视提高到了前所未有的程度,从中央到地方都出台了专门保障律师执业权利的规定,[2] 在这些规定中,一方面,对 2012 年《刑事诉讼法》确立的律师权利进行了再次重申,比如重申除三类案件外,律师在侦查阶段会见犯罪嫌疑人不需要经过批准,重申看守所在安排会见时不得附加其他条件或者变相要求辩护律师提交法律规定以外的其他文件、材料,不得以未收到办案机关通知为由拒绝安排辩护律师会见。另一方面,对 2012 年《刑事诉讼法》的不明确之处进行了进一步明确,比如明确了检察机关如何救济针对不当限制会见的申诉、控告,具体包括办理部门、审查期间、处理方式等方面的内容。这些内容后来被 2018 年《刑事诉讼法》及 2021 年《刑诉法解释》所吸纳。

从我国会见权的立法变迁来看,我国对限制会见权的规制,体现的仍然是重实体轻程序思维,主要采用的是一种实体性的规制方式,即通过规定限制会见的实体条件,来防止不当的限制会见权,每一次的法律变迁,基本都是围绕实体性问题展开的,在程

---

〔1〕 参见卞建林等:《依法保障律师执业权利专家笔谈》,载《中国司法》2015 年第 10 期。

〔2〕 如 2015 年最高人民法院、最高人民检察院、公安部、国家安全部、司法部联合出台了《关于依法保障律师执业权利的规定》,最高人民法院、最高人民检察院、公安部以及各地也分别出台了有关保障律师执业权利的规定。

序性规制上基本没有建树，是否限制、如何限制等，均由侦查机关单方面自行决定，事先不需要经过司法机关的司法审查，而且虽然2018年《刑事诉讼法》以及后来的司法解释、政策性文件等均设立和强调了侵犯会见权的检察救济机制，但由于该机制存在主体不中立、审批方式行政化以及效力非刚性化等缺陷，[1]实践效果较差，基本无法提供有效的救济，[2]因此意味着事后也无法获得有效的司法救济。重实体性规制轻程序性规制的思路，无法根本解决规制限制会见权的行为：首先它无法解决三类案件的会见权问题。立法的本意是，三类案件的会见需要经过许可，而并非不允许会见。对于三类案件，只有会见会“有碍侦查”的，才不允许会见；如果不会妨碍侦查的，则应该允许会见。而且即使是不允许会见的，也不意味着在整个侦查阶段都不能会见，而是在有碍侦查的情形消失后，应该允许会见。但是，“有碍侦查”的规定过于抽象，出于自身利益的考虑，侦查机关必然会将其适用到极致，将所有的情形都视为会“有碍侦查”，而完全不考虑是否实际会有碍侦查。对三类案件，“一刀切”地均不允许会见，这就导致三类案件的会见权在侦查阶段完全被剥夺。[3] 为了解决这一不合理现象，司法解释、政策性文件对“有碍侦查”进行了明确，列举了属于“有碍侦查”的具体情形，但由于是否符合这些情形，完全由侦查机关自行判断且无须提供理由和证据，因此仍然无法从根本上解决不当限制会见的问题。此外，有些政策性文件还对侦查

---

〔1〕参见詹建红：《程序性救济的制度模式及改造》，载《中国法学》2015年第2期。

〔2〕参见韩旭：《新〈刑事诉讼法〉实施以来律师辩护难问题实证研究——以S省为例的分析》，载《法学论坛》2015年第3期。

〔3〕参见汪海燕：《合理解释——辩护权条款虚化和异化的防线》，载《政法论坛》2012年第6期。

阶段三类案件的会见次数作了硬性规定,但对于在什么时间可以会见,完全由侦查机关决定,因此这一规定只是形式上解决了侦查阶段无法会见的问题。其次,它无法解决不当限制会见权的情形,由于侦查机关可以自行决定是否许可会见,而对于侦查机关的这一决定,没有设立有效的事后救济措施,导致对于侦查机关的不当限制会见,嫌疑人和辩护人都束手无策。

三、程序性规制——我国未来构建规制限制会见权的基本思路

我国与其他国家和地区都允许在一定条件下对会见权进行一定的限制。从司法实践来看,我国滥用限制会见的情况较为严重;而在其他国家和地区,则基本不存在这一问题。比较我国与其他国家和地区对限制会见权的规制措施,可以发现,在实体性规制方面,我国并不落后,甚至我国通过列明具体案件类型的方式,比有些国家和地区只规定"有碍侦查"的方式,因为标准更明确、范围更窄,而更有助于对限制会见权的规制。但在程序性规制方面,则与其他国家和地区存在非常大的差距,其他国家和地区通过设立事先司法审查和事后司法救济等程序性机制,即使是在实体性条件较为抽象的情况下,也较好地实现了对限制会见权的规制。而我国在程序性规制方面几近空白,导致在实体性条件更为具体明确的情况下,仍没有解决好不当限制会见权的问题。因此,程序问题是我国限制会见权的致命之处。要保障会见权的实现,防止滥用限制会见权,我国必须在继续明确实体性条件的基础上,完善限制会见权的程序,通过程序来对限制会见的行为进行规制,具体包括设立事先的司法审查与事

后的司法救济机制。

(一)事先的司法审查机制

事先的司法审查机制,是指侦查机关无权对会见权进行限制,而只能由处于中立地位的司法机关进行限制。如侦查机关认为有必要对会见权进行限制,应该向司法机关提出申请,由司法机关决定是否进行限制。建立限制会见权的司法审查机制,具有如下优点:一是保证限制会见的决定是公正的。侦查权与辩护权处于天然对立关系,如果由侦查机关决定是否限制会见,则该决定必定偏向于其自身,而不可能是公正的。而由司法机关决定,由于司法机关与侦查没有利益关系,因此能够公正地作出决定。二是限制会见的频率会降低。在司法审查机制中,限制会见需要经历申请与审查决定两个阶段,这两个阶段费时、费力,这种机制能够促使侦查机关知悉其申请将受中立的司法机关审核,有可能不被准许,使申请者在提出申请之时深思熟虑,作出比较精确的判断,非有必要,不愿提出限制会见的申请。[1] 这作为一个间接后果,也能够提高侦查机关的办案细心度。如美国已有的实证研究就表明,指出令状的申请程序,对警察而言系负担,费时,令人恐惧、沮丧,但却提升了警察的办案细心度。[2]

在诉讼中,处于中立、超然地位的只有法院。由于检察机关属于侦控机关,与侦查利益息息相关,并不具有中立、超然的地位,因此在许多国家和地区,司法审查的主体专指法院,并不包括检察机关。虽然我国检察机关属于法律监督机关,但侦控仍属于

---

〔1〕 参见王兆鹏:《辩护权与诘问权》,华中科技大学出版社 2010 年版,第 68 页。

〔2〕 参见王兆鹏:《辩护权与诘问权》,华中科技大学出版社 2010 年版,第 158 页。

其主要职能,它在侦查机关与辩护人、嫌疑人之间,无法做到如法院那般的中立,因此就理想的角度而言,我国也应该设立以法院为主体的司法审查机制。这涉及诉讼体制的重大改革,短时期内将无法实现。而且,在连逮捕这种最严厉的强制措施仍由检察机关非由法院审批的情况下,要将限制会见的决定权直接由侦查机关转移到法院,更是不现实。因此,较为现实的办法是,利用检察机关的法律监督者的地位,借鉴逮捕的审查机制,将限制会见的决定权由侦查机关转移到检察机关,设立由检察机关决定限制会见权的准司法审查机制,具体的操作规程是:当侦查机关认为需要对会见权进行限制时,应该向检察机关提交申请限制会见书。如果是检察机关自侦的案件,则应该向上一级检察机关提交申请,在该申请书中,侦查机关应该记载限制会见的具体理由、证据以及限制会见的方式等内容,检察机关收到申请后,应当进行书面审查,必要时应当听取嫌疑人和辩护人的意见,并且在3日内作出是否限制会见的决定。如果决定限制会见的,则应该制作限制会见决定书,该限制书上必须记载限制会见的具体理由、证据、限制会见的方法以及不服决定的救济措施等内容。该限制书应该送达侦查机关、看守所、嫌疑人和辩护人。

(二)事后的司法救济机制

无救济则无权利。对于不当的限制会见,如果嫌疑人和辩护人无法获得有效的救济,则会见权将大打折扣,甚至形同虚设。在所有的救济中,唯有司法救济才能提供有效的救济,这是因为司法救济是一种救济主体具有中立性、救济程序具有高规格性、救济效力具有强制力等特征的救济机制,这些特征使司法救济能够提供一种公正、有效且稳定、可预期的救济,而其他救济机制均无法提供这种救济。因此,司法救济是最为有效的救济机制,能够实现对权利的彻底救济。正因如此,能否获得司法救济也成为衡量权利能否实现、是否属于真正权利的“试金石”。“在一个健康的法治社会里,必须为每一个人敞开司法救济的大门,以使其权利受到侵害时能够通过这一渠道获得有效和公正的救济。”[1]虽然受到体制、资源等的影响,即使是在法治社会,要赋予每一项权利都有获得司法救济的资格也还尚有难度,但是赋予重要权利的司法救济资格,则是法治社会的基本要求。会见权是嫌疑人和辩护人的一项重要甚至最重要的权利,因此如前所述,赋予嫌疑人和辩护人对不当限制会见的决定司法救济权,是法治国家和地区的普遍做法。

司法救济具体包括两种不同的模式:一种为独立模式,另一种为依附模式。[2] 两种模式的主要区别是能否立即单独就限制会见的决定申请救济。在依附模式中,如果不服限制会见的决定,嫌疑人和辩护人不能立即就该决定向法院提出抗告,而只能等到案件进入审判程序以后,通过申请法院排除限制会见期间获得的证据等方式获得救济。而在独立模式中,如果不服限制会见的决定,嫌疑人和辩护人可以立即就该决定向法院提出抗告,请求法院撤销该决定,恢复会见权,法院收到该申请后,立即对限制会见的决定进行审查,并作出是否撤销的裁定;并且在案件进入审判程序后,还可以继续申请法院排除限制会见期间取得的证据,因此独立模式实际上是一种双重救济模式。这两种模式各有

---

〔1〕 胡锦光:《论中国司法审查的空间》,载《河南社会科学》2006 年第 5 期。
〔2〕 参见林钰雄:《干预处分与刑事证据》,北京大学出版社 2010 年版,第 221 页。

利弊,依附模式集中在审判程序中解决所有程序问题的救济,有助于节约司法资源,但其弊端是无法及时制止不当的限制会见;而独立模式有助于及时获得救济,及时制止不当的限制会见,但这种可以随时介入以及享有两次救济机会的模式对司法资源的要求较高。多数国家和地区采用的是独立模式,美国等少数英美法系国家采用的是依附模式。[1]

我国没有设立限制会见权的司法救济机制。对于侦查机关不当限制会见权的,只能向检察机关提出申诉、控告,不能立即向法院提出抗告,也不能在案件进入审判程序后,申请法院排除限制会见期间取得的证据。因为我国现行的非法证据排除规则对不当的限制会见并不适用。那么,我国要设立限制会见权的司法救济机制,应该选择何种模式呢?独立模式虽然更有助于实现对不当限制会见的救济,但选择这种模式,需要对诉讼体制做重大改革,而这在短时间内同样无法实现,因此要选择独立模式,在近期不现实。较为现实的选择是依附模式,以已经设立的非法证据排除规则为基础,同时对其适用范围进行一定的扩展,来实现对限制会见权的司法救济。具体做法是:将非法证据排除规则的适用范围从现行的侵犯实体性权利如人身、隐私、财产权等上,扩展到侵犯一些重大的程序性权利如会见权上,而这种趋势在近年来非法证据排除规则的发展中已经有所显现。[2] 当嫌疑人和辩护人对检察机关的限制会见决定不服,在案件进入审判程序以后,可以申请法院排除限制会见期间取得的证据。法院经过审查,发

---

〔1〕 参见王兆鹏:《美国刑事诉讼法》,北京大学出版社 2014 年版,第 68 页。

〔2〕 参见王彪:《讯问录音录像的若干证据法问题研究》,载《法律适用》2016 年第 2 期。

现检察机关的限制会见决定不对的,应该排除在此期间取得的证据。这样做的好处是,能够在不改变诉讼体制的情况下,实现对限制会见的间接司法救济。但是,选择这种模式也存在明显弊端,即无法及时获得救济,那些未进入审判程序的案件根本无法获得救济。要解决这些弊端,同样可以借鉴规制逮捕的有关程序性规定,这就是逮捕必要性的继续审查机制,即在检察机关作出限制会见的决定后,嫌疑人和辩护人可以在后续程序继续申请检察机关对限制会见的必要性进行审查,从而能够根据事态的发展及时调整限制会见的决定。

第五章　刑事程序性权利的上诉救济

近年来,随着对程序的日益重视,程序性辩护成为一种新的、重要的辩护形式。这种辩护通过质疑侦查机关、检察机关、审判机关等的程序违法,以达到影响诉讼进程及结局的最终目的。与传统的实体性辩护不同,这种辩护针对的是程序问题,通过质疑程序来影响诉讼结局。因此,程序性辩护的出现,不但丰富了辩护的手段和内容,而且也有助于维护程序的独立性与公正性。但是从司法实践来看,这种辩护很难为法院所接受,面对诸多的程序性辩护,法院要么简单粗暴地直接予以拒绝,要么完全置之不理。〔1〕而由于缺乏独立的程序性上诉机制,对于法院的这种态度,被告人和辩护人很难获得有效的救济。当被告人和辩护人一方面面对诸多的程序违法,另一方面却又找不到有效的救济渠道的时候,他们要么忍气吞声,要么奋力抗争,和法院"死磕"以维护自身的权利。在有些案件中,通过"死磕",被告人和辩护人逼法

〔1〕 陈瑞华教授通过经验分析发现,在绝大多数情况下,一审法庭都拒绝采纳被告方的程序性辩护意见,并且基本不提供这种裁判的理由。参见陈瑞华:《程序性制裁理论》,中国法制出版社 2005 年版,第 415 页。

院客观、公正地正视和处理了程序违法,维护了程序的合法性与公正性。[1] 但是,这种“死磕”严重扭曲了审判的结构,它将“控辩平等对抗、法官居中裁判”的理性结构变成了“审辩对抗、控方旁观”的畸形结构,本是中立裁判者的法官被卷进了与辩护方的冲突中,严重损害了司法的公信力与威信,从长远来说它是对司法的一种伤害。因此,“死磕”不是维护程序合法与公正的长久之策,它只是在程序内无法对程序违法获得救济时的一种无奈之举、权宜之计,治本的长远方法还是需要回归程序,在程序内设立有效的程序性上诉救济机制,通过上诉来纠正违法的程序和救济不服的当事人。但程序性上诉能否发挥这种作用以及效果如何,则取决于其设置是否科学合理,本章拟对该问题进行专门研究。

一、刑事程序性上诉的两种模式

在以实体尤其是以事实认定为中心的诉讼中,上诉机制与其他诉讼机制一样,很容易受“重实体轻程序”这一惯性思维的影响,从而导致程序性上诉沦落为实体性上诉的附庸。因此,如何处理程序性上诉与实体性上诉尤其是事实性上诉的关系,[2] 是设置程序性上诉无法回避的问题,这一问题属于程序性上诉的模式问题。

---

〔1〕 参见叶竹盛:《死磕派律师》,载《南风窗》2013 年第 18 期。

〔2〕 根据上诉对象的不同性质,按照不同的标准,可以将上诉划分为不同的类型:根据实体与程序的区分,可以将上诉划分为实体性上诉与程序性上诉;根据事实与法律的区分,可以将上诉划分为事实性上诉与法律性上诉。在法律性上诉中,针对实体法律适用和针对程序的上诉并非完全相似,但两者之间的共性大于差异,因此为行文方便,本章的程序性上诉实际上也指法律性上诉,两者之间并未区分。

(一)单列模式

关于程序性上诉与事实性上诉,是设置在不同的审级中,各自单独处理,还是设置在同一个审级中,一并处理。对这一问题的不同回答,形成了程序性上诉的两种模式:一种是单列模式,另一种是并行模式。单列模式是指设立一个专门的审级,单独处理程序性上诉问题,在这个审级中,不能涉及下级法院的事实认定问题,而只能在下级法院认定的事实基础上,审查下级法院的裁判是否违反程序。这一模式为大多数国家和地区所采用,但是程序性上诉具体设立在哪一审级,则存在差异,根据这些差异,这一模式又可以细分为分立型单列模式和独占型单列模式两种类型。在分立型单列模式中,既允许提出事实性上诉,又允许提出程序性上诉,事实性上诉与程序性上诉分别设立于不同的审级,事实性上诉设立在二审,程序性上诉设立在三审。事实性上诉与程序性上诉实行不同的审查方式,在事实性上诉中,实行复审,二审对案件进行重新审理,它不受一审认定的事实和出示的证据的限制,可以重新调查事实,出示新的证据;在程序性上诉中,实行事后审,三审只能以一审的审判记录和上诉理由书为基础,审查一审裁判是否违反程序,而不能调查事实,出示新的证据。而在独占型单列模式中,由于原则上只允许对程序问题提出上诉,不允许对事实问题提出上诉,因此设立的所有上诉审,不管有几级,都是为了处理程序性上诉问题,整个上诉被程序性上诉问题所独占。分立型单列模式主要存在于上诉制度比较发达的大陆法系国家。如在法国,对轻罪、违警罪等案件实行三审终审制,不服一审法院的裁判,可以根据事实上的理由向上诉法院提出事实性上诉;不服上诉法院的二审裁判,可以根据程序上的理由向最高法院提出程序性上诉,也可以不经上诉法院,而直接向最高法院提出程序性上诉。[1] 在德国,对区法院管辖的案件实行三审终审制,不服区法院的裁判,可以就事实问题向地区法院提出事实性上诉;不服地区法院的二审裁判,可以就程序问题向州高等法院提出程序性上诉,也可以不经地区法院而越级直接向最高法院提出程序性上诉。[2] 独占型单列模式主要存在于上诉制度不发达的英美法系国家。比如在英国,对刑事案件,基本实行两级上诉制度,对于刑事法院的一审裁判可以就程序问题依次向上诉法院和上议院上诉。[3] 在美国,联邦和州司法系统实行两级上诉制度,不服联邦和州地区法院的裁判,可以就程序问题向联邦和州上诉法院上诉;不服联邦和州上诉法院的裁判,可以其违反宪法、成文法或判例为由向联邦和州最高法院上诉。[4] 在上诉制度发达的大陆法系国家,有些案件也采用的是这种类型,比如在德国,不是所有的案件都实行三审终审制,可以分别提出事实性上诉和程序性上诉;而是有部分案件只能提出程序性上诉,不能提出事实性上诉,这部分案件主要是由地区法院和州高等法院管辖的案件,这些案件实行二审终审制,不服它们的一审裁判就只能根据程序问题分别向州高等法院和联邦法院提出上诉,不能针对事实

[1] 参见[法]卡斯东·斯特法尼等:《法国刑事诉讼法精义》,罗结珍译,中国政法大学出版社 2009 年版,第 334 页。

[2] 参见[德]托马斯·魏根特:《德国刑事诉讼程序》,岳礼玲、温小洁译,中国政法大学出版社 2004 年版,第 225 页。

[3] 参见[英]斯普莱克:《英国刑事诉讼程序》,许美君等译,中国人民大学出版社 2006 年版,第 689 页。

[4] 参见[美]约书亚·德雷斯勒、艾伦·C. 迈克尔斯:《美国刑事诉讼法精解》(第 2 卷·刑事审判),魏晓娜译,北京大学出版社 2009 年版,第 360 页。

问题提出上诉。[1]

(二)并行模式

并行模式是指在同一个审级中,既处理程序性上诉问题,又处理事实性上诉问题。在这种模式中,没有设立专门针对程序性上诉的审级,程序性上诉不是在单独的审级中处理的,而是与事实性上诉一道,在同一个审级中处理。对于一审裁判不服,既可以向二审提出事实性上诉,也可以向二审提出程序性上诉。提出事实性上诉的,二审原则上只能审查事实认定问题;提出程序性上诉的,原则上只能审查程序问题。并且无论是事实性上诉,还是程序性上诉,均实行同样的审查方式,二审原则上都只能以一审认定的事实和出示的证据为基础,事后审查一审认定的事实是否准确、适用的程序是否合法,都不得调查新的事实和出示新的证据。从目前来看,采用这种模式的国家较少,其中以日本为代表。在"二战"以前,日本实行的是类似于大陆法系的三审终审制的审级制度,因此程序性上诉采取的是分立型单列模式,事实性上诉和程序性上诉分别由二审和三审处理,对事实问题,可以向二审提出控诉;对程序问题,可以向三审提出上告。但是在战后,日本对审级制度进行了改革,因而程序性上诉的模式也发生了改变。它将向三审提出上告的上告理由进行了限制,限定为违反宪法及判例等重大违法的事由,不再允许对一般的违法提出上告。对一般的违法只能向二审提出控诉;而二审,不只是法律审,还可以对一审认定的事实进行审查,因此它也是事实审。但是,这种

〔1〕 参见[德]克劳思·罗科信:《刑事诉讼法》,吴丽琪译,法律出版社 2003 年版,第 522 页。

事实审不同于以前的事实审,以前的事实审实行的是复审,对案件进行重新审理,可以重新调查事实和出示新的证据,而这种事实审是事后审,只能在原审调查过的事实和出示过的证据的基础上,审查事实认定是否准确,不能重新调查事实和出示新的证据。〔1〕 由此可见,它将事实性上诉与程序性上诉合并在同一个审级中处理,控诉审成为并行处理事实性上诉与程序性上诉的一个审级。虽然改革后的审级制度仍然实行的是三审终审制,但是由于对向三审提出上告进行了严格的限制,导致大多数案件实际上实行的是两审终审制,无论是事实性上诉,还是程序性上诉,最终都是在二审控诉审中处理的。〔2〕 因此,日本改革后的程序性上诉模式属于并行模式。

（三）两种模式的共性

设立程序性上诉的目的是实现和维护程序的独立价值,但是,如果程序性上诉没有独立性,而是受到事实性上诉的影响,甚至依附于事实性上诉,其目的也就无法实现。因此,如何保证程序性上诉的独立性,就成为设立程序性上诉的关键。虽然单列模式和并行模式在是否设立专门的程序性上诉审级问题上存在差异,但是两种模式在程序性上诉的独立性上是相同的,即都确保了程序性上诉的独立性。就单列模式而言,它通过设立一个专门的程序性上诉审级,在空间上将程序性上诉与事实性上诉隔离开来,从而阻止了事实性上诉影响程序性上诉的可能性,保证了程

〔1〕 参见[日]松尾浩也:《日本刑事诉讼法》(下卷),张凌译,中国人民大学出版社 2005 年版,第 229 页。

〔2〕 参见[日]松尾浩也:《日本刑事诉讼法》(下卷),张凌译,中国人民大学出版社 2005 年版,第 242 页。

序性上诉的独立性。而就并行模式而言,虽然它将程序性上诉与事实性上诉置于同一审级、同一空间,但是它通过程序设置在两者之间设立了防火墙,防止事实性问题越界而对程序性上诉产生影响,保证了程序性上诉的独立性。这些程序装置主要包括:一是设置了较为严格的上诉理由制度,要求提起上诉,必须提出明确的上诉理由,必须明确是对事实问题上诉,还是对程序问题上诉,否则上诉会因为理由不明确而被拒绝。并且该上诉理由就是上诉审的审判对象,对事实问题上诉,上诉审只能涉及事实问题;对程序问题上诉,则上诉审只能涉及程序问题。[1] 二是设置了相同的上诉审审查方式。上诉审的审查方式包括复审、续审、事后审三种,复审即对案件的重复审理,是指上诉法院的审理不受一审裁判的限制,而是将自己作为第一审对案件进行重新审理,它可以广泛地调查事实和证据,它既需要重新调查一审已经调查过的事实和证据,又需要调查新的事实和证据,它的功能不在于审查一审裁判是否正确,而在于重新审查事实,因此它实际上属于第二个一审。续审即对案件的继续审理,是指上诉法院在一审裁判的基础上,接着一审对案件继续审判,一审所进行的诉讼行为对上诉审仍然有效,一审调查过的事实和证据上诉审无须再次调查,上诉审只调查一审未调查过的新的事实和证据。事后审即事后审查一审裁判,是指上诉法院完全以一审裁判调查的事实和证据为基础,审查一审裁判是否正确,它不得再次调查一审的事实和证据,也不得接受新的事实和证据。根据审查的内容不同,

〔1〕 参见王兆鹏:《上诉二审的鸿沟及其填补——在理论与实践之间的研究》,载《中山大学法律评论》(第9卷第2辑),法律出版社2011年版,第344页。

事后审又可以分为事实与法律审之事后审、法律审之事后审两种类型，前一种类型既审查原判认定的事实又审查原判适用的法律和程序，而后一种类型只能审查原判适用的法律和程序，不再审查事实。[1] 在并行模式中，无论是对于事实性上诉，还是对于程序性上诉，都实行事后审，只不过对事实性上诉实行的是事实审之事后审，对程序性上诉实行的是法律审之事后审，但均是以一审调查过的事实和出示过的证据为基础，事后审查认定的事实和程序是否有错误。通过这两个程序设置，使得在同一审级、同一空间中，程序性上诉实现了与事实性上诉的同等地位，程序性上诉相对于事实性上诉是独立的。

二、决定刑事程序性上诉模式选择的因素

（一）对事实性上诉的态度

设置程序性上诉的关键在于确保程序性上诉的独立性，而单列模式和并行模式，都能够实现这一目标。既然如此，那么为什么有些国家采用单列模式，而有些国家采用并行模式？导致这两种模式之间差异的决定性因素是什么呢？程序性上诉模式处理的是程序性上诉与事实性上诉的关系问题，既然两种模式在程序性上诉的独立性这一端上并无差异，那么决定两种模式之间差异的就只能是在另一端即事实性上诉一端了。对于事实性上诉，无非有禁止、限制、鼓励三种态度，上述程序性上诉的两种模式、三种类型就是这三种态度的体现。从逻辑和经验看，采用何种态

[1] 参见黄朝义：《刑事诉讼法》（第3版），台北，新学林出版股份有限公司2013年版，第664~665页。

度,主要与一审事实认定的地位有关,一审事实认定越可靠,正当性越高,对其信任度就越高,其就越会获得尊重,因而提出事实性上诉的空间也就越小;反之,就越需要借助上诉,既完成一审未竟的事实调查职责,又充实程序的正当性。"事实审理上二审救济的基本原理,是考虑一审程序的正当性程度,一审程序的正当性程度越高,二审的事实审救济范围就越小。"〔1〕在英美法系国家,之所以不允许提出事实性上诉,是因为它们通过设立发达的庭前准备程序、完善的交叉询问制度、严格的传闻证据规则、有效的辩护制度等,保证了一审事实认定的准确性和程序的正当性,因而无须再提出事实性上诉。〔2〕 而在大陆法系国家,之所以会出现对轻罪案件允许提出事实性上诉、对重罪案件反而不允许提出事实性上诉这一看起来反常的现象,也主要是因为轻罪案件的一审事实认定存在形式化,因而对其准确性和正当性不放心,而重罪案件的一审事实认定程序比较严格、规范,因而对其准确性和正当性不担心。"(对重罪案件之所以不允许提出事实性上诉——笔者注)主要原因是较高审级的法院拥有较多的审判成员,此将使得判决之完成较为仔细,而无需重复。另外也是由于诉讼数据早在准备程序中的侦查时已被详尽地加以澄清之故。"〔3〕

(二)一审事实认定的地位

既然一审事实认定的地位决定了对于事实性上诉的态度并

---

〔1〕 龙宗智:《建立一审为中心的事实认定机制》,载《中国法学》2010 年第 2 期。

〔2〕 参见孙长永:《探索正当程序——比较刑事诉讼专论》,中国法制出版社 2005 年版,第 588 页。

〔3〕 [德]克劳思·罗科信:《刑事诉讼法》,吴丽琪译,法律出版社 2003 年版,第 520 页。

最终决定了程序性上诉的模式，那么应该赋予一审事实认定什么地位。对于事实认定，是更应该倚重一审，以一审为中心，还是更应该倚重上诉审呢？对于这一问题，涉及一审与上诉审谁更适合承担事实认定职能的问题。虽然上诉审法官的素质、经验、视野等有助于事实认定，但总体来说，一审比上诉审在事实认定上更有优势，更适合承担事实认定职能：一审是必经程序，上诉审是非必经程序，对于没有提出上诉的案件，上诉审没有办法进行事实认定；一审距离案发时间更近，证据更容易取得，而上诉审距离案发时间更长，随着时间的流逝、证人记忆力的衰退以及证据的灭失等，查清事实的信息越来越少；上诉审事实认定职能的存在，可能会对一审法官的心理产生影响，使审判变得漫不经心；由一审和上诉审反复进行事实认定，会影响诉讼效率等。因此，事实认定问题应该主要依赖于一审，放在一审解决，应该建立以一审为中心的事实认定机制。[1] 上诉审的优势不在于调查认定事实，它的优势在于，根据一审调查过的事实和出示过的证据，事后审查一审裁判是否存在问题，主要是法律适用、程序上是否存在问题，也包括事实认定上是否存在问题。但是，上诉审对于事实认定的这种审查，不是要取代一审，重新调查认定事实，而只是在一审调查过的事实和出示过的证据基础上，审查一审的事实认定是否存在明显错误。这种审查，与对法律适用、程序的审查相似，都有一个较为客观的判断标准。法律适用、程序的审查，标准主要源于法律的明确规定；而事实的审查，标准主要源于科学规律、定

---

〔1〕 参见龙宗智：《建立一审为中心的事实认定机制》，载《中国法学》2010 年第 2 期。

理以及一些人类认识过程中达成的共识,如经验法则、逻辑法则等。[1] 由此可见,对于事实性上诉,既不能鼓励,也不能禁止,而应该允许但予以限制,应该将其与程序性上诉同等对待,实行事后审而非复审。这也就意味着,理想的程序性上诉模式应该是并行模式。事实上,这一模式已经成为或正在成为许多国家的共同选择。在美国,表面上实行的是独占型的单列模式,禁止提出事实性上诉,但实际上也允许针对事实问题提出上诉,只不过它是将明显属于事实的问题当作法律问题予以处理的。根据美国的判例,正当程序条款要求构成犯罪的要件必须有充分的证据予以证明,否则可以以违反正当程序条款为由提出上诉,证明构成犯罪要件的证据不充分。这本来是个事实问题,但在美国却将其转换为违反正当程序这一法律问题,从而使一审的事实认定能够获得上诉审查。并且为了扩大对一审事实认定的审查范围,美国变更了审查标准,从最初的些许证据标准变更为法律充分标准,甚至曾经变更为事实充分标准。[2] 但是无论采取哪种标准,上诉审都只能在一审认定的事实和出示的证据的基础上予以审查。[3] 由此可见,美国的程序性上诉实际上实行的是并行模式。在德国,对于实行三审终审的案件,二审处理事实性上诉,三审处

---

〔1〕 参见[德]克劳思·罗科信:《刑事诉讼法》,吴丽琪译,法律出版社 2003 年版,第 520 页。

〔2〕 些许证据标准,是指对于事实只需要有证据证明即可,而不管证据的多寡;法律充分标准,是指将控方所有的证据都视为真实可靠的证据,在此基础上评估指控是否达到标准;事实充分标准,是指对控辩双方的证据进行客观评估,在此基础上判断指控是否达到标准。参见王兆鹏:《刑事救济程序之新思维》,台北,元照出版公司 2010 年版,第 7 页。

〔3〕 参见王兆鹏:《刑事救济程序之新思维》,台北,元照出版公司 2010 年版,第 10 页。

理法律性上诉,但是实际上三审也并非单纯处理法律问题,随着联邦上诉法院功能的转向,它原本是作为保证法律的统一解释的机制而设立的,但它近几年来更愿意将法律错误上诉的制度改造成达到个别正义的工具,因此它持续地扩展了基于对法律错误的上诉而进行的对一审事实认定的审查范围。正是因为三审的审查范围已经扩展到事实认定问题,再加上二审实行复审存在的弊端,因此德国在20世纪70年代,就已经提出过将事实性上诉和法律性上诉合并成一种上诉,该上诉允许对一些事实认定问题进行审查的建议。这也就意味着,该建议主张将程序性上诉模式由分立型的单列模式转向并行模式,不过该建议最终没有被采纳。[1]

三、我国刑事程序性上诉模式的选择

(一)我国程序性上诉的问题

我国实行的是二审终审的审级制度,对一审裁判不服,可以向二审法院提起上诉,二审法院的裁判是最终的裁判,不能再提起上诉。不实行上诉理由制度,上诉人在提起上诉时,不用具体指明是对事实认定不服,是对法律适用不服,还是对程序不服,只需要简单地表明"我不服"就可以了,二审法院就必须接受并启动二审。即使上诉人已经明确指明了上诉理由,根据全面审查原则,二审法院也可以而且不应该受该理由的限制,而是可以对事实认定、法律适用、程序方面进行审查。[2] 由此可见,我国现行

[1] 参见[德]托马斯·魏根特:《德国刑事诉讼程序》,岳礼玲、温小洁译,中国政法大学出版社2004年版,第226页。

[2] 参见中国刑事二审程序改革与完善课题组:《关于我国刑事二审程序运行情况的调研报告》,载陈光中主编:《刑事司法论坛》(第3辑),中国人民公安大学出版社2010年版,第160页。

的程序性上诉实行的是与事实性上诉在同一个审级中处理的模式,二审既处理程序性上诉,也处理事实性上诉。但是,我国的这种模式,并不是并行模式,这种模式与并行模式有着本质的不同:在并行模式中,虽然在同一个审级中处理程序性上诉与事实性上诉,但由于实行严格的上诉理由制度以及对事实性上诉和程序性上诉实行相同的审查方式,因此在这种模式中,事实性上诉与程序性上诉处于平等关系,不会出现以谁为主、谁依附于谁的问题;而在我国的现行模式中,不实行上诉理由制度,而是实行全面审查原则,并且二审实行的是复审,对案件不受一审的限制重新进行审理。在重新审理过程中,虽然可以对程序性问题进行审查,但由于实体问题尤其是事实问题是诉讼的核心问题,因此这种审查很容易导致程序性问题沦落为事实性问题的附庸,程序性上诉与事实性上诉不可能处于平等关系,而只能是程序性上诉依附于事实性上诉。[1] 因此,可以将我国的这种模式称为依附模式。这种模式使程序降格为实体的工具,程序是否能够获得上诉救济,不是取决于程序本身是否违法,而是取决于程序违法是否影响了实体认定的准确性。只要实体是正确的,单纯的程序违法很难导致上诉的不利后果,这种模式根本无法维护程序的独立价值。虽然我国也规定了有些程序性上诉的独立价值,如《刑事诉讼法》第 238 条规定,对于 5 种程序违法,直接发回重审,而不用判断其是否会影响实体认定的准确性。但是对于除此之外的其他的程序违法,则完全依附于事实性上诉。[2]

---

〔1〕 参见陈瑞华:《刑事诉讼中的程序性上诉》,载《社会科学战线》2005 年第 5 期。
〔2〕 参见陈瑞华:《刑事诉讼中的程序性上诉》,载《社会科学战线》2005 年第 5 期。

（二）我国程序性上诉的模式选择

由上可知，我国依附模式的程序性上诉存在的主要问题是缺乏独立性。而并行模式和分立模式，是实现程序性上诉独立的两种途径，那么我国应该选择哪种模式呢？大部分学者主张在我国建立三审终审制，二审处理事实认定问题，实行复审，对案件进行二次审理；三审处理法律适用和程序问题，实行事后审，在原审认定事实和出示证据的基础上，事后审查原审适用法律和程序是否正确。〔1〕根据这一主张，我国程序性上诉应该选择的是分立型的单列模式。

但笔者不同意上述观点，虽然笔者也认为我国应该建立三审终审制。但笔者所主张的三审终审制不同于大部分学者所主张的三审终审制。大部分学者主所主张的是二审实行复审三审实行事后审的三审终审制，而笔者所主张的是二审、三审原则上都实行事后审的三审终审制，在这种三审终审制中，二审既处理事实性上诉，又处理法律性上诉，三审仅处理重大的和涉及宪法的法律性上诉，按照这种审级设计，对于绝大多数案件来说，实际上实行的是两审终审制。因此，在我国程序性上诉模式的选择上，笔者所主张的是并行模式，在二审这一审级中，一并解决事实性上诉和程序性上诉问题，其主要理由如下：

一是由一审事实认定的地位决定的。根据本章第二部分的分析，程序性上诉模式的选择，取决于一审事实认定的地位。主张实行三审终审制的学者，之所以选择分立型的单列模式，其主

〔1〕参见孙长永：《探索正当程序——比较刑事诉讼专论》，中国法制出版社 2005 年版，第 620 页。

要理由是一审存在事实审形式化、一审无法胜任查清事实真相的问题,因此对一审认定的事实不放心,而必须借助二审,补充甚至完全替代一审重新认定事实。[1] 但从一审、二审认定事实的优势比较来看,由于二审主要是参照一审的程序进行的,再加上二审在证据信息的质和量上通常都不如一审,因此二审最多只能是对一审的低水平重复,这种低水平的重复,要么无法提高事实认定的准确性,要么没有必要,反而影响诉讼效率。因此,与其进行这种低水平重复,还不如将事实认定的职能主要赋予一审,通过改革一审,使一审成为事实认定的中心环节,尽量压缩二审事实认定的空间。[2] 这一点在我国已经进行的《刑事诉讼法》修改、审判方式改革、司法改革中,都已有明显体现。[3] 尤其是在党的十八届四中全会上,提出的关于"完善审级制度,一审重在解决事实认定和法律适用,二审重在解决事实法律争议、实现两审终审""推进以审判为中心的诉讼制度改革"等方案中,更有明显体现。

二是从现状来看,我国二审并非以复审为主,而是以事后审为主。虽然我国二审实行全面审查原则,实行复审,对案件进行重新审理;但在现实中,对于大多数案件,二审也只是在原审认定事实和出示证据的基础上,进行有重点的事后审查而已,通常不会对案件进行重新审理。[4]

三是从发展趋势来看,并行模式已为越来越多的国家和地区

---

〔1〕 参见陈瑞华:《论彻底的事实审——重构我国刑事第一审程序的一种理论思路》,载《中外法学》2013 年第 3 期。

〔2〕 参见孙远:《论刑事上诉审构造》,载《法学家》2012 年第 4 期。

〔3〕 参见陈瑞华:《论彻底的事实审——重构我国刑事第一审程序的一种理论思路》,载《中外法学》2013 年第 3 期。

〔4〕 参见陈瑞华:《侦查案卷裁判主义——对中国刑事第二审程序的重新考察》,载《政法论坛》2007 年第 5 期。

所采用。认定事实主要依赖一审,限制二审认定事实,在二审程序中一并处理程序性上诉和事实性上诉,是绝大多数国家和地区的共同趋势,这一点已在本章的第二部分有专门论述,在此不赘述。

(三)我国实行并行模式应该注意的问题

为了实现实体公正和程序公正,我国要选择并行模式。在设置这一模式时,应该注意以下问题:一是应该强化一审的事实认定机能,使一审成为真正的事实审,这是选择该模式的前提和基础。一审事实认定的形式化问题不解决,二审就不可能放弃或者压缩事实认定职能,[1]因为即使二审并非事实认定的理想场所,但二审的存在可以强化不服的当事人感觉上的正当性。“过于简易的决策过程往往使当事人对判决结果产生怀疑,不满于一次判决的当事人如果有一次倾泻的机会,获得上一级法院的复审,那么程序的复杂性、法官人数的增加、审判者司法等级上的权威性,都可能令人感觉案件已经经过慎重处理。”[2]二是应该设立严格的上诉理由制度,通过该制度来实现在同一空间隔离事实性上诉和程序性上诉,防止事实性上诉对程序性上诉的可能影响,实现程序性上诉的独立性。三是应该实行统一的审查方式,无论是事实性上诉还是程序性上诉,审查方式应该是同样的,都只能在原审认定事实和出示证据的基础上,进行事后审,只是两者之间审查的侧重点不一样,一个侧重于审查事实认定,另一个侧重于审查程序运用。四是考虑到案件有时候会出现新的情况,而这些新

[1] 参见陈瑞华:《论彻底的事实审——重构我国刑事第一审程序的一种理论思路》,载《中外法学》2013年第3期。

[2] 傅郁林:《审级制度建构的原理》,载《中国社会科学》2002年第4期。

的情况有时候会影响事实的认定,如果不允许以这些新的情况为由提出上诉并予以纠正,那么就违反了“实事求是”“有错必纠”“以事实为根据,以法律为准绳”等理念和原则,因此应该在不允许调查新的事实和证据这一规定之外设立例外,对于因不得已的事由,不能于原审辩论终结前申请调查证据,或在第一审辩论终结后发生新事实,致有认定事实错误显然影响判决结果等情况,允许提出事实性上诉。但考虑到二审实行事后审,不能调查事实和出示新的证据,因此二审只能审查一审没有调查的证据或出现的新的事实是否会显然影响判决结果。经过审查,如果认为不会的话,就驳回上诉;如果认为会的话,就撤销原判,发回重审,而不能替代一审调查该事实和出示该证据。

四、刑事程序性上诉的提起

在现代刑事诉讼中,上诉权是被告人享有的一项基本权利。当被告人认为一审裁判有错误时,他可以向上级法院提出上诉,请求上级法院予以救济和纠正。那么,被告人在提出上诉的时候,是必须提出上诉理由,指出一审裁判的错误所在,还是不需要提出任何理由,只需要表明不服裁判、提出上诉就可以了,这就涉及上诉理由问题。如果答案是前者,那么就意味着被告人没有提出上诉理由,或者提出的理由不符合法律的规定,他的上诉就不会被上级法院接受,就不会引起上诉审的效果,最终他的上诉权也就无法实现。因此,上诉理由关系到上诉权的实现问题。

(一)上诉理由的功能

1. 防止滥上诉,提高诉讼效率

设置上诉制度的主要目的是纠错和救济,即纠正一审裁判的错误,救济不服裁判的被告人,立法者期望,当被告人认为一审裁判有错误而不服时,他会提出上诉寻求上诉法院的救济并对错误裁判予以纠正;并且为了鼓励被告人提出上诉,法律还规定了上诉不加刑原则,免除了被告人担心上诉后处境会更加恶化的后顾之忧。但是,立法者所期望和鼓励的是符合上诉制度本来目的的上诉,也就是那些认为一审裁判确实有错误因而需要纠正、对一审裁判确实不服因而需要救济的上诉,而不是滥上诉。滥上诉主要体现为两种形式:一种是无法指出一审裁判的任何错误因而无法提出任何上诉理由的上诉,这种上诉又被称为“空白上诉”;另一种是虽然形式上提出了上诉理由,但该理由显然不能成立因而甚至是上诉者本人也不相信的上诉,这种上诉又被称为“投机性上诉”。这两种形式的上诉都是“无聊上诉”,背离了上诉的本来目的,是对上诉权的滥用。滥上诉导致的最严重后果是,浪费了诉讼资源,降低了诉讼效率,影响了对那些真正需要纠错和救济案件的公正处理。诉讼资源是一种稀缺资源,而上诉审更是一种十分有限的资源,这些有限的资源尚且难以应对那些真正需要纠错和救济的上诉,更何况是那些无聊上诉。因此,不对上诉施加任何限制、放任滥上诉,必然会使本来就难以承受的上诉审雪上加霜。因此,必须采取措施,对有限的上诉审资源进行合理的配置,对上诉进行一定的限制,防止滥上诉,而通过上诉理由对上诉进行一定的限制、防止滥上诉是一种最为有效因而也是适用最为广泛的措施。这种措施要求上诉人在提出上诉的时候,必须提出明确的上诉理由,没有提出上诉理由,或者提出的上诉理由不明确,那么其上诉就不会被上诉法院受理。要求提出明确的上诉理由,这种做法可以有效地阻止那些无法指出一审错误从而无法提出上诉理由的“空白上诉”以及提出的上诉理由明显不成立的“投机性上诉”等滥上诉进入上诉审程序,从而节约诉讼资源,提高诉讼效率。正因如此,美国、英国、日本等许多国家都要求提出上诉必须提出明确的上诉理由,上诉理由不明确构成驳回上诉的重要事由。[1]

上诉理由具有防止滥上诉、提高诉讼效率的功能,但是对上诉理由明确性的要求不同,上诉理由的这一功能的实现程度也不同。总体来说,对上诉理由明确性的要求越高,上诉理由就越容易防止滥上诉,越有助于提高诉讼效率;反之,则越难以防止滥上诉,越不利于提高诉讼效率。但是,对上诉理由明确性设置过高的要求,又可能会加大被告人上诉成功的难度甚至变相剥夺被告人的上诉权,因此在通过设立上诉理由制度来防止滥上诉时,应该考虑到被告人正当上诉权的实现。

2. 明确审判对象,限定审判范围

诉审分离原则是现代刑事诉讼的一项基本原则,该原则的基本要求是不告不理、诉审同一。也就是没有起诉就没有审判,起诉什么就只能审判什么,起诉的对象也就是审判的对象,起诉的范围也就是审判的范围。这一原则和要求不仅适用于一审,而且适用于上诉审。在上诉审中,如果被告人没有提出上诉、检察机关没有提出抗诉,那么上诉法院就不能启动上诉审。被告人针对什么提出上诉、检察机关针对什么提出抗诉,上诉法院就只能针对什么审判。被告人上诉的对象、检察机关抗诉的对象,就是上

〔1〕 参见孙长永:《探索正当程序——比较刑事诉讼专论》,中国法制出版社 2005 年版,第 546~629 页。

诉法院审判的对象。因此，被告人在提出上诉的时候，必须明确上诉的对象，指出针对一审裁判的哪一部分内容提出上诉，否则上诉对象不明确，上诉法院的审判对象、审判范围也无法确定。[1] 上诉理由不等于上诉对象，上诉对象是被告人不服而请求上诉法院纠错和救济的部分，而上诉理由则是用以支持上诉对象能够获得上诉成功的事由。比如甲一审被判杀人和抢劫两罪，甲针对杀人罪提出上诉，认为一审法院没有调查对其有利的乙的证言，从而事实不清、证据不足。在该上诉中，杀人罪是其上诉对象，一审法院没有调查对其有利的乙的证言是其上诉理由。虽然上诉理由不等于上诉对象，但是由于它与上诉对象的关系密切，因此同样可以起着明确上诉审的审判对象、限定审判范围的功能。这可以从两个方面进行说明：一是在有些上诉审程序中，比如实行事后审的程序中，上诉审的审判对象不是只限于上诉对象，而是限于上诉理由，也就是说，上诉审的审判对象不是上诉对象，而是上诉理由，上诉法院审查的不是上诉对象所包含的那部分内容正确与否，而是审查上诉理由是否成立。由于在这种程序中，上诉理由就是审判对象，因此上诉理由也就起着明确审判对象、限定审判范围的功能。二是在那些不实行事后审、上诉审的审判对象是上诉对象而不限制在上诉理由上的上诉审中，由于提出上诉理由通常要求指出一审裁判的错误所在，该错误所在也就是上诉的对象，因而通过上诉理由必然可以推导出上诉的对象，因此上诉理由同样可以起着明确审判对象、限定审判范围的功能。

---

[1] 参见林钰雄：《刑事诉讼法》，中国人民大学出版社 2005 年版，第 224 页。

(二)影响上诉理由设立的主要因素

虽然上诉理由具有防止滥上诉、提高诉讼效率以及明确审判对象、限定审判范围等功能,但是上诉理由的设立问题(包括要不要提出上诉理由、上诉理由应该明确到何种程度等)不是一个孤立的问题,而是与许多因素有关,会受到这些因素的影响。如果脱离这些因素,上诉理由的功能非但难以实现,而且可能会损害被告人的上诉权。具体来说,影响上诉理由设立的主要因素包括以下几个方面:

1. 上诉理由与辩护制度

在上诉不需要提出理由的情况下,被告人只需要简单地表示"不服,提出上诉"就可以了;但是在需要提出理由的情况下,被告人这种简单的表示并不会产生上诉的效果,上诉法院并不会受理这种上诉。此时,被告人除了表示"不服,提出上诉"之外,还必须指出原审判决的错误所在。因此,与不需要提出上诉理由相比,要求提出上诉理由等于加重了被告人上诉的负担,被告人上诉难度加大了。而且,对上诉理由的要求越高,被告人上诉的负担越重,难度越难。诉讼是一种技术性很强的活动,通常需要具有法律知识的人才能应对。而实践中被告人通常不懂法律,甚至有些连文化知识也不具备,而指出原审裁判的错误所在、提出上诉理由更是一种技术性很强的活动,不具备一定的法律知识和诉讼实践技能,更是难以应对。如果没有律师的协助,被告人靠自己难以指出原审裁判的错误,因而也难以提出上诉理由,最终可能会变相剥夺被告人的上诉权。[1] 因此,要保障被告人的上诉权,必须处理好上诉理由与辩护制度的关系,是否需要提出上诉理由以及上诉理由应该明确到何种程度,取决于辩护制度的发达程度。如果辩护制度不发达,就不应该对上诉理由做过高的要求;反过来说,如果要求提出上诉理由,则应该保障被告人在提出上诉时享有辩护人协助的权利,这也是许多国家和地区在要求提出上诉理由时的共同做法。比如,美国联邦法律规定,法院于审判中为被告指定之律师,应持续为被告辩护至所有上诉审级终了为止,除非该律师请求法院解除其责任。美国的许多上诉法院也判决,在一审终结后,如被告欲提起上诉,无论为法院指定之律师或被告自行委托之律师,原则上仍继续成为被告上诉审的律师,除非委任律师向法院提出终止委任,否则委任关系终止前,所有上诉应采取的行为,律师都应进行。也就是说,根据这些规定和判决,律师为被告利益所进行之诉讼行为,不因一审判决而告终止,一审律师有为被告人提出上诉理由的义务,判决甚至还确认,律师没有尽责提出上诉理由,那么该辩护有可能构成无效辩护。[2] 在英国,如果上诉人在刑事法院审理过程中获得了法律援助,该援助也同时包括对上诉理由的建议。[3]

---

〔1〕 王兆鹏教授专门针对要求提出上诉理由对被告人上诉产生的影响做了实证调查,发现被告人仅依靠自己很难成功地提出上诉理由。参见王兆鹏:《上诉二审的鸿沟及其填补——在理论与实践之间的研究》,载《中山大学法律评论》(第 9 卷第 2 辑),法律出版社 2011 年版,第 344 页。

〔2〕 参见王兆鹏:《上诉二审的鸿沟及其填补——在理论与实践之间的研究》,载《中山大学法律评论》(第 9 卷第 2 辑),法律出版社 2011 年版,第 349~350 页。

〔3〕 参见[英]麦高伟、杰弗里·威尔逊主编:《英国刑事司法程序》,姚永吉等译,法律出版社 2003 年版,第 446 页。

2. 上诉理由与上诉审的审理方式

上诉审的审理方式主要包括复审、续审、事后审三种。复审即对案件的重复审理，是指上诉法院的审理不受一审裁判的限制，而是将自己作为第一审对案件进行重新审理，它可以广泛地调查事实和证据，它既需要重新调查一审已经调查过的事实和证据，又需要调查新的事实和证据；它的功能不在于审查一审裁判是否正确，而在于重新审查事实，因此它实际上是第二个一审。续审即对案件的继续审理，是指上诉法院在一审裁判的基础上，接着一审对案件继续审判，一审所进行的诉讼行为对上诉审仍然有效，一审调查过的事实和证据上诉审无须再次调查，上诉审只调查一审未调查过的新的事实和证据。事后审即事后审查一审裁判，是指上诉法院完全以一审裁判调查的事实和证据为基础，审查一审裁判是否正确，它不得再次调查一审的事实和证据，也不得接受新的事实和证据。根据审查的内容不同，事后审又可以分为事实与法律审之事后审、法律审之事后审两种类型，前一种类型既审查原判认定的事实又审查原判适用的法律和程序，而后一种类型只能审查原判适用的法律和程序，不再审查事实。〔1〕在这三种审理方式中，审判的对象是不一样的，因此对上诉理由的要求也不一样。在实行复审、续审的上诉审中，上诉审的审判对象是案件，它的目的是审查案件而不是上诉理由成立与否，因此它可以不要求提出上诉理由，上诉理由的提出与否，不会影响上诉审的进行。而在实行事后审的上诉审中，上诉审的审判对象

〔1〕 参见黄朝义：《刑事诉讼法》(第3版)，台北，新学林出版股份有限公司2013年版，第664~665页。

是上诉理由,它的目的不是审查案件,而是审查上诉理由是否成立,因此它要求提出明确的上诉理由,上诉理由不明确,上诉审就无法进行。由此可见,上诉审的审理方式与上诉理由密切相关,上诉审的审理方式不同,因而对上诉理由的要求也不一样。在实行复审、续审的审理方式中,可以不要求提出上诉理由;而在实行事后审的审理方式中,则必须要求提出上诉理由。对于上诉审的审理方式与上诉理由之间的这种关系,在许多国家的上诉制度中都有明显体现,在美国、英国、日本等国家,由于二审、三审均实行事后审,因此要求在提出二审上诉、三审上诉的时候,必须提出明确的上诉理由;而在德国、法国等国家,由于二审实行复审、三审实行事后审,因此只要求在提出三审上诉的时候必须提出明确的上诉理由,而提出二审上诉的则不需要提出上诉理由。[1] 需要注意的是,在实行复审、续审的上诉审中,虽然其审判对象是案件不是上诉理由因而不需要提出上诉理由,但是在有些实行复审、续审方式的国家和地区,出于防止空白上诉、无聊上诉等滥上诉的目的,也会要求在上诉的时候应该提出明确的上诉理由,只是该上诉理由并不是上诉审的审判对象,上诉法院仍需对整个案件进行审理。因此,并不是说只有实行事后审才能要求提出上诉理由,实行复审、续审就不能要求提出上诉理由。而只是说,出于明确审判对象的目的,事后审必须提出上诉理由;而实行复审、续审,虽然没有这一目的因而不需要提出上诉理由,但是也可以出于其他的目的,比如防止滥上诉,而要求提出上诉理由。

---

[1] 参见孙长永:《探索正当程序——比较刑事诉讼专论》,中国法制出版社 2005 年版,第 546~629 页。

上诉审审理方式影响是否需要提出上诉理由。在同一种审理方式中,对于不同的上诉对象,对上诉理由明确性的要求也是不同的。也就是说,上诉对象影响上诉理由明确性的要求。根据上诉对象的不同,可以将上诉分为事实性上诉和法律性上诉两种类型,事实性上诉主要是针对一审事实认定、证据方面的上诉,法律性上诉主要是针对一审法律适用和程序方面的上诉。针对法律性上诉,采用的是事后审的审理方式,因此提出法律性上诉需要提出上诉理由。虽然同属于法律性上诉,同样采用事后审的审理方式,同样需要提出上诉理由,但是针对的是法律适用的上诉,还是程序问题的上诉,两者对上诉理由明确性的要求也是不一样的。对于法律适用的上诉,上诉理由只要"判决违反了刑事实体法的规定"就充分了;但是对于程序问题的上诉,则在提出上诉理由时必须详细描述所涉及的程序性情形(比如举证请求被审判法庭拒绝时的确切用语)和法庭对该问题的裁决。[1] 因此,相比于对法律适用的上诉,对程序性上诉的上诉理由的要求更高。之所以存在这一差异,主要有两个方面的原因:一是因为实体问题的解决主要是以《刑法》分则为某一罪名所设定的有限构成要件为指向的,因此对原审实体问题的审理可以在不依赖上诉理由限定的情况下进行。但是程序性问题颇为复杂,甚至原审法院对任何一项证据的调查行为,理论上都可能存在多种程序违法情形,如果没有上诉理由的明确指向,笼统地对原审程序合法性进行事后审查几乎是不可能的。[2] 二是对程序性问题的审查和对实体法

---

〔1〕 参见[德]托马斯·魏根特:《德国刑事诉讼程序》,岳礼玲、温小洁译,中国政法大学出版社2004年版,第223页。

〔2〕 参见孙远:《论刑事上诉审构造》,载《法学家》2012年第4期。

律适用问题的审查所依据的材料是不同的。对实体法律适用问题,上诉法院主要是基于书面判决审查的,因为书面判决必须完整地解释原审法院如何评估证据和对案件事实适用法律,从而使自己通过内心确信检验和依据了已经确立的法律解释,因此通过判决就可以审查,无须上诉理由的明确指引;相反,对程序问题,上诉法院主要是基于审判笔录审查的,审判笔录只对于审判的必要手续是完整的,是庭审手续的唯一证明,但它不能对发生在审判中的所有事项作出完整的说明(如有的庭审笔录不反映证人作证的内容)。因此,如果上诉法院要确定是否发生了一项程序性错误,它就需要上诉理由的指引,从上诉人处得到准确的信息。〔1〕正因为对两者上诉理由明确性的要求是不一样的,因此在提出法律性上诉时,必须指出法律错误属于实体性法律的错误还是程序性法律的错误。而针对事实性上诉,一般采用的是复审的审理方式,也可以采用事后审的方式,〔2〕无论采用哪种审理方式,在提出上诉理由时,不能像对法律适用上诉那样仅泛泛指出事实认定错误,而应该像程序性问题上诉那样明确指出哪些事实认定错误,其原因和对程序性问题上诉类似,围绕每一犯罪构成要件的事实都可能是很多的。因此,事实认定问题复杂,需要上诉理由的明确指引。

---

〔1〕 参见[德]托马斯·魏根特:《德国刑事诉讼程序》,岳礼玲、温小洁译,中国政法大学出版社2004年版,第224页。

〔2〕 如在德国、法国等国家,对事实性上诉采取复审的方式;而在日本等国家,对事实性上诉采取事后审的方式。

（三）我国上诉理由制度的现状

我国实行两审终审的审级制度，被告人只有一次上诉的机会。对于被告人的上诉权，法律明确规定“不得以任何借口剥夺”。为了保障被告人的上诉权，法律规定被告人既可以以书面的形式，也可以以口头的形式提出上诉，并且被告人在提起上诉的时候，不需要提出上诉理由，上诉法院不得因为被告人没有提出上诉理由而拒绝受理其上诉。从理论上说，被告人只要在法定的期间内简单地表示“不服，提出上诉”就可以产生上诉的效果，上诉法院就必须受理该上诉。而在司法实践中，这也是较为常见的现象，许多被告人在提出上诉的时候都只是简单地表示“不服，提出上诉”，而没有提出任何理由。即使有些上诉提出了理由，也只是一些简单的、泛泛的、笼统的理由，比如“一审认定事实不清、证据不足、量刑过重、程序违法”等，而没有具体指出一审哪些事实认定不清、哪些证据不足、哪些量刑过重、哪些程序违法等。[1]根据本章第二部分的分析，是否需要提出上诉理由主要与上诉审的审理方式、辩护制度的发达程度等密切相关，我国不对上诉理由作要求，正是与我国上诉审的审理方式和辩护制度的现状相符合的。就我国上诉审的审理方式而言，我国实行的是复审的审理方式，上诉法院可以对案件重新审理，不受一审裁判认定事实、证据和适用法律的限制。上诉审的审判对象是案件而不是上诉理由，因此是否提出上诉理由对上诉审的审理影响不大，也就没有

---

〔1〕 参见中国刑事二审程序改革与完善课题组：《关于我国刑事二审程序运行情况的调研报告》，载陈光中主编：《刑事司法论坛》（第3辑），中国人民公安大学出版社2010年版，第161页。

必要要求提出上诉理由。而且,与许多国家和地区上诉审实行“有限审查”原则不同,我国的上诉审实行“全面审查”原则,法律明确规定“二审法院应当就第一审判决认定的事实和适用法律进行全面审查,不受上诉或者抗诉范围的限制”。在这一原则下,提出上诉只有启动二审的功能,没有明确二审的审判对象和限制二审的审判范围的功能,因此提出上诉不但没有提出上诉理由的必要,甚至也没有提出上诉主张(对一审的哪一部分提出上诉)的必要;就辩护制度而言,我国的辩护制度不发达,大多数被告人都没有委托辩护人,[1]也不能获得指定辩护,而且即使委托了辩护人或者获得了指定辩护,辩护人的职责通常也主要集中于一审判决前和提出上诉后的程序阶段,而处于这两个阶段之间的提出上诉的活动则很少会有辩护人参与。在辩护制度不发达的情况下,如果要求被告人上诉的时候提出上诉理由,则必定会加重被告人提出上诉的负担和风险,影响被告人上诉权的实现,因此为了保障被告人的上诉权,我国不对上诉理由作要求,是符合我国辩护制度实际情况的。

虽然从表面上看,不要求提出上诉理由有助于减轻被告人提出上诉的负担从而成功地提出上诉,但是实际上它也有可能影响被告人上诉最终目的的实现。被告人不是为了上诉而上诉,其最终目的是获得上诉法院的救济、纠正一审裁判的错误。而被告人

---

[1] 陈光中教授领衔的中国刑事二审程序改革与完善课题组在调研中发现,目前由中级人民法院负责审理的刑事二审案件,绝大多数被告人没有辩护律师,即使是由高级人民法院负责审理的重罪二审案件中也有相当多的被告人没有辩护律师。参见中国刑事二审程序改革与完善课题组:《关于我国刑事二审程序运行情况的调研报告》,载陈光中主编:《刑事司法论坛》(第3辑),中国人民公安大学出版社2010年版,第155~156页。

提出上诉、其上诉被二审法院接受只是其实现最终目的的第一步,该目的能否实现还有赖于二审的审理。因此,二审如何审理会影响被告人上诉目的的实现。二审有开庭审与书面审两种审理方式。与书面审相比,开庭审实行直接、言词、辩论等原则,从而更有利于纠错和救济,因此更有助于被告人上诉目的的实现。正因如此,为了真正实现上诉审的救济与纠错功能,许多国家和地区都规定上诉审实行开庭审理,尤其是对于实行复审方式的上诉审,必须开庭审。〔1〕 我国二审实行的也是复审,为了发挥二审法院的救济与纠错功能,我国 1996 年《刑事诉讼法》确立了以开庭审理为原则、以不开庭审理为例外的二审审理原则。但是,随后的司法实践表明,该原则完全被扭曲了,不开庭审理成了原则,开庭审理反而成了例外。司法实践中绝大多数案件都不开庭审理,甚至对主要事实不清的,也不开庭。〔2〕 造成该问题的一个主要原因是,由于法律没有规定被告人提出上诉应该提出上诉理由,而且被告人提出上诉不用担心会加重刑罚,导致大量的案件被提起上诉并进入二审程序,而其中的许多上诉都是无意义的上诉。面对如此多的上诉案件,如果对每个上诉案件都要实行开庭审理或者以开庭审理为原则,那么二审法院确实难以应对,因此就会不可避免地利用法律规定的不明确而滥用其在开庭与不开庭问题上的裁量权,规避法律的规定,对绝大多数案件都不开庭审理。而这导致的一个主要后果是,那些真正需要救济和纠错的

---

〔1〕 参见孙长永:《探索正当程序——比较刑事诉讼专论》,中国法制出版社 2005 年版,第 546~629 页。

〔2〕 参见中国刑事二审程序改革与完善课题组:《关于我国刑事二审程序运行情况的调研报告》,载陈光中主编:《刑事司法论坛》(第 3 辑),中国人民公安大学出版社 2010 年版,第 160 页。

案件得不到二审法院的公正处理,最终损害的仍然是被告人的上诉权。[1] 虽然2012年《刑事诉讼法》将开庭审理的案件进行了具体列举,从而在一定范围内限制了二审法院开庭与不开庭的裁量权,但是由于仍然没有对上诉理由作出规定,上诉案件过多、滥上诉过多的现象并没有得到改善,二审法院为了减轻上诉案件的压力,仍然不可避免地会利用其解释上的裁量权,对一些真正需要救济和纠错的上诉案件不开庭审理。比如2012年《刑事诉讼法》规定"被告人、自诉人及其法定代理人对第一审认定的事实、证据提出异议,可能影响定罪量刑的案件开庭审理",该规定相对于1996年《刑事诉讼法》"第二审人民法院对上诉案件,应当组成合议庭,开庭审理。……对事实清楚的,可以不开庭审理"的规定确实更为客观,但是对于什么是"可能影响定罪量刑"的判断权仍然在法官手上,司法实践中仍然会出现被告人对一审认定的事实、证据提出了异议,并且确实是可能影响定罪量刑的,二审法官仍然解释为不可能影响定罪量刑,从而不开庭审理。[2] 2018年《刑事诉讼法》及2021年《刑诉法解释》对此未有任何改变,仍然完全照搬了2012年《刑事诉讼法》的规定。

(四)我国上诉理由制度的改革

由以上的分析可知,由于上诉权的最终实现取决于上诉能否被二审法院接受以及二审法院如何审理上诉案件,因此要真正保障被告人的上诉权,应该在两个环节进行设置:第一个是在上诉的入口环节,应该尽量放松入口环节,便利被告人提出上诉,不对

---

〔1〕 参见李昌林、王丹:《刑事上诉理由研究》,载《中国刑事法杂志》2011年第7期。

〔2〕 参见田文昌主编:《新刑事诉讼法热点问题及辩护应对策略》,中国法制出版社2013年版,第220页。

被告人提出上诉设置过多的限制，在上诉理由方面就表现为尽量不要求提出上诉理由或者对上诉理由的要求很低；第二个是在上诉的审理环节，应该尽量严格审理环节，实行或原则上实行开庭审理方式，贯彻言词辩论原则，尽量不实行不开庭审理方式，限制书面、单方面决定。但是这两个环节在设置上可能会存在一些冲突，比如放松入口环节，可能导致大量的上诉案件进入二审，使二审难以都采用严格的审理方式，而如果二审要都采用严格的审理方式，则必须尽量收紧上诉的入口环节，而这两种方式都会影响被告人上诉权的最终实现。我国采用的是放松入口环节同时放松审理环节的方式，导致的后果就是绝大多数上诉案件都不开庭审理，二审救济和纠错的功能被大大降低了，被告人上诉的最终目的也难以实现。但是，上诉入口和上诉审这两个环节的冲突并不是无法克服的，许多国家一方面对上诉的入口进行一定的限制，要求提出明确的上诉理由，从而限制无意义的上诉进入二审，同时通过完善辩护制度、加强法院的阐明权等措施防止变相剥夺被告人的上诉权；另一方面放松对上诉审的审理环节，在保障言词辩论原则的前提下，对一些技术性程序进行简化，提高上诉审的效率。[1] 通过采用这种方法，比较好地克服了两者之间的冲突，保障了被告人上诉权的最终实现。对于我国上诉制度中存在的问题，也可以借鉴这些国家的经验，通过规定上诉理由，防止无聊上诉，减少滥上诉，保证真正需要纠错和救济的上诉案件都能够开庭审理，从而使上诉案件能够得到公正处理。具体来说，就

---

〔1〕 参见[英]爱伦·豪切斯泰勒·斯黛丽、南希·弗兰克：《美国刑事法院诉讼程序》，陈卫东、徐美君译，中国人民大学出版社2002年版，第608页。

是要求被告人在提出上诉的时候,必须提出明确的上诉理由,如果是针对一审认定的事实问题提出上诉的,必须明确指出一审裁判哪一事实认定错误,比如一审采纳甲的证据而不采纳乙的证据、一审应该调取甲的证据而没有调取等;如果是针对一审的法律适用问题提出上诉的,则只需要指出一审裁判适用法律错误就可以了;如果是针对一审的程序性问题提出上诉的,则应该明确指出一审哪一程序违法,比如该回避的法官没有回避、该公开审理的没有公开审理等。

但是上诉理由与辩护制度、审理方式等密切相关,因此在我国要引入上诉理由制度,必须处理好与这些制度之间的关系。首先就辩护制度而言,虽然2012年《刑事诉讼法》的修改使我国的辩护制度有了很大的进步,比如为辩护的顺利进行创造条件、扩大指定辩护案件的范围等,但是总体来说,我国的辩护制度还是不发达,仍然无法适应刑事司法的需要。在这种现实背景下设置上诉理由制度,为了防止变相剥夺被告人的上诉权,应该同时采取以下措施:一是对于有辩护人的案件,将辩护的功能延伸到上诉的准备阶段,即改变目前辩护随着一审结束而终结的做法,规定一审的辩护人在一审结束后辩护职能并未结束,如果被告人明确表示上诉,那么一审辩护人有义务为被告人上诉提供协助,协助被告人提出上诉理由。[1] 二是对于那些没有辩护人的案件,如果被告人没有提出任何上诉理由,也不应该直接驳回其上诉,而应该给予其补救的机会。只有在法定期间内其仍然没有补正

〔1〕 有关这一措施的法理依据,参见黄朝义:《刑事诉讼法》(第3版),台北,新学林出版股份有限公司2013年版,第672~673页。

的,才能驳回上诉,而如果被告人提出了上诉理由,那么在判断上诉理由是否明确的时候,二审法院不能仅消极地从表面进行判断,而应该发挥其阐明权,从整体上作判断,从而协助被告人明确其上诉理由。再就二审的审查方式而言,前面已经论述过,复审并不一定就排斥上诉理由制度,我国引入上诉理由制度,不是要改变我国目前的二审复审审理方式,而是要利用它的防止滥上诉、提高诉讼效率的功能,保证所有真正需要救济和纠错的上诉案件得到公正处理,从而保障被告人上诉权的最终实现。因此,我国实行复审不应该成为实行上诉理由制度的障碍。

(五)提起刑事程序性上诉的理由

1. 提起程序性上诉应该明确具体理由

明确上诉范围和审判对象,是上诉理由的最主要功能。[1]而提起程序性上诉要明确上诉理由,正是与这一功能密切相关:我国选择实行并行模式,需要通过上诉理由来明确上诉范围,是对事实问题上诉还是对程序问题上诉;程序性上诉实行事后审,需要通过上诉理由来明确审判对象。上诉审的审理方式不同,上诉审的审判对象和提起上诉的要求也不同。在实行复审、续审的上诉审中,上诉审的审判对象是案件,它的目的是审查案件而不是审查上诉理由成立与否,因此它不要求提出上诉理由,而在实行事后审的上诉审中,上诉审的审判对象是上诉理由;它的目的不是审查案件,而是审查上诉理由是否成立,因此它要求提出明

---

〔1〕 参见王兆鹏:《上诉二审的鸿沟及其填补——在理论与实践之间的研究》,载《中山大学法律评论》(第9卷第2辑),法律出版社2011年版,第344页。

确的上诉理由。[1]

针对程序问题提出的上诉和针对实体法律适用提出的上诉统称为法律性上诉,虽然两者都采用事后审的审理方式,都要求提出上诉理由,但是对两者上诉理由的具体要求是不一样的:针对实体性法律适用提出上诉,上诉理由只要指出"适用实体法律错误"就可以了,至于具体哪一实体法律适用错误,则可以在所不问;而针对程序问题提出上诉,则上诉理由不能仅泛泛指出"程序违法",而必须具体指明是哪一程序违法,如"法官甲是本案被害人的近亲属,违反回避规定",否则上诉不会被接受。[2] 由此可见,对程序性上诉的上诉理由,要比对实体性法律适用的上诉理由要求要高。存在这一差异,主要有两个方面的原因:一是实体问题的解决主要是以《刑法》分则为某一罪名所设定的有限构成要件为指向的,因此对原审实体问题的审理可以在不依赖上诉理由限定的情况下进行。但是程序性问题颇为复杂,甚至原审法院对任何一项证据的调查行为,理论上都可能存在多种程序违法情形,如果没有上诉理由的明确指向,笼统地对原审程序合法性的事后审查几乎是不可能的。[3] 二是对程序性问题的审查和对实体法律适用问题的审查所依据的材料是不同的。对实体法律适用问题,上诉法院主要是基于书面判决审查的,因为书面判决必须完整地解释原审法院如何评估证据和对案件事实适用法律,从而使自己通过内心确信检验和依据了已经确立的法律解释,因此

---

〔1〕 参见王兆鹏:《刑事救济程序之新思维》,台北,元照出版公司2010年版,第7页。

〔2〕 参见[德]托马斯·魏根特:《德国刑事诉讼程序》,岳礼玲、温小洁译,中国政法大学出版社2004年版,第223页。

〔3〕 参见孙远:《论刑事上诉审构造》,载《法学家》2012年第4期。

通过判决就可以审查,无须上诉理由的明确指引;相反,对程序问题,上诉法院主要是基于审判笔录审查的,审判笔录是对审判必要手续的完整记录,是庭审手续的唯一证明,但它不能对发生在审判中的所有事项作出完整的说明,比如有的庭审笔录不反映证人作证的内容。因此,如果上诉法院要确定是否发生了一项程序性错误,它就需要上诉理由的指引,从上诉人处得到准确的信息。〔1〕

对上诉理由的过高要求,必定会增加被告人提起上诉的负担,甚至会变相剥夺他的上诉权,〔2〕这一点在程序性上诉表现得尤为明显。在事实性上诉上,事实认定是否错误,被告人尚可以凭借一般人具有的认识能力予以判断,因而也能较容易地明确上诉理由;而在程序性上诉上,程序是否违法属于法律判断,许多被告人并不懂法,难以凭借自身的知识予以判断,因而更难以提出明确的上诉理由。因此,为了降低被告人在提起程序性上诉时的难度,减轻其负担,保障被告人程序性上诉权的实现,借鉴其他国家的做法,应该采取以下措施:一是保障被告人提起上诉时的律师协助权。上诉理由与辩护制度密切相关,对上诉理由的要求越高,就越需要发达的辩护制度予以保障上诉权的实现,否则会对被告人不公平。〔3〕 因此,对于有辩护人的案件,应该将辩护的功能延伸到上诉的准备阶段。即改变目前辩护随着一审结束而终结的做法,规定一审辩护人在一审结束后辩护职能并未结束,如

〔1〕 参见[德]托马斯·魏根特:《德国刑事诉讼程序》,岳礼玲、温小洁译,中国政法大学出版社2004年版,第224页。

〔2〕 参见王兆鹏:《上诉二审的鸿沟及其填补——在理论与实践之间的研究》,载《中山大学法律评论》(第9卷第2辑),法律出版社2011年版,第344页。

〔3〕 参见王兆鹏:《上诉二审的鸿沟及其填补——在理论与实践之间的研究》,载《中山大学法律评论》(第9卷第2辑),法律出版社2011年版,第344页。

果被告人明确表示上诉,那么一审辩护人有义务为被告人上诉提供协助,协助被告人提出上诉理由。[1] 这也是许多国家的共同做法,比如美国许多上诉法院在判决中确认,在一审终结后,如被告欲提起上诉,不论是法院指定之律师还是被告自行委托之律师,原则上仍继续成为被告上诉审的律师,除非委任律师向法院提出终止委任,否则委任关系终止前,所有上诉应采取的行为,律师都应进行。也就是说,律师为被告利益所进行之诉讼行为,不因一审判决而告终止,一审律师有为被告人提出上诉理由的义务,判决甚至还确认,律师没有尽责提出上诉理由,那么该辩护有可能构成无效辩护。[2] 在英国,上诉人在刑事法院审理过程中如果获得了法律援助,该援助也同时包括对上诉理由的建议。[3] 二是对于那些没有辩护人的案件,如果被告人没有提出任何上诉理由,也不应该直接驳回其上诉,而应该给予其补救的机会,只有在法定期间内其仍然没有补正的,才能驳回上诉;而如果被告人提出了上诉理由,那么在判断上诉理由是否明确的时候,二审法院不能仅消极地从表面上判断,而应该发挥其阐明权,从整体上作出判断,从而协助被告人明确其上诉理由。

2. 程序性上诉理由应该原则上限于已经在一审程序中提出过异议的事项

程序性上诉是针对程序违法提出的上诉,是否对于所有的程

---

〔1〕 有关这一措施的法理依据,参见黄朝义:《刑事诉讼法》(第3版),台北,新学林出版股份有限公司2013年版,第672~673页。

〔2〕 参见王兆鹏:《刑事救济程序之新思维》,台北,元照出版公司2010年版,第17~19页。

〔3〕 参见孙长永:《探索正当法律程序——比较刑事诉讼法专论》,中国法制出版社2005年版,第600页。

序违法都可以提起上诉呢？程序性上诉是一种重要的程序违法救济机制，但不是唯一的机制。对于一审中的程序违法，法律赋予了被告人向一审法院提出异议、请求救济的权利。在这种情况下，如果允许被告人不向一审法院而直接向二审法院提出的话，那么被告人会因为疏忽大意或故意[1]不向一审法院提出，而是等到一审败诉以后，再以此为由向二审法院提出，二审法院此时必须撤销原判进行重审，而如果被告人在一审中就对该违法提出异议，那么其在一审程序中就可以解决，无须对此再上诉和重审。因此，为了促使被告人及时提出异议，保证违法尽量在程序的早期阶段被发现并予以纠正，避免后续程序的浪费，从而提高诉讼效率，确保司法经济，应该确立及时异议规则，规定允许提出上诉的程序性事项原则上限于已经在一审中提出过异议的事项。如果知道程序违法而没有及时提出异议的话，则原则上不能再对该程序违法提起上诉。[2] 许多国家也确立了该规则，比如在美国，“如果被告人没有及时地向有管辖权的法院主张权利，那么他就

---

〔1〕 有学者在调研中发现，司法实践中出现过被告人在一审程序对非法取证只字不提，且认罪态度良好，却在二审中突然提出排除非法证据的主张。参见陈卫东等：《“两个证据规定”实施情况调研报告——侧重于三项规程的研究》，载《证据科学》2012 年第 1 期。

〔2〕 我国有个别规定也体现了该规则，2021 年《刑诉法解释》第 138 条规定：“具有下列情形之一的，第二审人民法院应当对证据收集的合法性进行审查，并根据刑事诉讼法和本解释的有关规定作出处理：(一)第一审人民法院对当事人及其辩护人、诉讼代理人排除非法证据的申请没有审查，且以该证据作为定案根据的；(二)人民检察院或者被告人、自诉人及其法定代理人不服第一审人民法院作出的有关证据收集合法性的调查结论，提出抗诉、上诉的；(三)当事人及其辩护人、诉讼代理人在第一审结束后才发现相关线索或者材料，申请人民法院排除非法证据的。”根据该规定，二审法院非法证据排除的范围原则上限于已经在一审程序中提出过的事项，因此该规定体现了及时异议规则的精神。

丧失了该权利”,这是一条“没有比这更让人耳熟能详的程序原则了”。[1] 在德国,根据《德国刑事诉讼法典》第 338 条的规定,以法庭组织不合法作为上诉理由,除了符合法庭组织不合法这一要求外,还必须符合“及时并按规定形式提出了法院组成不符合规定的异议,异议被疏忽或者驳回”要求;以回避作为上诉理由,同样要求“因为偏袒之虞法官、陪审员被要求回避时,申请或者被准予或者被错误地驳回后,该法官、陪审员参与了判决”。也就是说,如果对法庭组织和回避没有及时提出异议,那么就不能作为上诉理由,也就不能发回重审了。[2] 法国也有类似规定。[3]

但是,及时异议规则本质上要防止的是被告人主观上故意或过失不行使或怠于行使救济权的行为,而不是所有没有及时行使权利的行为。如果被告人没有及时行使权利,不是因为故意或过失,而是因为根本就没有机会或能力,那么剥夺被告人对此提出上诉,这对被告人来说是不公平的。因此,对于程序违法,如果被告人是因为没有机会或能力及时在一审提出异议的话,则不能适用及时异议规则,被告人有权对该程序违法提出上诉。被告人没有机会或能力提出,主要是指由于被告人在一审中没有发现有程序违法,或者没有发现有程序违法的线索或证据,因此无法及时向一审法院提出异议。比如根据非法证据排除规则,被告人在提出非法证据排除申请时,应该提供相关线索或材料,如果被告人

---

〔1〕 参见[美]约书亚·德雷斯勒、艾伦·C.迈克尔斯:《美国刑事诉讼法精解》(第2卷·刑事审判),魏晓娜译,北京大学出版社 2009 年版,第 359 页。

〔2〕 参见[德]克劳思·罗科信:《刑事诉讼法》,吴丽琪译,法律出版社 2003 年版,第 596 页。

〔3〕 参见[法]贝尔纳·布洛克:《法国刑事诉讼法》,罗结珍译,中国政法大学出版社 2009 年版,第 541 页。

没有发现相关线索或材料，那么他也就没有机会和能力向一审法院提出排除申请了；而如果他在一审结束后才发现了相关线索或材料，那么出于公平考虑，当然应该允许他对此提出上诉。

3. 程序性上诉原则上应该在终局裁判后一并提起

对于程序违法，被告人应该及时向一审法院提出异议、请求救济，一审法院应该作出是否支持的裁决。如果一审法院拒绝作出裁决，或者对一审法院作出的裁决不服，被告人是否可以立即对此提出上诉，还是必须等到一审判决作出后，与终局判决一并提出上诉，这涉及提起程序性上诉的时机问题，而这一问题又涉及终局裁判与中间上诉两种观点的争论。主张终局裁判的观点认为，如果控辩双方对于审理过程中作出的与判决有关的程序性裁决不服，不能立即提出上诉，而只能等到审理结束最终判决作出以后，与终局判决一并提出。[1] 这种观点并不是禁止对审理过程中作出的裁决提出上诉救济，而只是不允许提出中间上诉，它只是限制提出上诉救济的时机，将其延迟至终局判决之时。“即使不允许对决定一一提出不服请求，对于那些不当的、非法的决定给本案判决带来的影响，可以通过对该终局判决提出上诉的方法寻求救济。”[2] 主张终局裁判的观点之所以禁止提出中间上诉，其主要原因在于认为审理过程中作出的裁决往往与判决具有内在的关联性，通常只是为了得出判决结果的过程所为的中间决定。因此如果不服，应随同终局判决一并上诉救济。而且如果允

---

〔1〕 参见[美]伟恩·R.拉费弗等：《刑事诉讼法》（下册），卞建林等译，中国政法大学出版社2003年版，第1395页。

〔2〕 参见[日]松尾浩也：《日本刑事诉讼法》（下卷），张凌译，中国人民大学出版社2005年版，第229页。

许单独提出中间上诉,那么会出现一系列的问题,也会使审判变得支离破碎。法院在审判过程中可能会作出一系列裁决,如果允许对每一裁决立即提出上诉,那么由于此时审判必须暂停,直至对中间上诉的处理结束,这就必然导致审判断断续续,难以不间断地进行,会导致诉讼延迟。如果允许对审理过程中作出的裁决提出中间上诉,那么控辩一方可能会利用这一机制反复提出中间上诉,达到拖延诉讼的目的,不仅影响诉讼效率,而且对那些想要案件得到及时处理的当事人不利;不利于二审法院的裁决,二审法院需要更多的信息从而判断错误对于初审结果的影响,而一审完整的诉讼程序记录可以更好地保证二审法院就裁决作出准确的判断,如果审判尚未结束就提出中间上诉的话,则二审法院能够依据的信息就必定不完整。难以作出准确的判断,不利于节约司法资源,提高诉讼效率。首先,大多数一审法院的裁决是正确的,而且即使是那些不正确的裁决最后也不可能影响终审判决,因此也就没有必要撤销原判。其次,一审法院的主要职责是自我修正,终局裁判规则可以确保一审法院可能依据以后审判的发展重新评价自己的裁决,从而可以根据情况修正之前的错误,避免之前错误对后续审判尤其是审判结果的影响。最后,终局裁判规则避免了那些随着案件发展而变得不必要的上诉,因此,当受错误裁决影响而处于不利的一方最终得到有利的判决时,那么中间裁判经常变得无实际意义。[1] 而主张中间上诉的观点认为,实行终局裁判会使程序违法不能得到及时处理,可能导致终审判决

---

〔1〕 参见[美]伟恩·R.拉费弗等:《刑事诉讼法》(下册),卞建林等译,中国政法大学出版社2003年版,第1396页。

被推翻,使整个案件重新审判,从而浪费司法资源,降低诉讼效率,而且推迟可能导致一个完全不同的最终裁决,因为推迟可能导致记忆的误差、策略上优势的改变以及对证人的质疑不如先前有效等。[1] 虽然两种观点都涉及诉讼成本、诉讼效率的问题,但是普遍认为中间上诉的成本更大,可能会导致更大的延误,因此终局裁判规则已经成为一条基本的规则,许多国家都确立了该规则。比如,根据《德国刑事诉讼法典》第 305 条规定,一般而言,对审判法庭于判决宣示之前所为之裁判,不得提起抗告。美国、英国、日本等也实行了该规则。[2] 但是,终局裁判规则是有条件的,如果不符合条件,则不能适用该规则,不允许提出中间上诉,该规则的适用条件主要包括:一是它适用于审判过程中作出的裁决,通常不适用于审判前作出的裁决。终局裁判规则的主要目的是防止审判被不时中断而变得支离破碎,如果审判尚未开始,那么也就不存在中断的问题了。因此对于审判前作出的裁决,可以立即提出上诉,不用等待审判结束。比如在美国、英国等国家,为了保证在陪审团开始审议之前解决证据可采性和法律问题,以确保一个复杂而可能是漫长的审判不会被证明是失败的,规定审前裁决可以立即被上诉到上诉法院,只有上诉被决定后,才能开始陪审团审判。[3] 二是它适用于与审判具有内在关联性的裁决。如果中间裁决事项与审判没有内在关联性,而是可以与审判相分

---

〔1〕 参见[美]伟恩·R. 拉费弗等:《刑事诉讼法》(下册),卞建林等译,中国政法大学出版社 2003 年版,第 1395 页。

〔2〕 参见孙长永:《探索正当法律程序——比较刑事诉讼法专论》,中国法制出版社 2005 年版,第 600~650 页。

〔3〕 参见[英]斯普莱克:《英国刑事诉讼程序》,陈卫东、徐美君译,中国人民大学出版社 2009 年版,第 256 页。

离,那么对它提出上诉就不会影响审判的进行,审判就无须暂停,而是可以继续进行,因此该上诉就不会导致审判的中断和延迟。比如审判过程中作出的逮捕、保释、扣押等决定,这些是与审判没有内在关联性的裁决,它们不会影响审判的进行,因此对于这些裁决立即提出上诉,不需要暂停审判。“然而,若是判决前的裁定本身,具有相当之重要性、独立性,尤其是对于受裁定人独立造成基本权干预之情形,一并审查的理由不存在,诉讼迅速也不再是正当化其限制的理由。”〔1〕三是它适用于可以在终局裁判后得到救济的裁决。如果中间裁决不可能在终局裁判的上诉中得到审查的话,那么剥夺中间上诉,意味着剥夺了对其的救济,对该裁决是不公平的,此时应该允许提出中间上诉。比如在有的国家,由于不允许控方对无罪判决提出上诉,因此如果有关排除非法证据的裁定对于其指控起着颠覆性影响的话,由于该裁决不可能在终局裁判后得到上诉审查,允许控方对此提出中间上诉。〔2〕

我国没有设立中间上诉制度,对于法院在审判过程中作出的各种裁决,不能提出中间上诉,而是必须等到审判结束终局判决作出后与判决一并提出上诉,这种做法有助于防止审判变得支离破碎,加速程序进程,节省诉讼成本,提高诉讼效率等。2012 年《刑事诉讼法》新增加了庭前会议程序,有学者认为应该允许对该程序中作出的各种程序性裁决提起中间上诉。〔3〕 在庭前会议阶段,审判尚未开始,其作出的裁决不符合终局裁判规则的条件,不

---

〔1〕 王兆鹏:《刑事救济程序之新思维》,台北,元照出版公司 2010 年版,第 279 页。

〔2〕 参见[美]伟恩·R. 拉费弗等:《刑事诉讼法》(下册),卞建林等译,中国政法大学出版社 2003 年版,第 1395 页。

〔3〕 参见高洁:《程序性争议的庭前听证程序》,载《国家检察官学院学报》2012 年第 5 期。

适用不允许提出中间上诉的规定,因此在许多国家,都允许对庭前作出的程序性裁决提起中间上诉。但笔者认为,不能对我国庭前会议程序作出的裁决提起中间上诉,主要原因是,可以提出上诉的裁决,必须是在本级程序中已经终结具有法定效力的裁决,如果该裁决的事项可以在本级程序的后续阶段继续提出的话,那么该裁决就没有终结就是没有效力的裁决,对该裁决就不能提出上诉。国外之所以允许对庭前裁决提出中间上诉,正是因为庭前裁决具有法定效力,原则上不允许后续程序推翻该裁决;而我国庭前会议,纯粹是一种"了解情况听取意见"的程序,其对程序问题,通常并不会作出裁决,即使作出,该裁决也并不具有法定效力,在审判中仍然可以提出该问题。[1] 因此,在我国,不仅一审程序中的程序性裁决,而且庭前会议中的裁决,都不允许提出中间上诉。当然,如果我国将来赋予了庭前会议程序性裁决的效力,规定原则上不允许在审判中推翻该裁定的话,那么应该允许对此提出中间上诉。

五、刑事程序性上诉的审理与裁判

(一)刑事程序性上诉的审理

程序性上诉实行事后审,它与实行复审、续审的事实性上诉的审理程序不同,它也与同样实行事后审的针对实体法律适用上诉的审理程序并不完全一样。这些不同主要体现在审判对象、证据调查范围、审理方式等方面。

---

〔1〕 参见高洁:《程序性争议的庭前听证程序》,载《国家检察官学院学报》2012年第5期。

1. 刑事程序性上诉审的审判对象

由于程序性上诉实行事后审，而事后审的典型特征是以上诉理由为其审判对象，因此程序性上诉审的审判对象是上诉理由，它只能就上诉理由是否成立进行审理。如果上诉理由成立，那么就支持上诉；如果上诉理由不成立，那么就驳回上诉。程序性上诉中原则上不能对没有列入上诉理由的程序问题进行审理，这使它既不同于实行复审、续审的事实性上诉的审理程序，也不同于同样实行事后审的针对实体法律适用上诉的审理程序。在事实性上诉审中，审判对象是整个案件，而不是上诉理由，上诉法院应该对提出上诉的整个案件的事实认定、法律适用、程序进行审查，而不受上诉理由的限制。而在针对实体法律适用上诉的审理程序中，审判对象是一审的判决，而不是上诉理由，它审查的是一审的判决是否正确，而不是上诉理由是否成立。因此，即使上诉理由明确了一审判决适用法律的特定错误所在，上诉法院也不受该理由的限制，而是仍然要审查整个判决，并可以以该理由中没有涉及的错误而予以改判。[1] 但是，在程序性上诉中不能对上诉理由之外的程序错误进行审理也不是绝对的。为了防止司法的不正义，照顾被告人的利益，发挥上诉审救济的功能等原因，对于一些上诉理由之外的程序错误，二审法院也不能过于消极、被动而对其置若罔闻、不予干涉，而必须基于公平正义主动依职权适时介入，予以纠正。具体主要包括两种情形：一是程序违法属于明显的重大违法，如果不纠正将使审判不具有基本的公正性，那

---

〔1〕 参见[德]托马斯·魏根特：《德国刑事诉讼程序》，岳礼玲、温小洁译，中国政法大学出版社 2004 年版，第 223 页。

么即使被告人没有对此提出上诉,二审法院出于维护审判公正的目的,也有权主动审查。[1] 比如对于一审法院的管辖错误,虽然被告人没有对此提出上诉,二审法院也有权主动予以审查。这也是许多国家的共同做法。比如在美国,为避免当事人主义的极端,为追求公平正义,对于一些明显的错误,即使当事人在上诉时没有指出,上诉法院也可以依职权改正,对此《美国联邦刑事诉讼规则》第52条(b)规定:"明显的错误、瑕疵影响显著权利的,即便当事人未为主张,法院得更正之。"所谓明显错误主要是那些使得程序不具备基本公正性的错误,比如完全剥夺辩护权、拒绝陪审团审判权、合理怀疑方面的错误指示、拒绝快速或公开审判权、拒绝选择律师的权利等的错误。对于这些错误,即使上诉理由中没有提到,上诉法院也可以审查。[2] 在日本,为了使事后审发挥保险阀的作用,确保对被告人的辅助机能,实现上诉法院纠正违法行为的职责,《日本刑事诉讼法典》第392条规定了控诉法院应当对控诉旨趣书记载的事项进行调查。控诉法院对控诉旨趣书没有记载但与第377~383条规定的事由有关的事项,也可以依职权进行调查。二是程序违法虽然不属于重大违法,但属于明显违法且可能影响判决的,二审法院出于纠错、确保判决正确性的目的,也有权主动予以审查。比如对于非法取证,虽然被告人没有对此提出上诉,但二审法院发现取证属于明显违法且该违法可能影响判决的,二审法院也可以主动予以审查。

---

〔1〕 See Christopher B. Mueller & Laird C. Kirkatrick, *Evidence*, 30 Little Brown & Company 223(1995).

〔2〕 参见[美]约书亚·德雷斯勒、艾伦·C.迈克尔斯:《美国刑事诉讼法精解》(第2卷·刑事审判),魏晓娜译,北京大学出版社2009年版,第364页。

2. 刑事程序性上诉审的证据调查范围

由于程序性上诉审实行事后审,原则上只能审查上诉理由中指出的程序错误是否存在,因此程序性上诉审不再调查事实与证据,而只依据一审的审判记录以及上诉理由书等进行审查。但这也不是绝对的,如果依据审判记录以及上诉理由书等无法查清程序错误是否存在,上诉法院也可以调查证据。比如,以违反公开审理原则为上诉理由,上诉法院除了审查审判记录、上诉理由书外,还可以询问参与一审审理的法庭人员如法官、书记员等,从而有助于厘清争议点。再如,以剥夺被告人的最后陈述权为上诉理由,如果依据审判记录无法查清,上诉法院可以命令被告到庭说明一审法院是否给其最后陈述的机会等。允许上诉法院调查证据,可以减轻上诉法院对于案件卷宗的过度依赖,同时建立上诉法院自行判断程序理由是否存在的基础。[1] 但是在程序性上诉审中,上诉法院在调查证据时有两点需要注意:一是上诉法院调查证据的目的是确定程序是否违法,而不在于确定事实认定是否错误,因此它对证据的调查只能涉及原审的程序问题,不能涉及原审的事实认定问题;二是由于上诉审审查的是程序是否违法,而对于程序法事由,采用的是自由证明方法,而非严格证明方法。因此,对于上诉法院的证据调查,既不要求证据必须具备特定的形式,也不要求必须采取严格的直接、言辞的证明方法,亦不要求必须达到事实清楚、证据确实充分的证明标准等,在这些方面的

〔1〕 参见林钰雄:《法律审如何开庭审理——以德国联邦最高法院刑事案件之审理流程为例》,载《月旦法学杂志》2012 年第 9 期。

要求要比事实性上诉审宽松得多。[1]

3. 刑事程序性上诉的审理方式

上诉审包括开庭审与书面审两种审理方式。在我国依附型的程序性上诉模式中,上诉审采取何种审理方式,完全取决于事实认定问题,只有事实认定可能影响定罪量刑的,才会采用开庭审理的方式,仅仅是程序违法,并不会采用开庭审理而只会采用书面审理的方式。程序性上诉审的审查内容主要包括两个方面:一是程序是否违法;二是程序违法是否需要撤销原判。程序违法事由繁多,类型各异,因成本过高、效率过低而不可能对所有程序性上诉审都采取开庭审理方式,而且有些程序是否违法、是否需要撤销原判是非常明显的,仅通过审判记录以及上诉理由书等进行书面审查就可以判断,而无须作进一步调查,因而再采用开庭审理方式也无必要。[2] 因此,对有些程序性上诉审,采取书面审理的方式,并无不可。但是,对于有些程序性上诉,程序是否违法、是否需要撤销原判,仅通过审判记录、上诉理由书等进行书面审查无法直接判断,而必须让控辩双方针对这两个方面充分陈述意见和面对面展开争辩,使法官能够在兼听的基础上作出公正的裁判,因此就必须采取开庭审理的方式。由此可见,对于程序性上诉审,既不能完全采用书面审理的方式,也没有必要完全采用开庭审理的方式,而应该采用书面审理与开庭审理相结合的方式,将程序性上诉审理程序分为两个阶段,一个是庭前审查阶段,

---

〔1〕 参见康怀宇、康玉:《刑事程序法事实的证明方法——自由证明及其具体运用的比较法研究》,载《社会科学研究》2009 年第 3 期。

〔2〕 参见林钰雄:《法律审如何开庭审理——以德国联邦最高法院刑事案件之审理流程为例》,载《月旦法学杂志》2012 年第 9 期。

另一个是正式审理阶段。在庭前审查阶段,实行书面审,对程序性上诉实行形式审查,将那些不符合程序性上诉理由(如以没有在一审程序中提出过及时异议的程序违法事由为上诉理由)以及上诉理由明显不成立的(如程序明显没有违法或者程序违法明显不会对判决产生影响)程序性上诉过滤掉,只有通过了庭前审查的程序性上诉,才能进入到正式的审理阶段;在正式审理阶段,实行开庭审理,允许控辩双方出庭,发表意见,展开争辩。不过由于程序性上诉不调查事实和证据,不用强调"直接"和"亲历",因此开庭审理不需要采用严格的直接言辞的正式审理程序,可以在保证意见充分表达的前提下,对审理程序进行一定的简化,比如如果被告人有辩护人的,被告人可以不出庭,而由辩护人出庭。

(二)刑事程序性上诉的裁判

发回重审是上诉法院处理案件的一种主要方式。根据发回重审事由性质的不同,可以将发回重审分为基于实体违法的发回重审和基于程序违法的发回重审两种类型。基于实体违法的发回重审主要包括因为事实认定错误以及因为事实不清、证据不足等发回重审的情形,而基于程序违法的发回重审主要包括因为违反程序规则和因为违反证据规则等发回重审的情形。

1. 程序违法发回重审的意义

(1)有助于实现程序的独立价值。程序既有工具价值,也有独立价值,这是近现代人们在程序价值问题上达成的基本共识。而程序独立价值的实现,首先要求程序本身必须是公正的,只有程序具备公正性,它才具有正当性因而也才具有可接受性。但是徒法不足以自行,程序本身的公正性并不足以保证其会被自动执行,而必须建立相应的制裁措施,使违反程序的行为承担一定的法律后果。法律后果是一条完整的法律规则不可或缺的组成部分,无法律后果则无法律规则。没有法律后果的程序规则不是完整的规则,没有法律后果的程序规则难以得到执行,也谈不上独立价值的实现。但是,不同法律规则的法律后果是不同的,违反实体性法律规则的法律后果是承担实体性法律责任,违反程序性法律规则的法律后果是承担程序性法律责任。实体性法律责任主要包括刑事责任、民事责任、行政责任等,程序性法律责任主要包括排除非法证据、撤销起诉、发回重审、诉讼行为无效等。[1]与实体性法律责任实行罪责自负、直接处罚行为人不同,程序性法律责任主要是通过剥夺违法者的违法利益,并不直接处罚行为人,比如对于非法取证行为,其法律后果主要不是对违法者进行直接处罚,而是通过排除非法取得的证据这种剥夺违法者取得的利益的方式进行处罚。

虽然违反程序的行为都要承担一定的法律责任,但是责任形式有轻重之别。与排除非法证据、撤销起诉、诉讼行为无效等责任形式相比,发回重审这种责任形式在程度上更轻,排除非法证据、撤销起诉、诉讼行为无效等直接导致所进行的行为无效并且原则上没有重新进行的机会。比如,证据一旦被排除,不能再次收集该证据,起诉一旦被撤销,不能再次提起诉讼等;发回重审虽然导致原判决被撤销,但并不意味着审判就此结束,而是可以再次审理。虽然发回重审是一种相对较轻的程序违法的责任形式,但是这种责任形式仍然构成对审判程序违法的制裁,发回重审意味着它的裁判在程序上没有获得上诉法院的认可,而必须重新来

---

〔1〕 参见陈瑞华:《程序性制裁制度的法理学分析》,载《中国法学》2005年第6期。

过,这种要求重新来过的行为本身构成了对原审法院的一种训诫,是对原审法院的一种消极评价,正是在这种形式的法律责任的压力之下,审判程序得以维护,程序的独立价值得以维护。

(2)有助于维护审级利益。当上诉法院认为一审裁判有问题,发回重审并不是其处理案件的唯一方法,它也可以采用自行改判的方法。自行改判是对原审法院的否定评价,因此也具有类似于发回重审的制裁性质。并且,由于自行改判具有提高诉讼效率、避免重复追诉等优点,因此它的适用越来越广泛,许多国家都明确规定,上诉法院能够自行改判的,原则上必须自行改判,而不能发回重审。[1] 但是,这只是针对事实问题而言的。对于程序问题,仍然必须采用发回重审的方式,之所以如此,是因为这种方式有助于维护审级利益。

为了保证裁判的公正性与可接受性,许多国家都设立了审级制度,规定对于一个案件,可以经过几级法院的审判。比如有的国家实行两审终审、有的国家实行三审终审等。多一个审级,案件就多了一次纠错的机会,当事人就多了一道救济的途径;而侵犯审级,就等于减少了纠错的机会和剥夺了救济的渠道。侵犯审级原则主要表现为两种形式:一种是在形式上少了审级,本来需要经过两次审判的只经过了一次审判,本来需要经过三次审判的只经过了两次审判等。比如在两审终审的审级制度下,案件没有经过一审程序而直接进入二审程序,那么该案件就少了一次审判,该案件实际上是一审终审而非两审终审了。另一种是虽然在

---

〔1〕 详细情况参见杨杰辉:《上诉法院直接变更罪名研究》,载《中国刑事法杂志》2008年第1期。

形式上没有少审级,案件经历了一级一级的审判,但是它所经历的审判却是不完整的、欠缺公正性的审判,这些审判并不属于真正意义上的审判,它徒具审判之名而不具审判之实,因此它形式上经历了这些审判,但实质上等于没有经历过。比如案件虽然经历了一审,但一审在程序上存在重大瑕疵,比如违反管辖规定、审判组织不合法、剥夺被告人的重要权利等,这种一审是无效的一审,这个案件等于没有经历过一审。形式上少了审级主要体现在原审漏判的情形,即原审法院遗漏审判数项指控中的某一项或某几项,实质上少了审级主要体现在原审程序违法的情形。在这两种情形中,上诉法院为了维护审级制度,都不能采用自行改判的方式,而只能采用发回重审的方式。这也是许多国家规定二审法院发现一审裁判在程序上有重大瑕疵必须发回重审而不能自行改判的主要原因。

2. 程序违法不是发回重审的充分条件

自行改判与发回重审是上诉法院处理案件的两种主要方式,对于一审裁判的事实错误,上诉法院只要有事实调查权,原则上就只能自行改判;[1]而对于一审裁判的程序违法,由于上诉法院无法自行改判因而只能发回重审。因此,对于程序违法来说,发回重审是一种重要的制裁与救济机制,它对维护审判公正、保护当事人的诉讼权利、实现程序的独立价值具有重要作用。从维护程序公正、实现程序独立价值的角度看,只要程序违法就发回重

[1] 在许多国家和地区,主要出于诉讼效率的考虑,在能够由上诉法院自行改判的时候,原则上都应该由上诉法院自行改判,而尽量避免发回重审。我国对于一审裁判的事实错误,法律虽然规定了自行改判与发回重审两种方式,但从立法精神来看,自行改判应该是原则,发回重审是例外。

审是最有利于实现这一目标的，并且由于程序是否违法有明确的判断标准，因此以其作为发回重审的条件较为客观，易于操作。但是，以下几方面的原因决定了，并非所有的程序违法都要导致发回重审，程序违法不应该成为发回重审的充分条件：一是程序规则纷繁复杂，类型多样，有些程序规则事关被告人的重要诉讼权利，违反这些程序性规则，会影响程序的公正性，因而需要发回重审；而有些程序规则只是一些技术性、操作性规定，无关被告人的诉讼权利，对它们的违反，并不会影响程序的公正性，因此发回重审也就对维护程序的公正性没有实际意义。二是即使对于那些事关被告人诉讼权利的规则，也并非被违反就会侵害被告人的权利、影响程序的公正性，有时候虽然形式上违反了规则，但实质上这些规则所要保障的利益并没有因此而受损，在这种情况下发回重审同样也就没有意义。如果法律规定检察机关应该在起诉书中记载控方全部证人的情况，而检察机关遗漏了部分证人的情况没有记载，但是在庭审前主动将这些被遗漏证人的情况告知了被告一方，那么虽然该程序规则与被告人的权利有关，但是该规则所要保障的利益实际上并没有受到损害，因此也就没有必要发回重审。三是程序除了要实现自身价值之外，还要实现实体公正价值和效率价值，而发回重审并不一定都会有助于实体公正价值的实现，也会有损效率价值的实现。具体来说，就实体公正价值而言，刑事审判的中心任务在于决定被告人是否有罪这一实体问题，而发回重审主要是通过两方面来实现这一实体价值的，一方面，通过发回重审这种程序违法制裁措施的威慑后果，来达到促使一审法院严格遵照法定程序进行裁判进而实现实体公正的效果，毕竟从整体上说遵守法定程序比不遵守法定程序更有利于实现实体公正;[1]另一方面,有些程序违法会影响实体判决,通过发回重审可以纠正原审判决的错误,从而保障实体公正的实现。但是由于程序违法并不一定都会影响实体判决,发回重审也不一定都会改判原判结果,因此发回重审也并不都会有助于实现实体价值。“如果因程序瑕疵所提起之第三审上诉获得撤销原判之结果者,则此种上诉之意义并不大。因为在新的、不再犯形式错误的审判程序中,通常也还是会得到相同的审判结果。”[2]就效率价值而言,由于对国家来说,重审要耗费更多的诉讼资源;对被告人来说,重审要增加诉讼成本,因此频繁地发回重审必定会损害效率价值的实现。正因如此,在发回重审无助于实现实体公正价值却必定会损害效率价值的情况下,对于程序违法不应该发回重审。“程序不公平并不必定导致错误的结果。因而有人会怀疑,如果并无错误,基于程序理由而撤销判决究竟合不合理。因程序错误而败诉的当事人可能会认为,程序错误影响其获得有利结果的机会。对这类错误提出上诉的机会可能有助于从心理和行动上解决争执。但由于重新审判直接成本不小,所以如果上诉法院认为程序错误不影响结果——是一种无害的错误,则有权维持原判。”[3]

正因如此,包括我国在内的许多国家都没有将程序违法作为发回重审的充分条件,既然程序违法并不必定导致发回重审,程序违法不是发回重审的充分条件,那么符合什么条件的程序违法

[1] 参见陈瑞华:《论程序正义价值的独立性》,载《法商研究》1998 年第 2 期。

[2] 参见[德]克劳思·罗科信:《刑事诉讼法》,吴丽琪译,法律出版社 2003 年版,第 522 页。

[3] 参见[美]迈克尔·D. 贝勒斯:《法律的原则——一个规范的分析》,张文显等译,中国大百科全书出版社 1996 年版,第 78~79 页。

才会导致发回重审，这就成为程序违法发回重审的核心问题。

3. 程序违法发回重审的条件

发回重审是维护程序公正的重要手段，因此当程序违法严重影响程序公正性的时候，就应该发回重审；刑事审判的中心任务在于决定被告人是否有罪这一实体问题，而决定被告人是否有罪必须按照法定的程序进行，因此当程序违法有可能影响被告人是否有罪这一实体判决时，也应该发回重审。按照这一逻辑，程序违法发回重审的条件应该是程序违法严重影响程序的公正性或者程序违法有可能影响判决。许多国家都是按照这一逻辑来设立程序违法发回重审条件的。

在美国，其上诉制度不发达，原则上只能针对法律问题提起上诉，不能针对事实问题提起上诉，而程序问题属于法律问题，因此程序违法是其主要的上诉事由。美国上诉法院对于程序违法的态度经历了从严格形式主义到实质主义的转变，在早期，只要程序在形式上有任何违法，都会导致原审判决被撤销并被发回重审，而不管程序违法在实质上是否对判决产生了不利影响。这种不分违法轻重"一刀切"的做法，导致司法实践中常常出现判决因为程序的个别技术性瑕疵而被撤销、发回重审的情况，不仅降低了诉讼效率，也常常造成放纵犯罪。后来，美国创立了无害错误规则，对于不同程度的程序违法行为，规定了不同的法律后果，如果违法程序没有对原审判决产生不利影响，那么该违法就属于无害错误，上诉法院就不需要撤销原判、发回重审。无害错误规则改变了过去形式上"一刀切"的僵硬做法而转变为从实质上进行判断，它更为灵活，有助于提高诉讼效率，也能够较好地处理实体公正与程序公正之间的平衡。正因如此，无害错误规则已经成为美国上诉审中适用最为频繁最为重要的规则。[1] 程序违法是否发回重审需要接受无害错误规则的检验,程序违法属于无害错误的,不需要发回重审,只有程序违法属于有害错误的,才会导致发回重审,因此程序违法达到有害错误的程度就是发回重审的条件。而判断程序违法是否属于有害错误有两个判断标准:一个是严重影响程序公正性标准,另一个是影响判决标准。严重影响程序公正性标准,按照美国联邦最高法院的说法就是“这种错误影响审判程序的建构框架,它剥夺了对被告人的基本保护,没有这些保护,刑事审判不可能可靠地履行其作为确定有罪或无罪的工具的职能,而且任何刑罚都不可能被认为是基本公正的”。[2] 也就是说,这种错误导致诉讼不具备基本的公正性,正因为这种错误的后果如此严重,因此它不用接受无害错误的检验,而被直接推定为有害。根据美国联邦最高法院的判例,属于这种错误的主要是宪法错误中的结构性错误,具体主要包括以下情形:完全剥夺辩护权;有利益冲突的法官和有某种利益冲突的律师;由无权主持程序的法官选择的陪审团;巴特森错误和大陪审团遴选方面的种族歧视;因对死刑的态度而不适当地排除陪审团;拒绝自我辩护权;完全拒绝陪审团审判权;合理怀疑方面的错误指示;拒绝快速或公开审判权;拒绝选择律师的权利等。[3] 而影响判决标准是指“如果一个人不能相当确定地说,在考虑了所有情况之后,该错误在陪审团作出裁决时没有产生重大的或者损害性的效果

---

〔1〕 参见[美]约书亚·德雷斯勒、艾伦·C.迈克尔斯:《美国刑事诉讼法精解》(第2卷·刑事审判),魏晓娜译,北京大学出版社2009年版,第363页。

〔2〕 See Neder v. United States, 527 U. S, 1, 8-9(1999).

〔3〕 参见[美]约书亚·德雷斯勒、艾伦·C.迈克尔斯:《美国刑事诉讼法精解》(第2卷·刑事审判),魏晓娜译,北京大学出版社2009年版,第367页。

或影响,那么该错误就是有害错误”。[1] 根据该标准,只有程序违法对判决有可能产生实质性影响,才属于有害错误,才需要发回重审。该标准主要适用于除宪法错误中结构错误之外的其他程序错误。

德国上诉制度比较发达,实行三审终审制,设置了两级上诉制度,依次是上告和上诉,在上告程序中,可以针对一审裁判中认定的事实和适用的法律进行上诉,因此这种上诉又被称为“一般性上诉”;而在上诉程序中,只能针对一审、二审裁判中的法律错误进行上诉,因此这种上诉又被称为“法律性上诉”。在上告程序中,如果二审法院认为上诉理由成立,它就自行改判,只有当一审法院错误行使管辖权时,案件才可以发回适当的法院重审;而在上诉程序中,如果三审法院认为上诉理由成立时,它原则上只能将案件发回重审。程序错误属于法律错误,因此当上诉法院认为原审裁判适用程序错误时,原则上应该将案件发回重审。但是,在德国,并非所有的程序错误都会自动导致原判被撤销发回重审,而是需要接受无害错误的检验,只有判决是基于程序错误作出的,判决才会被撤销,案件才会被发回重审。根据德国法院的解释,只要法院的程序错误对定罪或量刑可能有影响,该判决就是基于程序错误作出的。换句话说,一项错误只有当审判法庭犯与不犯这一错误作出的判决在逻辑上都不可能有所不同时,才被认为是无害的。[2] 但是,对于一些重大的程序错误,则不需要接

---

〔1〕 [美]约书亚·德雷斯勒、艾伦·C.迈克尔斯:《美国刑事诉讼法精解》(第2卷·刑事审判),魏晓娜译,北京大学出版社2009年版,第364页。

〔2〕 参见[德]克劳思·罗科信:《德国刑事诉讼法》,吴丽琪译,法律出版社2003年版,第432页。

受这种检验,而是被直接推定为有害错误,判决被自动撤销并发回重审。根据德国法律的规定,程序违法发回重审的条件主要有两个:一是程序违法属于法律规定的绝对上诉理由;二是程序违法对判决产生影响。程序违法属于绝对上诉理由的情形包括:法院没有管辖权;依法应当回避或者基于理由应当被撤换的法官参与了案件审判;法律要求在审判时出庭的人在庭审中没有出庭;在没有足够理由的情况下不公开审理;书面判决没有在《德国刑事诉讼法典》第 275 条所规定的时限内签署;法庭的决定是非法的并且明显限制了辩方的权利等。这些理由都属于特别重大的程序违法事由,不需要判断其是否会影响判决而直接发回。按照德国学者的解释,这是因为这些程序违法显示该诉讼程序的法治国家基础已全然未受维护。也就是说,这些程序违法导致程序不具有基本的公正性。[1] 对于程序违法对判决产生影响,根据德国法院的解释,只要法院的程序错误对定罪或量刑可能有影响,该判决就是基于程序错误作出的。换句话说,一项错误只有当审判法庭犯与不犯这一错误作出的判决在逻辑上都不可能有所不同时,才被认为是无害的。[2]

在日本,对刑事案件的判决也实行两级上诉制度,依次是控诉和上告。控诉的提起,可以基于事实理由或法律理由;而上告的提起,则仅限于法律理由。根据《日本刑事诉讼法典》规定,控诉法院和上告法院如果认为控诉和上告有理由的,必须用判决撤

---

〔1〕 参见[德]克劳思·罗科信:《刑事诉讼法》,吴丽琪译,法律出版社 2003 年版,第 522 页。

〔2〕 参见[德]托马斯·魏根特:《德国刑事诉讼程序》,岳礼玲、温小洁译,中国政法大学出版社 2004 年版,第 225 页。

销原判决,并且除了在以管辖错误、公诉不受理等理由撤销原判决后,应当将案件发回原审法院,或者移送与原审法院同级的其他法院。但是,在日本,并非所有的程序错误都会导致原判决被撤销并被发回重审。只有属于法律规定的绝对控诉理由和相对控诉理由的程序错误,才会导致被撤销而被发回重审。属于绝对控诉理由的程序错误属于程序上的重大错误,因此,无论它们对判决是否有影响,都会导致原判决自动被撤销并被发回重审。根据《日本刑事诉讼法典》的规定,绝对控诉理由主要包括 7 种情形:判决法院没有依照法律规定组成的;依照法令不得参与判决的法官参与判决的;违反审判公开的规定的;管辖违法或者管辖错误的;违法受理公诉或者不受理公诉的;对请求审判的案件没有予以判决,或者对没有请求审判的案件作出判决的;判决没有附具理由,或者理由有矛盾的。而相对控诉理由,则属于除绝对控诉理由之外,能够明显给判决带来影响的程序错误。如果不能给判决带来影响,那么该错误就不属于相对控诉理由,判决就不会被撤销并被发回重审。因此,如何理解"能够明显给判决带来影响"就成为判断相对控诉理由范围的关键。根据日本的判例,错误是否明显给判决带来影响,取决于如果不是因为诉讼程序违反法令,就可能作出与现在判决完全不同的判决。也就是说,错误与判决之间具有因果关系。[1]

从前述介绍可以看出,在这些国家,只有程序违法严重影响程序公正或者可能影响判决的时候,才会导致发回重审。

---

〔1〕 参见[日]松尾浩也:《日本刑事诉讼法》(下卷),张凌译,中国人民大学出版社 2005 年版,第 229 页。

我国1979年、1996年、2012年、2018年《刑事诉讼法》都对程序违法发回重审的条件作了规定。1979年《刑事诉讼法》第138条规定："第二审人民法院发现第一审人民法院违反法律规定的诉讼程序，可能影响正确判决的时候，应当撤销原判决，发回原审人民法院重新审判。"根据该规定，程序违法发回重审的条件是其是否影响正确判决，可能影响正确判决的就发回重审，不可能影响正确判决的就不发回重审，该规定体现的是一种典型的重实体轻程序思维，不利于维护程序的独立价值。随着对程序独立价值的重视，1996年《刑事诉讼法》对该规定作了修改，其第191条规定："第二审人民法院发现第一审人民法院的审理有下列违反法律规定的诉讼程序的情形之一的，应当裁定撤销原判，发回原审人民法院重新审判：(一)违反本法有关公开审判的规定的；(二)违反回避制度的；(三)剥夺或者限制了当事人的法定诉讼权利，可能影响公正审判的；(四)审判组织的组成不合法的；(五)其他违反法律规定的诉讼程序，可能影响公正审判的。"根据该规定，程序违法发回重审的条件是程序违法可能影响公正审判，将程序违法发回重审的条件由"可能影响正确判决"修改为"可能影响公正审判"，是1996年《刑事诉讼法》相对于1979年《刑事诉讼法》的进步之处，它使程序的独立价值得以凸显。正因如此，2012年、2018年《刑事诉讼法》未对该条件作出任何修改，而是完全保留了1996年《刑事诉讼法》第191条的规定，将可能影响公正审判规定为程序违法发回重审的条件。那么如何判断程序违法是否可能影响公正审判呢？《刑事诉讼法》规定了两种判断标准：一种是不需要作进一步判断而直接推定为可能影响公正审判的，这主要是指违反有关公开审判规定、违反回避制度、审判组织的组成不合法三种情形；另一种是是否可能影响公正审判需要作进一步判断的，这主要是除前述三种情形之外的其他程序违法。法律之所以将违反公开审判、违反回避制度、审判组织不合法这三种情形直接推定为可能影响公正审判而直接发回重审的事由，是因为这三种情形属于公正审判必不可少的要素，缺少其中的一个，就不可能实现公正审判，因此就没有必要再作进一步判断是否会影响公正审判。但是，构成公正审判的不只是这三个要素，还有其他的要素，这些要素至少还应该包括管辖错误、剥夺或限制当事人辩护权、剥夺当事人的最后陈述权、该出庭的证人没有出庭、对请求审判的案件没有予以判决，或者对没有请求审判的案件作出判决的、判决没有附具理由，或者理由有矛盾等情形，这些情形也应该直接推定为可能影响公正审判而导致直接发回重审。除了这些可以直接推定为可能影响公正审判的情形外，对于其他的情形，是否可能影响公正审判，则必须作进一步的判断，那么这种判断的标准是什么，法律并没有予以明确规定。从字面来看，它似乎不应该是 1979 年《刑事诉讼法》规定的可能影响正确判决标准。[1] 由于刑事审判的中心任务是按照法定程序围绕被告人是否有罪形成判决，因此程序违法是否影响公正审判就不能脱离与判决的关系进行判断。也就是说，判断是否可能影响公正审判的标准应该是判断程序违法是否对原审判决产生影响，可能产生影响的，就属于可能影响公正审判，应该发回重审；不可能产生影响的，属于不可能影响公正审判，就不应该发回重审。从上述对美

---

〔1〕 根据笔者的调研，在司法实践中，二审法院仍然主要是以可能影响正确判决为标准来判断可能影响公正审判的。

国、德国、日本等的介绍可以看出,它们也普遍采用这种判断标准。那么如何判断程序违法行为是否对原审判决产生影响呢?这又有两种判断标准:因果关系标准和正确结果标准。因果关系标准,是指看程序违法与判决之间是否有这种关系,即因为程序违法,所以就作出了现在的判决;而如果不是因为程序违法,就可能作出与现在判决完全不同的判决,如果两者之间有这种关系,那么程序违法就对原判决产生了影响。反之,就没有对原判决产生影响,美国、德国、日本都主要采用这种判断标准。[1] 正确结果标准,是指看除掉该程序违法产生的证据,其他的证据是否仍然能够支持原审判决,不能够支持原审判决的,那么程序违法就对原判决产生了影响;反之,就没有对原判决产生影响,我国 1979 年《刑事诉讼法》确立的就是这种标准。正确结果标准是一种完全的结果标准,只要结果是正确的,则程序违法就属于不可能影响公正审判,就是一种无害错误,因此这种标准体现的是程序工具主义的观念。而因果关系标准则并非看结果是否正确,而是看是否对判决产生影响,只要对判决产生了影响,即使抛开该错误仍然会作出同样的判决,那么该错误也是有害错误,也要被发回重审,因此这种标准更有助于实现程序的独立价值,建议我国采用这种标准来判断程序违法是否可能影响判决。

---

[1] 美国也曾出现过采用正确结果标准的判例,但受到理论界的猛烈批评。详见王兆鹏:《当事人进行主义之刑事诉讼》,台北,元照出版社 2004 年版,第 284~285 页。

第六章　法院侵犯程序性权利的上诉救济

审判程序是确定被告人犯罪事实有无及刑事责任大小的程序,是决定被告人最终命运的程序。被告人在这一程序中并非处于客体地位,而是拥有一系列诉讼权利的主体,[1]依靠这些权利,被告人能够影响审判的进程及结局。这既是程序公正的基本要求,也是实体公正的重要保障。但是,权利不会自动实现,再完备的权利也会面临被侵犯的危险,因此权利离不开救济,否则就会形同虚设。作为审判机关的法院,它居于中立裁判者的地位,属于最公正的机关,它有维护被告人诉讼权利从而实现程序公正的义务。但是程序公正不是法院的唯一价值追求,被告人的利益也不是法院所要维护的唯一利益,其他的价值追求和利益维护,以及法院自身的利益考量等,都可能会导致法院偏离这一义务而忽视甚至侵犯被告人的诉讼权利,这在“重实体轻程序”、“重配合轻制约”、法院不具有独立性等的我国更为可能。虽然在诉讼的所有程序中,都可能会出现侵犯被告人诉讼权利的情况,并且在

〔1〕 这些诉讼权利主要包括知情权、陈述权、辩护辩论权、申请权等。

其他程序中比在审判程序,更容易出现这种情况,但是在审判程序侵犯被告人的诉讼权利,更可能会产生不利后果。这主要是因为:一方面,在其他程序被侵犯诉讼权利,尚可能在后续的审判程序获得救济,[1]而在审判程序被侵犯诉讼权利,则难以通过其自身获得救济;另一方面,其他程序属于审前准备程序,并不直接确定被告人的命运,离被告人最终被定罪尚早,他面临可能被定罪的危险性尚不急迫,因此即使其诉讼权利被侵犯,也不会马上面临不利的现实后果。然而一旦进入审判程序,被告人面临着马上就要被定罪的危险,因此其诉讼权利被侵犯,可能的不利后果马上就要出现。正因如此,在面临"末日审判"而其诉讼权利又被侵犯时,被告人有强烈的寻求救济的愿望,而如果他的这种愿望无法实现的话,他势必会选择与法院直接对抗,于是审辩冲突就产生了。近年来,这种审辩冲突现象在我国司法实践中时有发生,甚至呈愈演愈烈趋势。[2] 在有些案件中,通过这种对抗行为,法院的侵权行为得到了纠正,被告人的权利得到了维护。但是,采用这种方式进行维权,成本过高,而且能否成功具有偶然性;更为严重的是,它使得本是中立裁判者的法官卷入了与辩护方的冲突,严重扭曲了法官居中裁判、控辩双方平等对抗的审判构造,这不仅损害了程序的公正性,而且破坏了法庭秩序,折损了法院的权威,因此这种方式在个案上的部分成功无法掩饰、抵销其在整体上对法治造成的伤害,从长远来看这不是一种可取的维权方

---

〔1〕 比如,在许多国家,非法证据排除规则的适用范围都很广,对于通过侵犯诉讼权利获得的证据,都要求作为非法证据予以排除,因此当在审前程序侵犯诉讼权利时,可以在审判程序申请排除该侵犯诉讼权利获得的证据,从而实现对侵权的救济。

〔2〕 参见叶竹盛:《死磕派律师》,载《南风窗》2013 年第 18 期。

式。可以预测的是，随着程序意识的提高，这种因为法院侵权而被告人又无有效救济途径导致的审辩冲突现象会越来越多。如何防止这种现象的发生，是法治建设过程中亟待解决的问题。司法实践中的审辩冲突现象，已经引起了法律界的高度重视，有关的应对措施已经在立法和司法解释中有所体现，如 2021 年《刑诉法解释》第 306~310 条、《刑法修正案（九）（草案）》第 36 条。这些规定中应对审辩冲突的方式都是相似的，采用的都是强化法庭纪律的方式。但是，这种方式没有触及造成审辩冲突的根源，因而也就无法根本解决审辩冲突问题。产生审辩冲突的根源是法院侵犯被告人的诉讼权利而被告人无法通过有效的救济途径获得救济，因此在法院侵犯诉讼权利时，只是通过强化法庭纪律的方式来限制甚至禁止被告方与法院对抗，而不给被告方提供有效的救济渠道，这对被告方来说是不公平的，也会使法院成为法外之地形成司法专横。[1] 治本的方法应该是对症下药，建立法院侵犯诉讼权利的救济机制，在法院侵犯诉讼权利时，被告人能够通过该机制获得救济，而无须采用与法院对抗这一极端的方式。我国已经意识到了建立这种救济机制的紧迫性，党的十八届四中全会明确提出："强化诉讼过程中当事人和其他诉讼参与人的知情权、陈述权、辩护辩论权、申请权、申诉权的制度保障。"这里说的制度保障就包括救济机制的建立。那么如何建立这种救济机制呢？在其他程序中被侵犯诉讼权利，被告人尚可以期待在后续的审判程序中，请求法院予以救济，比如可以申请法院排除通过

---

〔1〕 有关争论，参见《律师"闹庭"引出立法规制》，载《法制与新闻》2012 年第 10 期；尚权律师事务所：《〈刑法修正案（九）草案〉第 36 条研讨会》，载 http://news.sqxb.cn/2015/0701/914.shtml，最后访问日期：2017 年 4 月 23 日。

侵犯被告人诉讼权利取得的证据。而如果在审判程序中被法院侵犯诉讼权利,那么由谁来救济、怎么救济呢?“如果法官本身就是控告者,那么只有上帝才能充当辩护人。”这是不是也意味着,如果法官本身就是侵权者,除了“上帝”就无法救济了呢?

一、检察监督救济与上诉救济:我国法院侵犯被告人诉讼权利救济的现状

对于法院侵犯被告人诉讼权利的行为,我国并非没有给被告人提供救济途径,而是在法律上规定了两种救济方式:一种是检察监督救济,另一种是上诉救济。

(一)检察监督救济

根据《宪法》与《刑事诉讼法》的规定,检察机关是我国的法律监督机关,有权对刑事诉讼进行监督,对于国家专门机关在诉讼中的违法,检察机关有权通知其予以纠正。我国的检察监督是一种全方位的监督,理论上对诉讼的所有环节都可以监督。虽然检察机关的这种权力,在理论界备受质疑,但是在立法及司法实践中,却呈明显的扩张、强化之势。[1] 检察监督本质上是一种权力制约机制,而非权利救济机制,[2]但是由于在刑事诉讼中权力制约与权利救济两者在指向上具有同一性,即都指向权力,这种指向上的同一性使两者存在相互利用的可能:利用权力制约机制,可以实现权利的救济;利用权利救济机制,可以实现权力的制

〔1〕 参见张兆松:《中国检察权监督制约机制研究》,清华大学出版社 2014 年版,第 25 页。

〔2〕 参见张兆松:《中国检察权监督制约机制研究》,清华大学出版社 2014 年版,第 78 页。

约。因此，利用检察监督这种权力制约机制，也可以间接地实现权利救济的目的：当国家专门机关侵犯诉讼权利时，被侵权人可以申请检察机关进行监督，由检察机关通知有关国家专门机关纠正侵权行为，权利最终因此而获得了救济。由此可见，检察监督机制虽然本质上并非权利救济机制，但它内含了实现权利救济的因素，这种因素使它能够间接地实现权利救济的目的。并且，这种因素还使它本身存在被改造成为一种直接的权利救济机制的条件和可能，[1]而2012年、2018年《刑事诉讼法》就将这种可能转化为了现实，2018年《刑事诉讼法》第49条规定："辩护人、诉讼代理人认为公安机关、人民检察院、人民法院及其工作人员阻碍其依法行使诉讼权利的，有权向同级或者上一级人民检察院申诉或者控告。人民检察院对申诉或者控告应当及时进行审查，情况属实的，通知有关机关予以纠正。"《人民检察院刑事诉讼规则(试行)》第57条、第58条对该规定进行了进一步细化，详细列举了可以申请检察监督救济的诉讼权利的范围以及详细规定了检察监督救济的程序。这些规定意味着，2012年、2018年《刑事诉讼法》将检察机关对侵犯诉讼权利的监督，从泛化的检察监督中独立出来，成为一种专门的监督，并且将这种专门的监督改造成为一种专门的权利救济机制，由于这种机制是建立在检察监督基础之上的，因此可以将其称为检察监督救济机制。[2] 将检察监督改造成为一种权利救济机制，体现了立法者的良苦用心：将一种现成的且较为成熟的监督制度，就地改造成为一种救济机制，

---

[1] 参见詹建红：《程序性救济的制度模式及改造》，载《中国法学》2015年第2期。
[2] 参见詹建红：《程序性救济的制度模式及改造》，载《中国法学》2015年第2期。

可以在不增加多少制度成本的情况下，解决权利无法救济的问题，同时又可以起到进一步激活检察监督而使其“名实相副”的作用。[1]

与检察监督一样，检察监督救济也贯穿于诉讼的整个过程，适用于所有侵犯诉讼权利的情形。而对法院侵犯诉讼权利的救济，是检察监督救济的重要组成部分，这部分是建立在检察机关对审判程序进行监督的基础上的。但是，检察机关对审判程序的监督，是检察监督制度中最有争议的问题，理论上几乎呈“一边倒”的反对态度，认为这种监督会扭曲审判的正常构造、损害法院的权威等。[2] 正常的审判构造呈现的是法官居中裁判、控辩双方平等对抗的格局，而实行检察审判监督，使得检察机关在审判程序中承担了两种角色，一种是控诉者的角色，另一种是监督者的角色。这两种角色是相冲突的，控诉者的角色要求其在审判程序中如一方当事人一般，居于法官之下，与辩护方平等对抗；而监督者的角色则要求其超越当事人的地位，成为法官之上的法官。[3] 两种相冲突的角色集于检察官一身的制度安排，会导致实质上属于当事人一方的检察机关凌驾于法官之上，既损害了法官的中立性、权威性，又破坏了控辩平等对抗的格局。检察审判监督存在的这种结构性问题，必然会在以其为基础的检察审判监督救济机制上也存在：按照检察审判监督救济机制的逻辑，当居

〔1〕 参见郭晶：《论程序性监督之嬗变——从违法性宣告到渐进式制裁》，载《现代法学》2014 年第 1 期。

〔2〕 参见龙宗智：《相对合理主义视角下的检察机关审判监督问题》，载《四川大学学报（哲学社会科学版）》2004 年第 4 期。

〔3〕 参见陈兴良：《从“法官之上的法官”到“法官之前的法官”——刑事法治视野中的检察权》，载《中外法学》2000 年第 6 期。

中裁判者的法院侵犯了被告人的诉讼权利，被告人请求正与其处于对抗关系的检察机关予以救济时，检察机关对法院的审判行为进行审查，通知其纠正违法行为。这种机制造成控诉者成了法官之上的审查官，控诉方成了被告方的“救世主”。这不仅扭曲了审判构造，而且违背救济原理。姑且抛开这些结构上的问题不论，单就其效果而言，也是颇值得怀疑的。虽然理论上检察机关并非严格意义上的当事人，而是负有维护法律公正实施因而具有客观义务的机关，但由于它在审判程序中具体履行的是控诉职能，因而实质上属于一方当事人，与另一方当事人即被告方实际上处于对抗关系。鉴于检察机关与被告人在审判程序中的这种关系，从常理上说，当法院侵犯被告人的诉讼权利时，检察机关怎么可能会冒着得罪法院的风险而为其对手提供救济呢？而被告人只要有正常思维，又怎么会向其对手请求救济呢？而检察审判监督的司法实践已经证明了这种不可能。表 6-1 是近年来全国检察审判监督的情况统计。[1]

表 6-1　2004~2012 年全国检察审判监督情况统计

年度	法院审结案件/件次	检察院书面提出纠正/件次	提出纠正的比例/%	已纠正/件次	法院接受的比例/%
2004	743,783	1387	0.19	666	48
2005	784,000	1865	0.24	1183	63.4
2006	798,572	2220	0.28	1581	71.2

〔1〕 数据来自《中国法律年鉴》以及最高人民法院、最高人民检察院 2004 年至 2012 年工作报告。

续表

年度	法院审结案件/件次	检察院书面提出纠正/件次	提出纠正的比例/%	已纠正/件次	法院接受的比例/%
2007	743,783	2615	0.35	1993	76.2
2008	866,819	2995	0.35	2368	79.1
2009	970,079	4035	0.42	3425	84.9
2010	885,316	6628	0.75	6209	93.7
2011	941,972	8655	0.92	8160	94.3
2012	1,097,341	12,323	1.12	11,799	95.7

从表6-1可以看出，尽管近年来检察审判监督的强度（书面提出纠正意见的次数）和效果（已纠正的件次）都在逐年提高，但是相对于审判程序违法并不少见的现实，检察机关每100件案件才提出1件左右的书面纠正意见，这表明检察审判监督的实际使用率是非常低的，因而其实际效果也是非常有限的。而且，在这些有限的提出书面纠正意见的案件中，并非全部都是针对侵犯被告人诉讼权利的程序违法的，而有相当一部分是针对不利于检察机关的程序违法的。[1] 这就意味着，检察审判监督救济的实际使用率就更低，效果就更为有限了，因而也就证明了检察机关几乎不可能为被告人提供救济。而根据笔者对辩护律师所做的问卷调查，当问到在遇到法院侵犯被告人诉讼权利时，会不会向检察机关提出申诉控告时，所有的律师都选择不会；而作为对比，当

〔1〕 笔者在多个检察院调研发现，有些检察院几年来都没向法院发过纠正违法通知书，而有些检察院虽然发过，但基本都是在法院的行为不利于检察院的时候才发出，尚没有发现一起是在不利于被告人的时候发出的。

问到在遇到侦查机关侵犯嫌疑人诉讼权利时,会不会向检察机关提出申诉控告时,则有一半以上的律师选择会视情况而定,这也证明了在被侵权后,被告人几乎不可能会向其对手请求救济。

(二)上诉救济

上诉是一种救济机制,当被告人认为一审裁判错误而不服时,他可以提起上诉,请求二审法院予以救济。根据不同的标准,可以将上诉划分为不同的类型。根据是对事实还是对法律问题上诉,上诉可以分为事实性上诉和法律性上诉;根据是对实体还是对程序问题上诉,上诉可以分为实体性上诉和程序性上诉。以侵犯诉讼权利为由提起的上诉,属于法律性上诉和程序性上诉。我国没有设立专门的法律性和程序性上诉程序,所有的问题,包括事实问题、法律问题和程序问题的上诉,都是在同一个上诉程序中解决的,并且上诉审实行全面审查原则,所有的问题都是强制性的同时解决的,即只要提出了上诉,不管有没有明确是对事实、法律还是程序上诉,上诉法院都必须从这三个方面进行审查。可见,我国的上诉救济是一种全面型的救济,这种救济当然包括了对法院侵犯被告人诉讼权利的救济。而且,我国还专门对审判程序违法的后果作了规定,根据 2018 年《刑事诉讼法》第 238 条规定,当二审法院发现一审法院的审理违反法律规定的诉讼程序,应当裁定撤销原判、发回原审法院重新审判。法院侵犯诉讼权利属于审理程序违法的一种类型,而 2018 年《刑事诉讼法》第 238 条规定的五种程序违法类型,实质上包含了五种侵犯诉讼权利的情形,[1]因此,当法院侵犯这五种诉讼权利时,被告人可以

---

[1] 参见陈瑞华:《刑事诉讼中的程序性上诉》,载《社会科学战线》2005 年第 5 期。

提起上诉,请求二审法院撤销原判发回重审。

我国的这种全面型的上诉救济机制,在同一个程序中同时解决所有问题,有助于节省司法资源、提高诉讼效率。但是,在这一机制下,并非会对所有的问题一视同仁,由于受“重实体轻程序”的影响,必然会更重视实体问题的救济,而轻视程序问题的救济,这在我国的立法和司法实践中已有明确体现:一是在采取何种审查方式上,体现了重实体性救济,轻程序性救济。上诉审实行何种审查方式,会影响救济的效果。一般来说,开庭审比书面审更有助于实现救济的效果,但是按照我国法律的规定,只有对事实问题有异议,才可能会采用开庭审。如果只是程序有问题,则不可能采用开庭审,而是采用书面审,这种在审查方式选择上的“厚此薄彼”,反映了我国在救济问题上“重实体轻程序”的态度。二是在是否发回重审上,体现了程序性上诉对实体性上诉的依附。在司法实践中,对于程序违法,除了 2018 年《刑事诉讼法》第 238 条规定的五种情形需要发回重审外,对于其他的情形,是否发回重审不取决于程序本身是否违法,而取决于程序违法是否影响事实认定的准确性,如果事实认定没有问题,则单纯的程序违法并不会导致发回重审。这些立法和司法实践意味着,在我国,上诉主要解决的是实体问题的救济,程序问题的救济只是顺带解决的,并且程序问题能否得到救济,要依附于实体问题的救济。这种依附型的救济机制,使程序降格为实体的工具,无法实现程序救济的目的。[1]

---

〔1〕 参见陈瑞华:《刑事诉讼中的程序性上诉》,载《社会科学战线》2005 年第 5 期。

二、独立的程序性上诉：解决我国法院侵犯被告人诉讼权利救济的出路

以上分析表明，虽然我国法律规定了两种救济方式，但这两种救济方式都存在问题，难以实现侵犯被告人诉讼权利救济的目的。那么，要实现这一目的，出路何在呢？

（一）法院侵犯被告人诉讼权利的上诉救济

按照常理，权利被侵犯后，权利人要想获得有效的救济，正常的救济逻辑应当是：权利人向中立的第三方申请救济，该第三方有着高于侵权者的权威地位，它在权利人与侵权者的共同参与下，确认侵权事实是否存在以及应该给予何种救济，并作出有约束力的裁决。按照这一逻辑，权利救济机制的设立，应该符合以下原理：一是救济主体应该具有中立性，它是独立于权利人与侵权者的第三方，这样救济才具有公正性；二是救济主体应该具有高于侵权者的权威性，这样救济才具有权威性；三是救济程序应该在权利人与侵权者两方的共同参与下进行，这样救济才具有公平性；四是救济裁决具有法律约束力，这样救济才有效果。根据救济的上述逻辑与原理，对于法院侵犯被告人诉讼权利的，只有上诉是一种恰当的救济机制：一是这种机制虽然是上级法院对下级法院侵权行为的救济，但上下级法院之间是监督与被监督关系，相互是独立的，因此救济主体具有独立于权利人与侵权者的中立性。二是诉讼权利是否被侵犯属于法律问题，而上级法院的

法官一般比下级法院的法官更精通法律,因此由其判断更具权威性。[1] 三是上诉审也属于审判程序,实质上也是由控辩审三方组成,只不过原审法院与原审被告人在上诉审中的角色发生了变化,原审法院成了被告,原审被告成了控方,他们在上诉法院的主持、指挥下参与审判,平等对抗。[2] 因此它符合救济的平等参与性原理。四是对于侵犯诉讼权利的,上诉法院作出的是撤销原判、发回重审的裁决,该裁决是具有强制执行效力的裁决,不管原审法院接不接受,都必须执行。通过这种裁决,原审法院受到制裁,被告人先前被侵犯的诉讼权利得以在新的审判程序中恢复,因此它符合救济的有效性原理。而检察监督救济机制,则不符合权利救济的逻辑与原理,因此它不应该成为法院侵犯被告人诉讼权利的救济机制:一是它不符合救济主体中立性的原理。检察监督救济实质上是由控诉方对被告方进行救济,因此救济主体不具有中立性,并且只要将检察监督强行嵌入审判程序作为救济机制,那么无论怎样设计,这种中立性都无法实现,反而会扭曲审判的正常构造,这是检察监督不能成为法院侵犯被告人诉讼权利救济机制的最重要理由。[3] 二是它不符合救济主体更具权威性的原理。检察监督救济是检察机关针对法院程序违法的救济,但检察机关并没有高于法院的权威性。三是它不符合救济程序双方共同参与的原理,检察监督救济要么采用的是由检察机关单方面

---

〔1〕 上级法院的法官比下级法院的法官更精通法律,但上级法院的法官并不比下级法院的法官更精通事实认定,这也是许多国家允许提出法律性上诉而不允许提出事实性上诉的一个重要原因。参见孙长永:《探索正当程序——比较刑事诉讼专论》,中国法制出版社 2005 年版,第 620 页。

〔2〕 参见陈瑞华:《程序性制裁理论》,中国法制出版社 2005 年版,第 415 页。

〔3〕 参见刘计划:《检察机关刑事审判监督职能解构》,载《中国法学》2012 年第 5 期。

审查决定的行政决策方式，要么采用的是由检察机关单方面听取权利人和侵权者意见的准司法决策方式，这两种方式都不是在双方共同参与下进行的。[1] 四是它不符合救济裁决具有法律约束力的原理。检察监督救济采用的是通知有关机关纠正的处理方式，但该处理方式没有约束力，是否纠正取决于有关机关自身，[2]并且这种处理方式具有滞后性，最多起着下不为例的警示作用，对本次侵权不能给予任何制裁，被侵权人也得不到任何实质性的补救。[3]

（二）独立的程序性上诉救济机制

上述分析表明，对于法院侵犯被告人诉讼权利的救济，出路在于建立上诉救济机制，而非检察审判监督救济机制。我国已经建立了上诉制度，但之所以没有实现对法院侵犯被告人诉讼权利的救济，最重要的原因是在这一上诉制度中，程序性上诉不具有独立性，而是依附于实体性上诉，使上诉制度对程序救济的功能没有发挥出来。因此，建立独立于实体性上诉的程序性上诉机制，是解决我国法院侵犯被告人诉讼权利救济的最终出路，这也是世界上绝大多数国家的共同做法。[4] 那么怎么设立独立的程序性上诉救济机制呢？可供选择、借鉴的方式主要有两种：一种是设立多层上诉审级，将对事实问题的救济和对程序问题的救济分别放在不同层级的上诉审中解决，大多数国家实行的三审终审

---

〔1〕 参见万毅：《论检察监督模式之转型》，载《法学评论》2010年第1期。

〔2〕 参见刘计划：《检察机关刑事审判监督职能解构》，载《中国法学》2012年第5期。

〔3〕 参见万毅：《论检察监督模式之转型》，载《法学评论》2010年第1期。

〔4〕 参见黄朝义：《刑事诉讼法》（第3版），台北，新学林出版股份有限公司2013年版，第664~665页。

制就是这种方式的体现,二审解决事实问题的救济,三审解决包括程序在内的法律问题的救济。[1] 这种方式通过设立一个专门的程序性上诉审级,在空间上将程序性上诉与事实性上诉隔离开来,从而阻止事实性上诉对程序性上诉的影响,最终保证程序性上诉的独立性。另一种是不将事实问题的救济和程序问题的救济分开放在不同的上诉审中解决,而是放在同一个上诉审中解决,但是为了防止事实问题的救济影响程序问题的救济,设立了一定的程序装置,将两者隔离开来。这种程序装置主要是上诉理由制度。通过这种制度,将上诉救济的范围严格限制在上诉理由上。对事实问题上诉的,上诉审只能审查处理事实问题;对程序问题上诉的,上诉审也只能审查处理程序问题,这种制度也可以防止事实性上诉对程序性上诉的影响,保证程序性上诉的独立性。[2] 需要注意的是,这种方式与我国的现行做法是不同的:我国虽然也是在同一个上诉审中既解决事实问题的救济,又解决程序问题的救济,但是由于我国没有设立上诉理由制度这一隔离装置,再加上实行全面审查原则,使得所有问题的救济都是强行捆绑解决的,因此无法避免事实问题的救济对程序问题的救济的影响,在这种制度中,无法实现程序性上诉的独立性。

上述两种方式都能实现程序性上诉的独立性,那么是将程序性上诉放置在独立的审级中单独解决,还是与事实性上诉放置在同一个审级中解决。对于程序性上诉而言,两者之间只是形式上

---

〔1〕 参见孙长永:《探索正当程序:比较刑事诉讼专论》,中国法制出版社 2005 年版,第 620 页。

〔2〕 参见王兆鹏:《上诉二审的鸿沟及其填补——在理论与实践之间的研究》,载《中山大学法律评论》(第 9 卷第 2 辑),法律出版社 2011 年版,第 344 页。

的差别，实质上的差别在事实性上诉上：在第一种方式中，事实性上诉实行的是复审，上诉法院通过对案件的重新审理，来实现对事实问题的救济。[1] 而在第二种方式中，事实性上诉实行的是事后审，上诉法院不再重新调查事实，而只在原审法院出示证据的基础上对事实进行审查，以此来实现对事实问题的救济。[2] 两种方式中事实性上诉存在的这种差异，主要与一审事实认定的可靠性和正当性有关：一审事实认定越可靠，正当性越高，对其信任度就越高，其就越会获得尊重，因而对事实问题救济的空间就越小；反之，就越需要借助上诉，来完成一审未竟的事实调查职责。“事实审理上二审救济的基本原理，是考虑一审程序的正当性程度，一审程序的正当性程度越高，二审的事实审救济范围就越小。”[3] 因此，根据这一基本原理，从理想的角度看，我国应该采用第一种方式，即实行三审终审制，二审解决事实问题的救济，三审解决包括程序在内的法律问题的救济。之所以采用这种方式，主要是由我国一审事实认定的现状决定的：虽然经过几次《刑事诉讼法》的修改和审判方式的改革，我国一审事实认定的实质化有所增强、一审事实认定的准确性有所提高，但由于辩护制度、证人出庭作证制度以及法官独立裁判等影响一审事实认定的因素没有得到根本改善，因此一审事实审形式化、一审无法胜任查清事实真相的问题仍然存在，[4] 为了提高事实认定的准确性，必

---

〔1〕 参见王兆鹏：《刑事救济程序之新思维》，台北，元照出版公司 2010 年版，第 269 页。

〔2〕 参见黄朝义：《刑事诉讼法》（第 3 版），台北，新学林出版股份有限公司 2013 年版，第 664~665 页。

〔3〕 龙宗智：《建立一审为中心的事实认定机制》，载《中国法学》2010 年第 2 期。

〔4〕 参见龙宗智：《建立一审为中心的事实认定机制》，载《中国法学》2010 年第 2 期。

须借助二审,由二审补充甚至完全替代一审重新认定事实,由其完成一审未竟的查清事实真相的任务。[1] 但是,采用这种方式,意味着要对现行审级制度作重大修改,而这在短时期内无法实现,因此,这只能作为一种长远目标。在实现这一长远目标之前,近期应该设立一具现实可行性的过渡措施,以作为解决程序问题救济的应急措施。要设立这一措施,较为现实可行的办法是,在保留现行审级制度不变的前提下,吸收第二种方式的经验,对其进行微调,具体方法如下:在现行审级制度的基础上,对程序性上诉设立上诉理由制度,如果被告人对程序问题提出上诉的话,那么他在提出上诉的时候必须明确是对程序问题上诉,此时二审法院只能审查程序问题,只能审查原审程序是否违法、是否需要撤销原判发回重审,而不能审查事实问题;而如果被告人不是特地对程序问题提出上诉的话,那么就仍然按照现行做法,无须明确上诉理由,二审法院仍然实行全面审查原则,对案件从事实、法律、程序等方面进行全方位的审查。

三、程序性上诉制度的建构

(一)提起程序性上诉的条件

程序性上诉是针对程序问题提出的上诉。但是,一方面,审判中的程序规则繁杂多样,毫不夸张地说,法院实施的每一行为,几乎都可能会涉及一项或数项程序规则;而另一方面,上诉是一种高成本的救济机制,从上诉的提起到上诉的审查再到撤销原判

---

[1] 参见陈瑞华:《论彻底的事实审——重构我国刑事第一审程序的一种理论思路》,载《中外法学》2013 年第 3 期。

后的重审等,都要耗费一定的诉讼资源。这两方面的原因意味着,如果允许对法院的每一程序违法都直接提起上诉的话,那么上诉法院将无法应对,国家的司法资源也无力承受,因此为了节约司法资源,保证上诉这种高成本的救济机制用于最需要救济的事项上,应该设立提起程序性上诉的条件,对程序性上诉的对象进行限定。审判中的程序规则繁杂多样,要求法院主动照顾到每一规则,这是强人所难,并不现实。司法实践中法院违反程序规则,往往并非有意而为,而主要是因为疏忽的无心而为,对此,如果有人向法官提出引起其注意的话,法官往往能够重新审视并纠正自己的行为,因而也就没有再提起上诉的必要了。因此针对法院程序违法的这种特点,应该尽量促使原审法院认识到自己的错误并予以纠错,从而使得违法行为能够得到及时纠正,避免后续程序的浪费。而为了促使原审法院自行纠错,应该增加被告人的义务:当被告人发现原审法院违反程序时,他有义务及时向原审法院提出异议,如果他没有履行该义务,那么他也就丧失了就此再提起上诉的权利。按照这一分析,提起程序性上诉的条件就是已经就程序违法向原审法院提出过异议,程序性上诉的对象就限定为已经向原审法院提出过异议的违法事项。这也是许多国家的共同做法。[1] 需要注意的是,对提起程序性上诉作此种限制,是有前提条件的,如果不符合条件,则不能适用该限制,条件主要包括:一是被告人在原审中就已经知道法院违法了,如果被告人在原审中根本不知道法院违法,而是原审结束后才知道的,那么他当然就无法在原审中向法院提出异议了,当然就应该允许他提

---

〔1〕 详细内容参见本书第五章。

出上诉,否则对他来说是不公平的;二是法院违反的程序不属于程序公正不可或缺的构成要素,否则即使在原审中没有提出异议,被告人仍可以提起上诉。比如管辖、回避等属于程序公正的构成要素,如果原审法院违反这些规定,且被告人是知道的,却没有向原审法院提出异议,他仍可以对此提起上诉。

(二)提起程序性上诉的时机

事实认定与法律适用等实体问题,是在审理程序结束以后在判决中作出处理的,因此对实体问题的不服,也只能在审理程序结束判决作出以后才能提起上诉;而对程序问题的不服,则在审理过程中随时都可能会涉及,按照上述提起程序性上诉的条件,当被告人发现法院违反程序而不服时,应该向原审法院及时提出异议。如果原审法院拒绝纠正,被告人是否可以立即对此提起上诉,还是也必须等到审理程序结束判决作出以后才能提起呢?这一问题涉及提起程序性上诉的时机问题。允许在审理过程中立即提起上诉的,称为中间上诉;而只能在审理结束判决作出以后提起上诉的,称为终局上诉。审判程序中的程序规定,有的是与判决具有内在关联性的,是为了保障判决公正性而设的,如有关被告人诉讼权利的规定;而有的则与判决没有内在关联性,是可以和判决分开的,如有关法院逮捕、扣押的规定。[1] 对于违反后一种规定的,由于它们与判决是可以分开的,因此对它们不服,就不必等到审理结束判决作出后提出,而是可以立即提出,[2] 而对

〔1〕 [英]伟恩·R.拉费弗等:《刑事诉讼法》(下册),卞建林等译,中国政法大学出版社2003年版,第1396页。

〔2〕 参见王兆鹏:《刑事救济程序之新思维》,台北,元照出版公司2010年版,第279页。

于违反前一种规定的，由于它们与判决具有内在关联性，因此对它们不服，何时可以提起上诉，则需要作出细致分析。实行中间上诉与实行终局上诉，各有利弊，中间上诉有助于违法行为能够得到及时纠正，可以避免终局上诉可能导致的终审判决被推翻、整个案件重新审判的问题，从而有助于节约司法资源，提高诉讼效率。但是中间上诉的缺点也是非常明显的，主要包括：一是会使审判变得支离破碎。审理过程中会涉及一系列程序问题的争议，如果允许在审理过程中对这些争议立即提起上诉，那么由于此时审判必须暂停，直至对中间上诉的处理结束，这就必然导致审判断断续续，不间断地进行。二是会导致诉讼延迟。如果允许提起中间上诉，那么控辩一方可能会利用这一机制反复提出，以达到拖延诉讼的目的，这不仅影响诉讼效率，而且对那些想要案件得到及时处理的当事人不利。三是不利于上诉审法院的裁决。上诉审法院需要更多的信息从而判断程序错误对于原审结果的影响，而一审完整的诉讼程序记录可以更好地保证上诉审法院就裁决作出准确的判断，如果审判尚未结束就提出中间上诉，则上诉审法院能够依据的信息就必定不完整，难以作出准确的判断。〔1〕 而实行终局上诉，则可以避免这些问题，虽然终局上诉因为推迟提起上诉的时间会导致违法行为得不到及时纠正以及可能会因为终审判决被推翻、整个案件重新审判而导致降低诉讼效率，但是它在其他方面却有利于节约司法资源，提高诉讼效率：首先，大多数一审法院的裁决是正确的，而且即使是那些不正确的

〔1〕 参见［美］伟恩·R. 拉费弗等：《刑事诉讼法》（下册），卞建林等译，中国政法大学出版社2003年版，第1395页。

裁决最后也不可能影响终审判决,因此也就没有必要撤销原判;其次,一审法院的主要职责是自我修正,终局裁判规则可以确保一审法院依据以后审判的发展重新评价自己的裁决,从而可以根据情况修正之前的错误,避免之前错误对后续审判尤其是审判结果的影响;最后,终局裁判规则避免了那些随着案件发展而变得不必要的上诉,因此,当受错误裁决影响而处于不利的一方最终得到有利的判决时,那么中间裁判经常变得无实际意义。[1] 虽然两种上诉都涉及诉讼成本、诉讼效率的问题,但是总体来看,比较而言中间上诉的成本更大,可能会导致更大的延误。因此权衡利弊,在提起程序性上诉的时机上,应该选择终局上诉,当法院侵犯被告人诉讼权利时,被告人不能立即提出上诉,而只能等到案件审理结束判决作出后提出。这也是许多国家的共同做法。比如《德国刑事诉讼法典》第 305 条规定,一般而言,对审判法庭于判决宣示之前所为之裁判,不得提起抗告。美国、英国、日本等国也实行了该规则。[2]

(三)程序性上诉审的审理

上诉审的审查方式包括复审、续审、事后审三种。复审是指对案件的重新审理,它不受原审的限制,而是可以重新调查事实和证据。续审是在原审的基础上继续审判。事后审是指在原审调查过的事实和证据的基础上,审查原审判决是否正确,事后审可以分为事实与法律审之事后审、法律审之事后审两种类型。前

---

〔1〕 参见[美]伟恩·R. 拉费弗等:《刑事诉讼法》(下册),卞建林等译,中国政法大学出版社 2003 年版,第 1396 页。

〔2〕 参见孙长永:《探索正当法律程序——比较刑事诉讼法专论》,中国法制出版社 2005 年版,第 600~650 页。

者既审查事实认定问题,又审查法律适用与程序问题;而后者只审查法律适用与程序问题,不审查事实认定问题。程序性上诉审实行的是法律审之事后审的方式,它与实行复审、续审的事实性上诉的审理程序不同,也与同样实行法律审之事后审的针对法律适用上诉的审理程序不完全一样。程序性上诉在审查范围、调查方法、审理方式等上,都有其特殊性。程序性上诉的审查范围、调查方式已在第五章详细论述,在此不赘述,以下主要对程序性上诉审理方式的特殊性进行论述。

上诉审包括开庭审与书面审两种审理方式。程序性上诉审的审查内容主要包括两个方面:一是程序是否违法;二是程序违法是否需要撤销原判。程序违法事由繁多,类型各异,因成本过高、效率过低而不可能对所有程序性上诉审都采取开庭审理方式,而且有些程序是否违法、是否需要撤销原判是非常明显的,仅需通过审判记录以及上诉理由书等进行书面审查就可以判断,而无须作进一步调查,因而再采用开庭审理方式也无必要。[1] 因此,对有些程序性上诉审,采取书面审理的方式,并无不可。但是,对于有些程序性上诉,程序是否违法、是否需要撤销原判,仅通过审判记录、上诉理由书等进行书面审查无法直接判断,而必须让控辩双方针对这两个方面充分陈述意见和面对面展开争辩,使法官能够在兼听的基础上作出公正的裁判,因此就必须采取开庭审理的方式。由此可见,对于程序性上诉审,既不能完全采用书面审理的方式,也没有必要完全采用开庭审理的方式,而应该

〔1〕 参见林钰雄:《法律审如何开庭审理——以德国联邦最高法院刑事案件之审理流程为例》,载《月旦法学杂志》2012 年第 9 期。

采用书面审理与开庭审理相结合的方式,将程序性上诉审理程序分为两个阶段,一个是庭前审查阶段,另一个是正式审理阶段。在庭前审查阶段,实行书面审,对程序性上诉实行形式审查,将那些不符合程序性上诉理由(如以没有在一审程序中提出过及时异议的程序违法事由为上诉理由)以及上诉理由明显不成立的(如程序明显没有违法或者程序违法明显不会对判决产生影响)程序性上诉过滤掉,只有通过了庭前审查的程序性上诉,才能进入正式的审理阶段;在正式审理阶段,实行开庭审理,允许控辩双方出庭,发表意见,展开争辩。不过由于程序性上诉不调查事实和证据,不用强调"直接"和"亲历",因此开庭审理不需要采用严格的直接言词的正式审理程序,可以在保证意见充分表达的前提下,对审理程序进行一定的简化。比如,如果被告人有辩护人的,被告人可以不出庭,而由辩护人出庭等。

(四)撤销原判发回重审

被告人提起程序性上诉的最终目的,是请求上诉法院确认违法并撤销原判、发回重审。但是,撤销原判、发回重审是一种高成本的救济方法,不仅国家要消耗更多的诉讼资源,被告人也要付出更多的成本,而诉讼中的程序规则繁杂多样。如果只要原审法院违反了程序,上诉法院就必须撤销原判发回重审的话,那么有限的司法资源是无法承受的。因此,必须设置撤销原判发回重审的条件。

撤销原判发回重审是对程序的救济,而之所以要对程序救济,表面的原因是程序违法了,实质的原因是程序的功能被损害了,因此在判断是否需要撤销原判发回重审时,就必须判断违法是否损害了程序的功能。而程序的功能主要有两项:一是实现程序公正;二是实现实体公正。因此,如果程序违法既不会影响程序公正,又不会影响实体公正,那么出于诉讼效率的考虑,就无须也不应该撤销原判发回重审。这就意味着,影响程序公正和影响实体公正就是撤销原判发回重审的条件。具体而言,如果程序违法导致程序不公正,或者导致实体不公正,就应该撤销原判发回重审;而如果两者皆不会受影响的话,则不能撤销原判。"程序不公平并不必定导致错误的结果。因而有人会怀疑,如果并无错误,基于程序理由而撤销判决究竟合不合理。因程序错误而败诉的当事人可能会认为,程序错误影响其获得有利结果的机会。对这类错误提出上诉的机会可能有助于从心理和行动上解决争执。但由于重新审判直接成本不小,所以如果上诉法院认为程序错误不影响结果——是一种无害的错误,则有权维持原判。"〔1〕这也是许多国家的共同做法。

在美国,程序违法是否发回重审需要接受无害错误规则的检验。程序违法属于无害错误的,不需要发回重审;只有程序违法属于有害错误的,才会导致发回重审,因此程序违法达到有害错误的程度就是发回重审的条件。而判断程序违法是否属于有害错误有两个判断标准:一是严重影响程序公正性标准;二是影响判决标准。严重影响程序公正性标准,按照美国联邦最高法院的说法就是"这种错误影响审判程序的建构框架,它剥夺了对被告人的基本保护,没有这些保护,刑事审判不可能可靠地履行其作为确定有罪或无罪的工具的职能,而且任何刑罚都不可能被认为

---

〔1〕 参见[美]迈克尔·D.贝勒斯:《法律的原则——一个规范的分析》,张文显等译,中国大百科全书出版社1996年版,第78~79页。

是基本公正的”。[1] 也就是说,这种错误导致诉讼不具备基本的公正性,正因为这种错误的后果是如此严重,因此它不用接受无害错误的检验,而被直接推定为有害。[2] 而影响判决标准是指“如果一个人不能相当确定地说,在考虑了所有情况之后,该错误在陪审团作出裁决时没有产生重大的或者损害性的效果或影响,那么该错误就是有害错误”。[3] 根据该标准,只有程序违法对判决有可能产生实质性影响,才属于有害错误,才需要发回重审。该标准主要适用于除宪法错误中结构错误之外的其他程序错误。

在德国,程序违法发回重审的条件主要有两个:一是程序违法属于法律规定的绝对上诉理由;二是程序违法对判决产生影响。程序违法属于绝对上诉理由的都属于特别重大的程序违法事由,不需要判断其是否会影响判决而直接发回。按照德国学者的解释,这是因为这些程序违法显示该诉讼程序的法治国家基础已全然未受维护。也就是说,这些程序违法导致程序不具有基本的公正性。[4] 关于程序违法对判决产生的影响,根据德国法院的解释,只要法院的程序错误对定罪或量刑有可能有影响,该判决就是基于程序错误作出的。换言之,一项错误只有当审判法庭犯与不犯这一错误作出的判决在逻辑上都不可能有所不同时,才

〔1〕 Neder v. United States, 527 U. S, 1, 8-9(1999).

〔2〕 参见[美]约书亚·德雷斯勒、艾伦·C. 迈克尔斯:《美国刑事诉讼法精解》(第2卷·刑事审判),魏晓娜译,北京大学出版社2009年版,第367页。

〔3〕 [美]约书亚·德雷斯勒、艾伦·C. 迈克尔斯:《美国刑事诉讼法精解》(第2卷·刑事审判),魏晓娜译,北京大学出版社2009年版,第364页。

〔4〕 参见[德]克劳思·罗科信:《刑事诉讼法》,吴丽琪译,法律出版社2003年版,第522页。

被认为是无害的。[1] 在日本等国家也有类似规定。

我国对于程序违法撤销原判发回重审也有两条标准：一是影响程序公正的标准，该标准主要体现在2018年《刑事诉讼法》第238条的规定中，该规定中的五种违法情形，属于会影响程序公正的情形，只要符合，就必须撤销原判发回重审；二是可能影响判决正确性标准，该标准最初也是立法上确立的标准，后来在《刑事诉讼法》的修改中被废除了，但是在司法实践中仍然在使用，该标准主要适用于除第238条规定五种情形之外的程序违法情形，它们只有会影响判决正确性时，才会导致原判决被撤销，否则不会产生这种效果。我国的这两种标准都存在问题，因此应该在建构程序性上诉制度时，进行修改：就第一条标准而言，法律之所以将违反公开审判、违反回避制度、审判组织不合法等五种情形规定为撤销原判发回重审的事由，是因为这几种情形都属于公正审判必不可少的要素，缺少其中的一个，都不可能实现公正审判。但是，构成公正审判的不只是这几个要素，还有其他的要素，这些要素至少还应该包括管辖错误、剥夺或限制当事人辩护权、剥夺当事人的最后陈述权、该出庭的证人没有出庭、对请求审判的案件没有予以判决，或者对没有请求审判的案件作出判决、判决没有附具理由，或者理由存在矛盾等情形，这些情形也应该明确规定为可能影响公正审判而需要撤销原判发回重审的事由。而就后一标准而言，采取正确结果标准存在两方面的问题，一方面，这种标准是一种完全的结果标准，只要结果是正确的，则程序违法就是

---

〔1〕 参见［德］托马斯·魏根特：《德国刑事诉讼程序》，岳礼玲、温小洁译，中国政法大学出版社2004年版，第225页。

一种无害错误,就不能撤销原判。这种标准体现的是程序工具主义的观念,无法实现程序的独立价值。另一方面,我国实行独立的程序性上诉制度后,上诉审只审查程序问题,不审查事实问题,因此原判决是否正确,无法再判断。这两方面的问题决定了,我国不应该实行正确结果标准,而应该借鉴其他国家的经验,实行因果关系标准,只要程序违法对判决结果产生了影响,那么两者之间就有因果关系,就应该撤销原判发回重审。该标准不是看结果是否正确,而是看程序违法是否对判决产生影响,只要对判决产生了影响,即使抛开该违法仍然会作出同样的判决,该违法也是有害错误,原判决也就必须被撤销,这种标准更有助于实现程序的独立价值。

对于法院侵犯被告人诉讼权利的救济,笔者认为出路应该是建立一种独立的程序性上诉机制,并且对如何建立这种机制进行了较为详细的分析,但是如果"重实体轻程序"的观念、上下级法院之间实质上的领导与被领导的关系、司法不独立等的现状不改变的话,程序性上诉制度的设置再完备,也仍然无法胜任救济被告人的目的。因此,解决被告人诉讼权利被侵犯的救济问题,是一项系统工程,在这一工程里面,建立独立的程序性上诉救济机制只是第一步,观念与体制也必须顺势而变,而这些却是更为困难之事。

第七章　侵犯律师辩护权的司法救济

辩护权是犯罪嫌疑人、被告人最重要的诉讼权利。由于犯罪嫌疑人、被告人通常不懂法律且人身自由受到限制，这种权利通常要靠辩护人尤其是律师的协助才能实现。为了保障辩护权的实现，法律赋予了辩护律师一系列权利，如会见通信权、阅卷权、调查取证权、知情权、申请权、申诉权、发问权、质证权、辩论权等。但权利不会自动实现，辩护权的实现需要公安司法机关的配合，而由于辩护权的行使可能会影响公安司法机关追究打击犯罪的目标及其他利益，因此公安司法机关有时会阻碍辩护律师行使权利，司法实践中长期存在的辩护“老三难”以及近几年出现的“新三难”问题就是其体现。[1] 近年来，出于对冤假错案的反思以及对司法公正的追求，辩护权获得了前所未有的重视，2012年、2018年《刑事诉讼法》及司法解释对有关辩护权的内容作了重大修改，各级人民法院、检察院还专门出台了有关保障律师执业权利的规

---

〔1〕“老三难”是指会见难、阅卷难、调查取证难，“新三难”是指发问难、质证难、辩论难。

定,而“两高”、公安部、国家安全部、司法部出台的《关于依法保障律师执业权利的规定》则将辩护权的保障提高到了一个新的高度。在这些法律、司法解释以及政策性文件中,对辩护权的内容进行了进一步完善,使其更为明确,更具可操作性,从实践来看,这些措施对于推动辩护权的落实发挥了极大作用,屡遭诟病的辩护难痼疾得到了明显好转。[1] 但是,辩护难问题并未得到根本解决,司法实践中侵犯辩护权的情况仍然时有发生,这除了与仍有些辩护权规范内容不明确、缺乏可操作性有关外,更与缺乏一种侵犯辩护权的救济机制有关。这种救济机制的存在,既能够保障辩护人在辩护权被侵犯后获得有效救济,又能够实现对侵权人的制裁,从而保障辩护权的实现。但是由于我国缺乏这种救济机制,导致司法实践中有些公安司法机关无所顾忌,阻碍辩护律师行使权利。无救济则无权利。一种权利,如果无法获得救济,那么这种权利就形同虚设。因此,保障律师辩护权的实现,除了需要继续对辩护权的内容进行完善,使其更为明确、更具可操作性外,还需要建立有效的侵犯辩护权的救济机制。

一、我国现行侵犯辩护权的救济机制

虽然我国更重视权利的列举而不重视权利的救济,[2]但是从相关规定中,还是可以看出我国已经确立了三种侵犯辩护权的救济机制,即投诉机制、控告申诉机制以及上诉机制。

---

〔1〕 参见卞建林等:《依法保障律师执业权利专家笔谈》,载《中国司法》2015 年第 10 期。

〔2〕 参见陈瑞华:《增列权利还是加强救济?——简论刑事审判前程序中的辩护问题》,载《环球法律评论》2006 年第 5 期。

（一）投诉机制

投诉机制，是指向侵权者所在的机关或其上级机关寻求救济的机制。按照规定，当办案机关及其工作人员侵犯辩护权时，辩护律师可以向该办案机关或者其上一级机关投诉，办案机关或者其上一级机关接到投诉以后，应该及时进行调查，发现情况属实的，应该依法立即纠正，有关机关拒不纠正或者累纠累犯的，应当由相关机关的纪检监察部门依照有关规定调查处理，相关责任人构成违纪的，给予纪律处分。[1] 这种救济机制具有以下特点：第一，它是一种行政救济机制，这种机制是以组织内部包括上级组织对下级组织、组织对其成员的管理关系为基础而建立的。按照这种管理关系，上级对下级、组织对其成员负有管理、监控的职责，下级对上级、成员对其所属组织负有服从的义务，而接受和处理投诉正是实现这种管理关系的重要手段。[2] 第二，它是一种以纪律处分为后果的救济机制。由于投诉机制以组织内部的管理关系为基础，而纪律处分又是组织内部这种管理关系的必备要素，因此这种机制也必然以纪律处分为后果。第三，它是一种具有普遍适用性的救济机制。由于投诉机制是以组织行政管理为基础的，因此从理论上来说它只能适用于属于行政机关的公安机关，不能适用于属于司法机关的法院和检察院，但由于我国法院与检察院实际上是按照行政机关的性质来组织和运行的，内部实

[1] 这里以及下面两种救济机制的规定，主要是指 2015 年出台的《关于依法保障律师执业权利的规定》。

[2] 参见周雪光：《组织社会学十讲》，社会科学文献出版社 2003 年版，第 158 页。

行的是行政管理方式,[1]因此这种机制也能适用于法院和检察院。

(二)控告申诉机制

控告申诉机制,是指向人民检察院申请救济的机制。按照规定,当办案机关及其工作人员侵犯辩护权时,辩护人可以向同级或者上一级人民检察院申诉、控告,检察院应当在接到申诉控告后十日以内进行审查,情况属实的,应当通知有关机关予以纠正。这是 2012 年、2018 年《刑事诉讼法》确立的一项机制,也是一项具有中国特色的救济机制,[2]其具有以下特点:第一,它是一种建立在检察监督基础上的救济机制。根据《宪法》与《刑事诉讼法》的规定,检察机关是我国的法律监督机关,有权对刑事诉讼是否合法进行监督。侵犯辩护权属于严重的程序违法,辩护律师以此向检察机关提出申诉控告,正是督促其履行监督职能的重要方式。第二,它是一种具有普遍适用性的救济机制,适用于所有侵犯辩护权的情况。检察监督贯穿于刑事诉讼的整个过程,对象包括公安司法机关,因此建立在检察监督基础上的控告申诉机制也适用于公安司法机关,无论是哪一机关侵犯辩护权,这种机制皆可适用。第三,它是一种以通知纠正为后果的救济机制。检察监督的性质决定了检察机关既对监督事项没有实体处理权,又对监督对象没有处分权,它发现有违法行为时,只能通知违法者自行

---

〔1〕 参见苏力:《审判管理与社会管理——法院如何有效回应“案多人少”》,载《中国法学》2010 年第 6 期。

〔2〕 参见陈卫东、林艺芳:《论检察机关的司法救济职能》,载《中国高校社会科学》2014 年第 5 期。

纠正,这种通知是一种建议性的后果,对违法者并无法律约束力。[1] 因此,建立在检察监督基础上的控告申诉机制,其后果也只能是这种建议性的后果。

(三)上诉机制

上诉机制,是指向上级法院请求救济的机制。按照规定,被告人不服一审裁判的,可以向上一级人民法院上诉。与有些国家实行有限上诉不同,[2]我国实行的是全面型上诉,上诉对象既包括事实问题,也包括法律问题和程序问题。辩护权属于程序问题,因此当其被侵犯时,被告人可以以程序违法为由提起上诉,如果二审法院认为其属于严重程序违法时,则应该撤销原判发回重审。这种机制具有以下特点:第一,它是一种司法救济机制,这种机制是建立在上下级法院之间的审级监督关系基础上的。上下级法院之间属于监督与被监督关系,这种监督关系是通过审级实现的,而上诉正是上下级法院实现审级监督关系的具体方式。第二,它是以撤销原判发回重审为后果的救济机制。对于一审的实体错误(包括事实认定错误和法律适用错误),尚可以由二审法院直接纠正并改判;而对于程序错误,则无法由二审法院直接纠正并改判,只能发回一审法院重审。[3] 第三,它是一种有适用范围限制的救济机制,只适用于审判程序违法的情形,不适用于审前程序违法的情形。由于我国没有建立审前程序的司法审查机制,除了取证程序外,法院无法审查、纠正审前程序中的程序错误,因此这种救济机制只能救济一审中的程序错误,无法救济审前程序

[1] 参见万毅:《论检察监督模式之转型》,载《法学论坛》2010 年第 1 期。
[2] 如在英美法国家,原则上只能对法律问题上诉,不能对事实问题上诉。
[3] 参见杨杰辉:《二审法院自行改判研究》,载《法治研究》2013 年第 7 期。

中的程序错误。[1]

二、我国现行救济机制的缺陷

投诉机制、控告申诉机制、上诉机制构成了我国侵犯辩护权的多元救济机制,但是救济机制的多元化并未实现对辩护权的有效救济,其根源在于这些救济机制都存在明显缺陷,均无法实现有效救济的目标。

(一)投诉机制的缺陷

投诉机制以内部行政管理为基础、以纪律处分为后盾,具有便捷、高效的优点,但是这种机制的缺陷更为明显:一是主体不具有中立性。由于组织内部上下级之间形成的庇护与依附关系,两者一损俱损一荣俱荣,因此由上级对下级的侵权行为进行救济,其身份不具有中立性,难以客观公正地予以救济。二是非程序性。程序是对恣意的排除,当主体不具有中立性时,尚可以借助严密的程序,减少主体的自利或偏袒行为;而如果主体不中立且又缺乏严密程序规制时,那么主体的恣意无法避免,其能否公正行事,完全取决于其能否自律。[2] 虽然投诉机制也规定了一些程序,如规定有关机关在接到投诉以后,应该及时调查,如果辩护人要求当面反映情况的,应当当面听取辩护人的意见,作出处理后应该及时答复辩护人等,但这些规定过于原则,基本不具有可操作性。比如,对于什么叫及时调查、及时答复辩护人,如果不及

---

〔1〕 参见陈卫东、李奋飞:《刑事二审“发回重审”制度之重构》,载《法学研究》2004年第1期。

〔2〕 参见季卫东:《法律程序的意义——对中国法制建设的另一种思考》,载《中国社会科学》1993年第1期。

时调查、不及时作出处理、不及时答复辩护人、不当面听取辩护人的意见等应该承担什么不利后果,是否应该对处理决定进行说理等问题,规定均未涉及。程序的过于简单、原则导致投诉机制成为一种完全由有关机关单方面自行处理决定的非程序性的行政审批机制。三是救济的不彻底性。制止侵权行为、制裁侵权行为人、消除侵权行为在程序上产生的不利后果(如排除非法证据、终止诉讼等)是最彻底的权利救济机制体系,但投诉机制最多只能制止侵权行为、制裁侵权行为人,却无法切除侵权行为带来的“成果”,因此它是一种不彻底的救济机制。[1] 主体不中立加上非程序性加上非彻底性,导致投诉机制难以实现对辩护权的有效救济。

(二)控告申诉机制的缺陷

控告申诉机制是一种兼具程序性与便捷性的救济机制,它比投诉机制具有更严格的程序,但这种机制同样存在明显缺陷:一是它与投诉机制一样,也存在主体不中立的问题。当检察机关侵犯辩护权时,适用这种机制意味着是由侵权者向被侵权者提供救济,而在公安机关、法院侵犯辩护权时,适用这种机制意味着是由其对手给他提供救济。[2] 无论哪种情形,选择这种机制都无异于让辩护律师“与虎谋皮”,不可能获得救济。二是它是一种低规格的程序机制。虽然这种机制具有比投诉机制更严格的程序。比如,明确规定了审查期限(应该在受理申诉控告后十日以内进

---

〔1〕 参见李昌盛:《违法侦查行为的程序性制裁效果研究——以非法口供排除规则为中心》,载《现代法学》2012年第3期。

〔2〕 虽然检察机关是独立于公安机关、法院的,但由于检察机关实质履行的是控诉职能,与辩护权存在天然对立关系,因此适用这种机制意味着由其对手为其提供救济。

行审查)、答复形式(将处理情况书面答复辩护人)等,但它仍然是一种低规格的程序设计,辩护律师难以介入,无法与侵权者对席辩论。即使辩护律师有权发表意见,也由于检察机关对其处理决定不需要说明理由,因此辩护律师很难对检察机关形成制约,它实质上是由检察机关单方面自行决定,本质上仍然是一种行政审批机制。[1] 三是后果不具有强制性。这种机制采用的是通知有关机关纠正的处理方式,但该处理方式是一种建议性而非强制性的,它对侵权者没有约束力,是否纠正以及如何纠正均取决于侵权者自身。如果侵权者拒不纠正,检察机关对此并无有效的办法,因此辩护权最终能否获得救济,一要看检察机关的脸色,它是否愿意向侵权者发出纠正违法通知;二要看侵权者的脸色,它是否愿意自行纠正。[2] 主体的非中立性加上低规格的程序设置、后果的非强制性等,导致控告申诉机制也难以实现对辩护权的救济。[3]

(三)上诉机制的缺陷

上诉机制是一种司法救济机制,是由上级法院给予救济的机制,而上下级法院之间属于监督与被监督关系,理论上两者之间并无利益纠葛。[4] 因此与前两种救济机制不同,上诉机制是一

---

〔1〕 参见詹建红:《程序性救济的制度模式及改造》,载《中国法学》2015 年第 2 期。

〔2〕 参见万毅:《论检察监督模式之转型》,载《法学评论》2010 年第 1 期。

〔3〕 这在司法实践中已有明显体现。据统计,虽然近年来检察机关加强了对诉讼程序的监督,但检察机关提出书面纠正意见的比例仍然维持在 1%左右。这也就意味着,每 100 件案件,检察机关才会提出一次书面纠正意见。甚至在笔者所调研的多个检察院中,很多检察院多年来没有提出过一次书面纠正意见,这相对于诉讼程序违法并不少见的现实来说,这种机制发挥的作用是非常有限的。

〔4〕 参见杜豫苏:《揭开上下级法院审判业务关系之面纱——上下级法院审判业务关系样态透析与分期改革》,载贺荣主编:《司法体制改革与民商事法律适用问题研究——全国法院第二十六届学术讨论会论文集》,人民法院出版社 2015 年版,第 133 页。

种主体具有中立性的救济机制,但是这种机制也存在明显缺陷:一是对程序问题的救济不具有独立性,而是依附于对实体问题的救济。我国实行的是全面型的上诉救济机制,在同一个上诉程序中,同时一并强行解决所有问题的救济,但是在这种机制中,并非会对所有问题的救济都一视同仁,而是受"重实体轻程序"的影响,更重视实体问题的救济,而轻视程序问题的救济,对程序问题的救济是依附于对实体问题的救济的。比如,在是否开庭审上,取决于实体尤其是事实问题,如果只是程序有问题,则不可能实行开庭审,而是实行书面审为主的方式。[1] 再如,在是否撤销原判发回重审上,对于程序违法的后果,除了2018年《刑事诉讼法》第238条规定的5种程序违法情形外,其他的程序违法是否会导致撤销原判发回重审的后果,则完全取决于实体是否正确,如果仅是程序有问题而实体正确的话,则不可能导致这种后果。[2] 这种依附关系严重影响了上诉救济机制对程序问题的救济,一方面,它导致对程序问题救济的程序正当性不足。作为一种司法救济机制,它应该具备司法救济的本质特征,即三方共同参与,但由于对程序问题的救济采用的是以书面审为主的审查方式,程序是否违法、是否需要撤销原判发回重审,都主要由法院单方面作出决定,辩护律师难以参与,不能对法院形成制约,这种机制实质上沦为一种行政审批机制。[3] 另一方面,它导致大量的程序违法

〔1〕 参见陈卫东、李奋飞:《刑事二审"发回重审"制度之重构》,载《法学研究》2004年第1期。

〔2〕 参见杨杰辉:《基于程序违法的发回重审研究》,载《中国刑事法杂志》2013年第7期。

〔3〕 参见陈卫东、李奋飞:《刑事二审"发回重审"制度之重构》,载《法学研究》2004年第1期。

无法获得救济,由于对于程序违法是否需要撤销原判发回重审主要取决于实体是否正确,而许多程序违法并不会影响实体的正确性,[1]因此对于这些程序违法并不会导致撤销原判发回重审的后果,也因此而无法获得救济。就侵犯辩护权而言,由于对于其是否属于《刑事诉讼法》第238条规定的5种需要撤销原判发回重审的违法事由,法律规定并不明确,而侵犯辩护权又并不一定会导致实体的错误,因此其难以通过上诉这种机制获得救济。二是对审前程序中侵犯辩护权的无法救济。司法实践中侵犯辩护权主要发生在审前程序,[2]但上诉这种机制只适用于一审程序中侵犯辩护权的情形,不适用于审前程序中侵犯辩护权的情形,这导致大量侵犯辩护权的情形无法获得救济。程序上的依附性和适用范围的有限性,使上诉机制同样难以实现对辩护权的有效救济。

三、侵犯辩护权的司法救济机制

以上分析表明,虽然我国设立了多元救济机制,但这些救济机制均无法实现对辩护权的有效救济,究其根源是因为这些机制均无法提供一种公正有效且稳定、具有可预期的救济。而要实现这种救济,唯有设立司法救济机制才有可能。

(一)司法救济机制的特征

简言之,司法救济机制,就是由司法机关提供救济的机制。

---

〔1〕 参见袁锦凡:《我国刑事程序违法发回重审制度研究——反思与重建》,载《现代法学》2015年第3期。

〔2〕 参见韩旭:《新〈刑事诉讼法〉实施以来律师辩护难问题实证研究——以S省为例的分析》,载《法学论坛》2015年第3期。

司法救济机制之所以能实现对辩护权的有效救济,这是由司法救济机制的特征决定的,司法救济机制具有以下特征:一是救济主体的中立性。司法救济是由司法机关提供的救济,而司法机关在组织与职能上均独立于任何一方,它处于中立、超然地位。二是救济程序的高规格性、严格性。司法救济是按照司法程序提供的救济,与其他程序相比,司法程序是一种高规格的、严格的程序。这种程序不是由司法机关单方面进行的,而是在司法机关、侵权者、被侵权者三方共同参与下进行的,这种程序对于启动、审查、裁决等都有严格的规定,各方尤其是司法机关应该严格依照这些规定行事。[1] 三是救济效力的强制性。司法机关按照司法程序进行审查后,应该作出裁决,这种裁决是具有强制性的裁决,双方都必须严格遵照执行,否则将会承担不利后果。司法救济机制的这些特征,使它是最为有效的救济机制。辩护权是犯罪嫌疑人、被告人最重要的程序性权利,它既是程序公正的基本要求,也是实体性权利和实体公正的重要保障,侵犯这种权利,程序公正无法实现,实体性权利和实体公正也难以实现。[2] 正因为辩护权如此重要,因此同样应该赋予其司法救济的资格,这也是法治国家的共同做法。在这些国家,当辩护权被侵犯时,可以向法院请求司法救济。比如,在美国,侵犯辩护权的最重要后果是排除所取得的证据以及撤销原判,当辩护权被侵犯后,被告人可以申请法院排除取得的证据或者将原判决撤销。[3] 在法国,侵犯辩护

---

〔1〕 参见江必新、程琥:《司法程序的基本范畴研究》,载《法律适用》2012 年第 5 期。

〔2〕 参见管宇:《刑事诉讼视角下辩护权界说》,载《政法论坛》2007 年第 6 期。

〔3〕 参见王兆鹏:《美国刑事诉讼法》,北京大学出版社 2014 年版,第 372 页。

权属于最主要的诉讼行为无效事由,当辩护权被侵犯后,被告人可以申请法院宣告已进行的诉讼行为无效。[1] 在德国、日本等国家,对于侵犯辩护权的,嫌疑人、被告人有权向法院提出抗告或上诉,请求法院制止侵权行为或撤销原判。[2]

(二)我国设立侵犯辩护权司法救济机制的必要性

在我国设立的三种救济机制中,投诉是一种行政救济机制,上诉是一种司法救济机制,对此并无疑义;但对于控告申诉是否属于司法救济机制,则存在争议。这一问题涉及除上诉之外,我国是否还设立了其他的司法救济机制,以及未来是应该围绕法院还是检察院来设立司法救济机制等问题。在绝大多数国家和地区,司法救济特指法院的救济,由于检察机关不处于中立、超然地位,因此它不属于司法救济的主体,由它提供的救济,不属于司法救济。[3] 而在我国,除法院之外,检察机关也是具有司法性质的机关,那么由其提供的救济是否或者有可能属于司法救济呢?检察机关是我国的法律监督机关,有权对刑事诉讼的合法性进行监督,借助控告、申诉获得违法信息和线索是其履行监督的重要手段,但监督并非救济,两者之间存在许多差异。[4] "对刑事诉讼程序的合法性进行法律监督,与具体案件中公民自由受到侵犯后如何给予特殊保护,不可同日而语。"[5]为了加强对权利的救济,

---

〔1〕 参见施鹏鹏:《法国刑事程序无效理论研究——兼谈中国如何建立"刚性"的程序》,载《中国法学》2010年第3期。

〔2〕 参见《德国刑事诉讼法典》《日本刑事诉讼法典》等。

〔3〕 参见王兆鹏:《美国刑事诉讼法》,北京大学出版社2014年版,第68页。

〔4〕 参见陈卫东、林艺芳:《论检察机关的司法救济职能》,载《中国高校社会科学》2014年第5期。

〔5〕 [德]托马斯·魏根特:《德国刑事诉讼程序》,岳礼玲、温小洁译,中国政法大学出版社2004年版,第240页。

2012年《刑事诉讼法》对检察监督机制进行了司法化改造，使其成为一种具有司法外观的救济机制，这种做法也得到许多学者的赞同。[1] 但正如前面分析所言，检察机关除了是法律监督机关外，同时还是控诉和侦查机关，并不具有司法机关应有的中立、超然性，并且它是以行政方式组织和行事的，具有明显的行政属性，因此它兼具司法和行政双重属性，最多属于准司法机关。[2] 检察机关的这种性质和地位决定了，或许可以按照司法化的方式对其进行改造，使其在外观上看起来像是一个司法程序。比如，可以围绕检察机关建立一个类似于审判程序的控辩审三方构造，甚至可以对其内部组织进行改造，使其在外观上看起来具有中立性，如设立专门的监督或控告申诉部门等。[3] 但无论怎样改造，都无法改变检察机关不具有实质中立性的事实。[4] 而主体不中立，则不符合司法救济的特征。由此可见，检察机关无法成为司法救济的主体，我国现行这种建立在检察监督基础上的控告申诉机制，并非真正的司法救济机制，而且这种机制也不具有改造成为真正司法救济机制的可能性，它最多是一种徒具司法形式打了折扣的准司法救济机制。因此，我国除了上诉这种机制外，再无设立其他形式的司法救济机制。而正如上文所述，我国设立的这种上诉机制仅能救济审判程序中的辩护权，无法救济审前程序中的辩护权，而且即使是对审前程序的辩护权，由于程序性上诉的依附性和行政化运作，也无法提供一种真正意义上的司法救济。

---

〔1〕 参见詹建红：《程序性救济的制度模式及改造》，载《中国法学》2015年第2期。

〔2〕 参见龙宗智：《强制侦查司法审查制度的完善》，载《中国法学》2011年第6期。

〔3〕 参见詹建红：《程序性救济的制度模式及改造》，载《中国法学》2015年第2期。

〔4〕 参见刘计划：《检察机关刑事审判监督职能解构》，载《中国法学》2012年第5期。

因此,我国并未设立完整的侵犯辩护权的司法救济机制。

司法救济机制的特征以及辩护权的重要性,决定了我国也应该设立侵犯辩护权的司法救济机制,并且与其他国家和地区相比,我国更有设立这种机制的必要性。这是因为:其一,在其他国家和地区,由于控辩平等、程序正当等理念深入人心,因此较少发生侵犯辩护权的情况。[1] 而在我国,由于“重实体轻程序”“重打击轻保护”等观念根深蒂固,因此侵犯辩护权的情况仍时有发生。其二,在其他国家和地区,为了防止辩护权被侵犯,规定了一些程序保障措施。比如,规定办案机关无权自行对辩护权进行限制,而只能申请法官批准限制;再如,规定限制辩护权必须采用书面形式,必须记载限制辩护权的事实依据、理由等。而在我国,则没有这些程序保障措施,限制辩护权完全由办案机关自行决定,对决定的形式、依据、理由等均未作规定,这导致我国更容易出现侵犯辩护权的情况。

四、侵犯律师辩护权司法救济机制的建构

(一)审前程序侵犯辩护权司法救济机制的建构

审前程序是最容易发生侵犯辩护权的阶段,因此构建审前程序侵犯辩护权的司法救济机制对于保障辩护权的实现具有特别重要的意义。审前程序侵犯辩护权的司法救济,主要有两种模式:一种是独立模式;另一种是依附模式。[2] 这两种模式的主要区别在于是单独就侵犯辩护权立即向法院申请救济,还是必须依

---

〔1〕 参见林钰雄:《辩护权与诘问权》,华中科技大学出版社 2010 年版,第 1 页。
〔2〕 参见林钰雄:《干预处分与刑事证据》,北京大学出版社 2010 年版,第 221 页。

赖于本案的审判程序，等到案件进入审判程序才能申请救济。独立模式，是指独立于本案审判程序（包括庭前程序）的模式，也即在辩护权被侵犯后，辩护人可以立即向法院申请救济，请求法院确认侵权并制止侵权行为，而无须等到案件进入审判程序后，再通过申请法院排除相关非法证据、终止诉讼等方式而获得救济。依附模式，是指依附于本案审判程序的模式，也即在辩护权被侵犯后，辩护人不能立即请求法院救济，而只能等到案件进入审判程序以后，才能以申请法院排除相关非法证据、终止诉讼等方式获得救济。[1] 这两种模式各有利弊，依附模式将权利的救济集中于审判程序一并解决，有助于节约诉讼资源、提高诉讼效率，但其依附于审判程序、依附于排除证据、终止诉讼等的特点，使它具有明显的缺陷：一是救济的滞后性。救济时机的延后，使侵权行为无法被及时制止，权利难以获得及时救济。二是救济范围的有限性。如果案件最终没有进入审判程序，或者侵权行为没有取得证据，那么权利就无法获得救济。[2] 而独立模式则可以避免这些问题，首先，它不依附于审判程序，可以随时申请法院救济，因此案件是否进入审判不影响获得救济；其次，它不依附于排除非法证据等，它直接针对行为本身而非行为取得的证据，因此无论有无取得证据，均可申请法院制止。此外，独立模式并非意味着它只有一次获得司法救济的机会，并非意味着它在审前程序申请法院救济后，就不能再在审判程序继续申请救济，而是一种双重救济模式，可以在审前程序申请法院制止侵权行为，等到案件进

〔1〕 参见王兆鹏：《美国刑事诉讼法》，北京大学出版社2014年版，第68页。

〔2〕 参见林喜芬：《“程序性制裁理论”的理论反思——以非法证据排除规则为分析焦点》，载《南京师大学报》（社会科学版）2010年第2期。

入审判程序后，继续申请法院排除侵权行为取得的证据。[1] 这就意味着，辩护人在独立模式中能够比在依附模式中获得多一次司法救济的机会，因而增强了救济的力度。因此，与依附模式相比，独立模式具有救济更及时、救济范围更广、救济力度更强的优点。当然，独立模式也有弊端，由于这种模式允许单独、立即申请救济，因此需要更多的司法资源支撑。

因为独立模式更有助于权利的救济与实现，因此大多数国家都采用了这种模式。如德国、法国、日本。在这些国家，对于侵犯实体性权利和程序性权利的，如果该决定是非法院作出的，则可以立即向法院提出准抗告；如果是法院作出的，则可以立即向上一级法院提出抗告，通过抗告和准抗告，可以立即制止侵权行为，而无须等到案件进入审判程序后才能救济。[2] 但也有一些英美法系国家采用的是依附模式。如在美国，除羁押等限制人身自由的措施有独立的司法救济渠道外，对于其他侵犯实体性权利和程序性权利的行为，并无独立的司法救济渠道，而只能等到案件进入审判程序以后，通过申请法院排除以侵犯辩护权取得的证据的方式获得救济，因此对于侵犯辩护权的救济主张，其实就是证据排除的主张。[3] 美国等国家之所以采用依附模式，一方面，与其非法证据排除规则发达、能够适用于所有侵犯辩护权的情形有关；另一方面，也与其控辩平等的理念根深蒂固，实践中很少发生侵犯辩护权的情况，因而无须采用诉讼资源耗费大的独立模式有

〔1〕 参见林钰雄：《干预处分与刑事证据》，北京大学出版社 2010 年版，第 223 页。
〔2〕 参见《德国刑事诉讼法典》《法国刑事诉讼法典》《日本刑事诉讼法典》等。
〔3〕 参见王兆鹏：《美国刑事诉讼法》，北京大学出版社 2014 年版，第 68 页。

关。[1] 我国"重实体轻程序""重打击犯罪轻保障人权"等观念根深蒂固,辩护权并未得到应有的重视,司法实践中侵犯辩护权的现象时有发生,已经成为我国司法实践中的一个顽疾,猛药去疴,重典治乱。要治疗这一"顽疾",我国必须采用救济更及时、救济范围更广、救济力度更强的独立模式,当辩护权被侵犯时,允许在审前程序中立即向法院申请救济,在案件进入审判程序后,允许向法院申请排除非法证据、终止诉讼等程序性后果。我国要采用这种模式,还必须做好以下几方面的工作:

一是建立真正意义上的"审判中心主义"诉讼制度。采用独立模式,意味着需要将法院的权力由审判程序延伸到审前程序,这涉及审前程序乃至整个诉讼程序构造的改革,需要对目前"三机关分工负责、各管一段"的流水线构造进行改革,建立真正意义上的、彻底的"审判中心主义"构造,使法院成为整个诉讼的中心,能够对整个诉讼程序直接发挥审查、救济作用。目前我国正在进行的"推进以审判为中心"的诉讼制度改革,并非一种真正意义上的、彻底的"审判中心主义",而最多是一种"技术型的审判中心主义",[2]它只能通过排除证据的形式间接地对审前程序发挥影响,而无法直接介入审前程序并发挥作用。[3] 因此,这一改革还需要进一步推进。

二是必须规定侵犯辩护权的程序性后果。为了保证这一救济机制的有效性,还应该规定侵犯辩护权的不利程序性后果,如

---

〔1〕 参见林钰雄:《干预处分与刑事证据》,北京大学出版社 2010 年版,第 223 页。

〔2〕 参见龙宗智:《"以审判为中心"的改革及其限度》,载《中外法学》2015 年第 4 期。

〔3〕 参见张建伟:《审判中心主义的实质内涵与实现路径》,载《中国法学》2015 年第 4 期。

排除非法证据、终止诉讼等。在许多国家,排除非法证据是侵犯辩护权的最重要的程序性后果。虽然我国也已经确立了非法证据排除规则,但该规则的适用范围非常窄,只能适用于以侵犯实体性权利如人身、隐私、财产权等方法取得的证据,而对于侵犯辩护权取得的证据,该规则并不适用。〔1〕 但是近年来该规则的适用范围呈现出扩大的趋势,已经出现了将其延伸至违反程序取得证据上的趋势,〔2〕顺应这一趋势以及借鉴域外经验,我国应该将非法证据排除的适用范围扩大到侵犯辩护权上,规定凡是通过侵犯辩护权所取得的证据,均属于非法证据,应该予以排除。而如果侵犯辩护权情节严重,使程序已经失去了公正性且无法挽回,则应该适用终止诉讼这一后果,由法院直接驳回起诉。

三是需要衔接好两次救济之间的关系。独立模式是一种双重救济模式,辩护人除了可以立即请求法院救济外,还可以在案件进入审判程序后,以侵犯辩护权为由请求法院排除非法证据,既然在独立模式中存在两次救济两次合法性审查的机会,那么第一次审查对第二次审查有何影响呢？也就是说,第一次审查的结论是否对第二次审查有约束力;或者,两次审查各自独立互不拘束。前一种可以称为拘束模式,后一种可以称为分离模式。采用何种模式主要取决于侵犯辩护权的证据效力,如果采取法定无效的话,则为了避免前后裁判矛盾,应该采用拘束模式,只要前一次审查确定侵犯辩护权,则在后一次审查中直接排除取得的相关证

〔1〕 参见朱桐辉:《会见权的中国困境与再改革》,载《昆明理工大学学报》(社会科学版)2009 年第 5 期。

〔2〕 参见王彪:《讯问录音录像的若干证据法问题研究》,载《法律适用》2016 年第 2 期。

据;而如果采取裁量无效的话,则应该采用分离模式,前一次审查确定侵犯辩护权,后一次审查并不一定就要排除取得的证据,而是可以在权衡侵犯辩护权的情节和本案犯罪的轻重等因素基础上综合判断,以确定是否排除相关证据。针对我国辩护权的现有范围,先确立针对言词证据排除的规则,即如果侵犯辩护权,那么因此而取得的言词证据必须排除。第一次司法审查的结论对审判法官的审查具有拘束力,如果辩护人申请排除该证据,则法官无须再审查是否有侵权事实,而只需直接在第一次审查结论的基础上作出排除决定。如果有一天辩护权的范围扩大,扩大至实物证据的话,如要求搜查扣押必须有辩护人在场,那么侵犯辩护权而排除证据规则的适用范围也应该相应扩大,扩大至实物证据。但是与言词证据法定排除不同,实物证据实行裁量排除,因此第一次审查的结论并不拘束后面的审查,先前确认侵权存在的决定并不一定会导致在后面的审查中排除该证据,是否排除,需要后面法官综合各种因素权衡。

(二)审判程序侵犯辩护权司法救济机制的建构

不仅在审前程序会侵犯辩护权,在审判程序亦可能会侵犯辩护权。对于在审判程序侵犯辩护权的,只能由上级法院予以救济,而要保障上级法院救济的有效性,则必须建立一种独立的程序性上诉机制。

所谓独立的程序性上诉机制,是相对于实体性上诉尤其是事实性上诉而言的,是指对程序问题的上诉独立于对事实问题的上诉,它有自己独立的审查程序和判断标准。独立的审查程序,是指上诉审必须单独对程序问题进行审查,以判断其是否合法;而独立的判断标准,是指程序违法是否导致撤销原判不是取决于实体是否正确,而是有其独立的标准。在大多数国家,独立的程序性上诉机制是通过三审终审制实现的,在事实审之外,设立一个专门的法律审级,来专门解决法律尤其是程序问题的救济。在这个审级中,只能审查程序问题,不能涉及事实问题,而且由于不涉及事实问题,因此其最终处理也不取决于事实问题是否正确。从理想角度来看,我国要保证程序性上诉的独立性,也应该实行三审终审制,但是审级制度的改革关系到诉讼体制和机制的重大改革,短期内无法实现,那么在现行审级制度下,如何做到程序性上诉的独立性呢?可行的措施是实行上诉理由制度,通过将上诉审查的范围限于上诉理由,来隔绝事实性问题对程序性问题救济的影响。具体做法是,规定以程序问题提出上诉时,必须在上诉状中提出明确的上诉理由,必须明确指出哪一程序有问题,而上诉审必须首先对这一问题进行独立审查,在这一审查过程中,不能涉及事实问题。通过这种方式,对程序性问题进行了独立的审查,而且由于不涉及事实问题,因此最终的处理也不取决于事实问题。

上诉是一种司法救济,应该按照司法的方式运作,因此在上诉程序中,对程序性问题也应该以司法方式,在三方的共同参与下进行审查并作出决定,而不能像现在一样,以行政化的方式由法院单方面审查决定。但是,对程序性问题的司法审查,并不需要像对事实性问题的审查那样严格采用开庭的方式,而是可以采用更灵活的方式,这是由程序性上诉审审查内容的特点决定的。程序性上诉审的审查内容主要包括两个方面:一是程序是否违法;二是程序违法是否需要撤销原判。程序违法事由繁多,类型各异,要对所有程序性上诉审都采取开庭审理方式,因成本过高、效率过低而不可能，而且有些程序是否违法、是否需要撤销原判是非常明显的，仅通过审判记录以及上诉理由书等进行书面审查就可以判断，而无须作进一步调查，因而采用开庭审理方式也无必要。[1] 即使对于有些程序是否违法、是否需要撤销原判，仅通过审判记录、上诉理由书等进行书面审查无法直接判断，而必须让控辩双方针对这两个方面充分陈述意见和面对面展开争辩，使法官能够在兼听的基础上作出公正的裁判，也由于程序性上诉不调查事实和证据，不用强调“直接”和“亲历”，因此并不需要采用严格的直接言辞的正式开庭审程序，而是可以在保证意见充分表达的前提下，实行灵活的审查形式。

程序性上诉救济的后果是撤销原判发回重审。但是，一方面，被告人有权获得的是公正的审判而非无任何瑕疵的审判，而并非所有的程序违法都会影响审判的公正性；另一方面，发回重审是一种高成本、低效率的行为，对国家来说要耗费更多的诉讼资源，对被告人来说要增加诉讼成本。这两方面的原因决定了，并非对所有的程序违法都要撤销原判发回重审，而只有对那些可能会影响审判公正性的程序违法，才需要撤销原判发回重审。审判的公正性包括实体公正和程序公正，因此如果程序违法可能对实体公正或程序公正产生影响，就需要撤销原判发回重审。可能影响实体公正的程序，主要是有关证据的程序；可能影响程序公正的程序，则主要是不涉及事实而涉及其他价值的程序，而在这些程序中，有些属于程序公正的不可或缺部分，违反这些程序，则

---

[1] 参见林钰雄：《法律审如何开庭审理——以德国联邦最高法院刑事案件之审理流程为例》，载《月旦法学杂志》2012 年第 9 期。

程序公正必定无法实现,因此必须撤销原判发回重审。这在许多国家都有明确规定。例如,在美国,程序违法是否撤销原判发回重审,必须经过“无害错误”的检验,而对有些程序违法,则无须接受这种检验,直接推定为有害而发回重审。按照美国联邦最高法院的解释,“这种错误影响审判程序的建构框架,它剥夺了对被告人的基本保护,没有这些保护,刑事审判不可能可靠地履行其作为确定有罪或无罪的工具的职能,而且任何刑罚都不可能被认为是基本公正的”。〔1〕 再如,在德国,程序违法是否撤销原判发回重审,必须看其是否对原判决产生影响,但对于有些程序违法,则属于直接撤销原判发回重审的事由。按照德国学者的解释,这是因为这些程序违法显示该诉讼程序的法治国家基础已全然未受维护。也就是说,这些程序违法导致程序不具有基本的公正性。〔2〕 辩护权是当事人最重要的诉讼权利,是程序公正的基本构成要素,辩护权被侵犯,程序公正必定无法实现。因此,这些国家均将侵犯辩护权规定为直接撤销原判发回重审的法定事由。我国《刑事诉讼法》第238条规定了5种发回重审的情形,其中第3项为,剥夺或者限制了当事人的法定诉讼权利,可能影响公正审判的。根据该款规定,侵犯辩护权并不会直接导致撤销原判发回重审,而还需要进一步判断是否可能影响公正审判,这大大影响了侵犯辩护权的救济效力。因此,为了保障辩护权的实现,我国应该将侵犯辩护权规定为直接撤销原判发回重审的事由,而不需要进一步判断是否会影响公正。

---

〔1〕 Neder v. United States, 527 U. S, 1, 8-9(1999).

〔2〕 参见[德]克劳思·罗科信:《刑事诉讼法》,吴丽琪译,法律出版社2003年版,第522页。

对于侵犯辩护权的救济，笔者认为，出路应该是建立司法救济机制，并且对如何建立这种机制进行了较为详细的分析，但是如果“重实体轻程序”的观念、权力机关之间的亲和性、司法不独立、辩护权不完善等的现状不改变的话，司法救济的设置再完备，也仍然无法胜任救济辩护权被侵犯的目的。因此，解决侵犯辩护权的救济问题，是一项系统工程，在这一工程里面，建立独立的司法救济机制只是第一步，观念与体制也必须顺势而变，而这些却是更为困难之事。

第八章　有效辩护权的救济机制

——无效辩护制度

辩护权是犯罪嫌疑人、被告人最重要的诉讼权利,甚至是其所有诉讼权利的总和,辩护权的保障问题至关重要。[1] 对辩护权的侵害,既可能来自公检法等公权力的干扰、阻碍辩护权行使的行为,也可能来自辩护人不尽职、不尽责的辩护。但是,前者更易引起重视,而后者则更易被忽视。“法院不愿介入,检察官见猎心喜,而被告没有自我保护的能力,律师怠忽职守的不良代理行为成了对抗制下律师权保障的灰色地带,其可能是影响被告权益最大的问题来源,却是最少被着力讨论的一个区域。”[2] 我国对于辩护权的保障,也更重视对前者的预防与救济,而忽视对后者的预防与救济,辩护人不尽职、不尽责而侵害辩护权的问题,已经

〔1〕 参见熊秋红:《刑事辩护论》,法律出版社1998年版,第6页。

〔2〕 参见林志浩:《是公平的保障还是一袭国王的新衣? ——论对抗制下律师失职行为与被告律师权的保障》,载《月旦法学杂志》2006年第10期。

成为我国辩护权保障的"灰色地带"。[1] 本章拟对这一问题进行系统研究，在对无效辩护制度介绍和分析的基础上，研究我国应否引入以及如何建构这一制度，以预防和救济辩护人不尽职、不尽责侵害辩护权的问题。

一、无效辩护制度的内涵、正当性与功能

（一）无效辩护制度的内涵

辩护权的发展经历了享有辩护权、享有律师辩护权、享有有效辩护权三个阶段。[2] 无效辩护制度的出现，正是辩护权发展到第三个阶段的重要标志。无效辩护制度起源并普遍适用于英美法系对抗制诉讼国家。早在一个多世纪以前，美国就出现了以辩护人不尽职、不尽责构成无效辩护为由提起上诉的案例，只是那时候对辩护权的保障还处于正努力解决保障被告人"有"辩护人的阶段，而辩护的质量、辩护人的表现问题，尚未被认为是重要而迫切需要解决的问题，因此也就不可能得到重视，更不可能成为制度建设的重点，对于无效辩护的认定标准、救济程序等，根本不可能形成统一的规定和做法，实践中被认定为无效辩护的情形，更是罕见。[3] 这种状况一直持续到 20 世纪 60 年代，在美国正当程序革命浪潮的席卷下，随着"有"辩护人的问题得到解决，辩护的质量、辩护人的表现问题开始受到重视，实践中以辩护人不尽职、不尽责构成无效辩护为由提起的上诉呈井喷之势，成为

---

〔1〕 近年来，我国出台了一系列保障辩护权的措施，但是这些措施都是针对防止公检法干扰、阻碍辩护人行使权利的，而几乎没有针对防止辩护人不尽职、不尽责辩护的。

〔2〕 参见陈瑞华：《刑事辩护的理念》，北京大学出版社 2016 年版，第 101 页。

〔3〕 See James A. Strazzella, *Ineffective Assistance of Counsel Claims: New Uses, New Problems*, 19 Arizona Law Review 443, 484(1977).

人身保护令申请中被援引最多的理由。〔1〕 不过由于联邦最高法院迟迟不愿介入该问题,因此没有形成全国统一的判断标准、救济程序,联邦下级法院和各州法院在此问题上各行其是,无效辩护的判断标准和救济程序,五花八门,形态各异。〔2〕 直到1984年,联邦最高法院才开始介入该问题,在斯特里克兰案(United States v. Strickland)中,确立了无效辩护的分析框架、判断标准和救济程序,至此无效辩护制度才得以最终形成。〔3〕 同属英美法系对抗制诉讼的英国、加拿大等国,也形成了类似的无效辩护制度。〔4〕

虽然各国无效辩护的判断标准、救济程序不尽一致,但无效辩护制度的内涵都是一致的,即当被告人认为辩护人的辩护不尽职、不尽责时,可以以没有保障其有效辩护权为由提起上诉,请求上诉法院撤销原判。上诉法院经过审查认定辩护人的辩护构成无效辩护后,应当将原判决撤销并发回重审。〔5〕 对于无效辩护制度的内涵,可以从以下几个方面理解:首先,它是一种专门针对辩护人表现的救济机制。赋予被告人辩护权,不只是被告人在形

---

〔1〕 See Justin F. Marceau, *Remedying Pretrial Ineffective Assistance*, 45 Texas Tech Law Review277(2012).

〔2〕 参见吴宏耀、周媛媛:《美国死刑案件的无效辩护标准》,中国政法大学出版社2014年版,第58~61页。

〔3〕 See James A. Strazzella, *Ineffective Assistance of Counsel Claims: New Uses, New Problems*, 19 Arizona Law Review 443,484(1977).

〔4〕 英国的无效辩护制度,参见 Marcus Procter Henderson, *Truly Ineffective Assistance: A Comparison of Ineffective Assistance of Counsel in the United States of America and the United Kingdom*, 13 Indiana International & Comparative Law Review 317, 352 (2002)。加拿大的无效辩护制度,参见 Dale E. Ives, *The Canadian Approach to Ineffective Assistance of Counsel Claims*, 42 Brandeis Law Journal(2003)。

〔5〕 参见林志浩:《是公平的保障还是一袭国王的新衣?——论对抗制下律师失职行为与被告律师权的保障》,载《月旦法学杂志》2006年第10期。

式上能够享有辩护权,而是实质上能够享有有效辩护权,享有辩护权的实质就是享有有效辩护权。[1] 而有效辩护权的实现,需要内外两方面的保障,外部需要公检法等公权力保障辩护权的行使环境,尤其不得干扰、阻碍辩护权的行使,内部则需要辩护人能够尽职、尽责的辩护。因此,对于辩护权的侵害,既可能来自公检法等公权力,也可能来自辩护人。辩护权是一种程序性权利,对程序性权利的救济,采用的是不同于实体性权利救济的程序性救济机制。[2] 无论是对于公检法等公权力侵害辩护权,还是对于辩护人侵害辩护权,都采用程序性救济机制,但是由于两者侵权主体不一样,因而采用的程序性救济机制的具体模式也不一样。对于前者的救济,采用的是程序性制裁机制;[3]而对于后者的救济,则采用的是无效辩护机制。虽然两者的后果都是撤销原判发回重审,但是两者在判断标准、救济程序等方面,存在显著差异。其次,它是一种上诉救济机制。由于辩护人的表现直接关系到有效辩护权的实现,因此对其进行监管就不可缺少。对于辩护人的表现,主要有事前预防、事中监督、事后救济三种监管方式,事前预防主要是在辩护开始前,由法官对辩护人的辩护资格、专业能力、职业道德等进行审查,如果发现其明显不可能提供尽职、尽责辩护的,则将其排除于本案辩护之外。[4] 事中监管主要是在辩护过程中,由法官对辩护人的表现进行同步监督,当发现辩护人

---

[1] 参见熊秋红:《有效辩护、无效辩护的国际标准和本土化思考》,载《中国刑事法杂志》2014年第6期。

[2] 参见陈瑞华:《程序性制裁制度的法理学分析》,载《中国法学》2005年第6期。

[3] 参见陈瑞华:《程序性制裁制度的法理学分析》,载《中国法学》2005年第6期。

[4] See Donald A. Dripps, *Ineffective Assistance of Counsel: The Case for an Ex Ante Parity Standard*, 88 Journal Criminal Law and Criminology (1997).

有不尽职、不尽责表现时，当场提醒、警告甚至强令辩护人退出本案的辩护等。[1] 事后救济主要是在一审判决后，当发现辩护人的辩护有不尽职、不尽责情形时，由上诉法院以此为由将原判决撤销并发回重审。无效辩护制度正是这种事后救济机制。三种监管方式各有利弊，事前预防可以将明显达不到有效辩护人条件的辩护人排除在外，有助于保障诉讼的效率。但它也只能将明显不具备条件的辩护人排除在外，而无法保证形式上符合条件的辩护人在辩护过程中会尽职、尽责的辩护。事中监管有助于法官第一时间发现并纠正辩护人的不尽职、不尽责行为，也有助于保证诉讼的效率。但由于辩护尚在进行中，辩护人的行为属于辩护策略还是属于辩护缺陷，难以判断，如果法官贸然介入，容易侵害辩护人的独立辩护权，扭曲诉讼的正当构造，在法官权威不高的地方，还容易引发审辩冲突等问题。[2] 而事后救济，由于辩护已经结束，上诉法院能够综合考察辩护人的整个辩护行为，客观评估辩护人的表现，因而相对容易识别辩护人的行为属于辩护策略还是辩护缺陷；而且因为是事后评估，也不会直接侵害辩护人的独立辩护权。但是，由于事后救济将辩护人表现的监管责任赋予上诉法院，而非一审法院，会导致一审法院对于一些明显的、严重的不尽职、不尽责辩护也视而不见或束手无策，而只能留待上诉法院处理，这不仅会损害一审法院的公正形象，而且会损害整个诉

---

〔1〕 See Heidi Reamer Anderson, *Qualitative Assessments of Effective Assistance of Counsel*, 51 Washburn Law Journal (2012).

〔2〕 参见熊秋红：《有效辩护、无效辩护的国际标准和本土化思考》，载《中国刑事法杂志》2014 年第 6 期。

讼的效率。[1] 最后,它是一种程序内的救济机制。对于侵害辩护权的,既有程序内的救济机制,又有程序外的救济机制。程序内的救济机制,是指通过本案诉讼程序而不是通过另行启动其他程序进行救济,其直接后果不是针对侵权行为人,而是本案诉讼程序;不是追究侵权行为人的个人责任,而是改变本案诉讼程序的进程和结果。而程序外的救济机制与程序内的救济机制正好相反,它是通过另行启动新的程序,直接针对侵权行为人,通过追究侵权行为人的个人责任进行救济。行政纪律惩戒、民事侵权诉讼属于程序外的救济机制,而无效辩护制度属于典型的程序内的救济机制,它是在本案诉讼程序组成部分的上诉程序,而非在本案诉讼程序之外另行启动新的程序中进行的,它不是追究辩护人失职失责的个人责任,而是试图撤销原判发回重审。[2]

(二)无效辩护制度的正当性

根据无效辩护制度,无效辩护的后果是撤销原判发回重审,这意味着辩护人不尽职、不尽责的后果与公检法等公权力侵害辩护权的后果是一样的,都是撤销原判发回重审;而且在两种情形中,撤销原判发回重审的性质也完全一样,都是对公权力不利、对被告人有利,因而在性质上属于对公权力的制裁、对被告人的救

---

〔1〕 See Galia Benson－Amram, *Protecting the Integrity of the Court: Trial Court Responsibility for Preventing Ineffective Assistance of Counsel in Criminal Cases*, 29 New York University Review Law and Social Change 425,458(2004).

〔2〕 See Anneii soo., *An Individual' s Right to the Effective Assistance of Counsel Versus the Independence of Counsel*, 17 Juridica International 2010.

济。[1] 两种情形中侵害辩护权的主体不同,而其后果完全相同,这必然会影响对两者正当性的不同认可。在公检法等公权力侵害辩护权时,由于侵权的是公权力,被侵权的是被告人,因此通过撤销原判发回重审对公权力进行制裁,对被告人进行救济,这种制度设置既符合制裁与救济的基本原理,也有助于威慑侵权行为的发生,因而具有正当性。但是在辩护人不尽职、不尽责辩护时,侵害辩护权的是与被告人处于同一阵营且是其仰赖对象的辩护人,而非公检法等公权力,那么为什么也要撤销原判发回重审,并因此而导致被制裁的不是侵权者的辩护人,而是与此无关的公检法等公权力?该问题直接关系到无效辩护制度的正当性。对于无效辩护制度正当性的质疑,依据的理论主要是两个:一是欠缺政府行为理论,该理论的核心含义是政府不用对其无法控制的行为承担责任,否则对政府不公平,而且也无助于防止该行为的发生。[2] 根据该理论,公检法等公权力是否有义务和能力干预辩护人的辩护行为,就决定了公检法等公权力应否对辩护人的不尽职、不尽责辩护承担责任。如果答案是肯定的,那么即使公检法等公权力没有以作为的方式干涉、阻扰辩护人的辩护,也会因为其有义务干预辩护人的辩护而没有干预这一不作为而需要承担责任。无论是法院还是检察机关,都负有维护审判公正的义务,而有效辩护则属于审判公正的构成要素,因此,理论上法院和检察机关都是有权以维护审判公正为名对辩护人的辩护进行干预

〔1〕 在我国,撤销原判发回重审既可以针对事实问题,也可以针对程序问题。针对事实问题的撤销原判发回重审,既可能对被告一方有利,也可能对控诉一方有利;但针对程序问题的撤销原判发回重审,则只可能对被告一方有利。辩护人不尽职、不尽责与公检法等公权力侵害辩护权,都属于程序问题,因而撤销原判发回重审都是对被告有利的。

〔2〕 See McQueen V. Swenson,498 Federal 2 edition 207(Eighth Circuit 1974).

的,但由于辩护人的辩护不尽职、不尽责难以识别,法院和检察机关贸然介入辩护人的辩护,很容易侵害辩护人的独立辩护权甚至扭曲审判的正常构造。因此,除了在利益冲突辩护这种较容易识别的情形之外,法律并未赋予法院和检察机关干预辩护人辩护的义务。[1] 正因为法院和检察机关没有义务对辩护人的辩护进行干预,因此其自然不用对辩护人的不尽职、不尽责辩护承担责任。而反之,如果让法院和检察机关对辩护人的不尽职、不尽责辩护承担责任的话,则必然会促使法院和检察机关为了防止判决因为辩护人的表现被撤销而会频繁地介入辩护人的辩护,而这势必会侵害辩护人的独立辩护权甚至扭曲审判的正常构造,这种做法得不偿失。[2] 正因为法院和检察机关没有义务对辩护人的辩护进行干预,也不应该介入辩护人的辩护,因此让其承担辩护人不尽职、不尽责辩护的后果,这种做法不具有正当性。二是代理理论,该理论的核心内容是被代理人授权代理人对外代理其行使权利,代理人对外以被代理人的名义行使权利,代理的后果由被代理人承担,代理人与被代理人之间的内部关系,不会影响代理行为的效力,因此即使代理人在代理过程中损害被代理人的利益,该代理行为对外仍然有效,被代理人不得主张代理行为无效而拒绝承担代理的后果。即使需要追究代理人的责任,也只能通过行政或民事的方式,而不得对代理行为本身的效力提出质疑。[3] 被告

---

[1] See Bruce Andrew Green, *A Functional Analysis of the Effective Assistance of Counsel*, 80 Columbia Law Review(1980).

[2] See Bruce Andrew Green, *A Functional Analysis of the Effective Assistance of Counsel*, 80 Columbia Law Review(1980).

[3] See Charles H. Whitebread & Christopher Slobogin, *Criminal Procedure*, 870 Foundation Press, 1993, p. 220.

人与辩护人之间就属于代理关系，因此应该遵循代理的基本原理：辩护人的表现属于被告人与辩护人之间的内部关系问题，该问题不应该影响代理行为的对外效力，即使辩护人的辩护不尽职、不尽责，也只能追究辩护人的个人责任，而不应该否决辩护行为的对外效力，该辩护仍然是有效的，被告人不得主张辩护无效而撤销原判发回重审。因此，无效辩护制度将一种本是内部关系的问题，赋予否决对外效力的效力，这种做法违反了代理原理，不具有正当性。

上述质疑无效辩护制度所依据的两个理论，质疑的角度不同，但它们分享同一个基础问题，即辩护权是一种什么性质的权利？辩护权的性质不同，辩护人在诉讼中的定位也不同，政府对辩护权保障的责任也不同。因此该问题的答案，决定了应该由谁承担辩护人不尽职、不尽责辩护的程序后果，进而决定了无效辩护制度的正当性与否。关于辩护权的性质，上述质疑无效辩护制度的两个理论都是以辩护权属于私权利为基础的。该观点认为，辩护权只是一种事关被告人个人利益的私权利，由于被告人通常不懂法律且人身自由受到限制等原因，被告人通过订立契约的形式委托辩护人帮助其行使权利，被告人与辩护人之间属于民法上的契约关系，辩护人在诉讼中属于被告人的代理人，代理被告人处理事务。[1] 由于辩护权属于被告人的私权利，辩护人属于被告人的代理人，因此被告人与辩护人如何行使辩护权，完全由被告人决定，其后果也完全由被告人承担。对于国家来说，因为辩

---

[1] See Charles H. Whitebread & Christopher Slobogin, *Criminal Procedure*, 871 Foundation Press, 1993, p. 221.

护权只是被告人的私权利。国家对辩护权保障的责任,只是一种消极责任,一种不得干涉、阻碍辩护权行使的责任。除此之外,国家不需要再承担其他任何责任。[1] 笔者认为,将辩护权定位于私权利是错误的,辩护权不只是事关被告人个人利益的私权利,还是关系公共利益的公权利,因此上述对辩护人的定位是错误的,对国家辩护权保障责任的理解也是错误的,因而对无效辩护制度的质疑是站不住脚的。无效辩护制度具有正当性,具体理由如下:追诉和定罪属于国家的权力,但由于被追诉和被定罪的后果非常严重,因此国家必须确保追诉和定罪的程序是公正的,这是国家在行使追诉和定罪的权力时,必须承担的义务。[2] 而辩护权则是程序公正的构成要素,要保障程序公正,则必须保障辩护权。“政府启动并展开刑事审判,宪法要求政府确保审判公平进行。而公平最重要的要素之一就在于律师的帮助。”[3] 由此可见,赋予被告人辩护权,不只是为了保障被告人的人身、财产、名誉等个人利益,还是为了履行国家保障程序公正的义务。“第六修正案律师帮助权与其说是为了保障被告人的个人利益,不如说是为了保障实现审判的公平公正。”[4] 而设立辩护人这个角色,也不只是为了让其代理被告人的利益,同时还有让其代理国家履行保障程序公正义务的考虑,因此辩护人不只是被告人的代理

---

〔1〕 See Charles H. Whitebread & Christopher Slobogin, *Criminal Procedure*, 871 Foundation Press, 1993, p. 220.

〔2〕 参见林钰雄:《刑事诉讼法》(上册),中国人民大学出版社 2005 年版,第 158 页。

〔3〕 [美]詹姆斯·J. 汤姆科维兹:《美国宪法上的律师帮助权》,李伟译,中国政法大学出版社 2016 年版,第 158 页。

〔4〕 [美]詹姆斯·J. 汤姆科维兹:《美国宪法上的律师帮助权》,李伟译,中国政法大学出版社 2016 年版,第 47 页。

人,也是国家的代理人。[1] “不管是聘请的还是指定的,律师都扮演着确保公平审判的角色。”[2]欧洲大陆法系国家将辩护人定位为立于被告人之侧的司法机关正是这个考虑。正因为辩护权不只是私权利,还是公权利;辩护人不只是被告人的代理人,还是国家的代理人,因此国家对辩护权的保障义务就不只是消极义务,不只是不去干涉、阻碍辩护权的行使,而是积极义务,必须积极作为,增强辩护权的行使能力,促使辩护人尽职、尽责的辩护。而如果辩护人不尽职、不尽责辩护,就不只是辩护人违反了对被告人的契约义务,而且是国家违反了追诉和定罪必须按照公正程序进行的义务,因此不是辩护人需要对此承担责任,国家也需要对此承担责任;而且由于追诉和定罪不是建立在公正程序基础上的,因此该定罪必须被撤销并进行重审。由此可见,当辩护人的辩护不尽职、不尽责时,表面上看侵害辩护权的是辩护人,实际上还有国家。因此,撤销原判发回重审,不是对辩护人的制裁,而是对国家的制裁;不是让国家承担辩护人的个人责任,而是让国家承担它自身的责任。“因为政府有义务提供公平的、对等的对抗制诉讼程序,所以‘第六修正案要求政府不得进行这样的审判,被监禁的人在没有称职法律帮助的情况下自己辩护’,并且‘要求政府承担律师缺陷帮助的风险’。因此,如果律师未能称职辩护,政府还是根据审判判决被告人有罪并剥夺其自由或生命,那就违反

---

〔1〕 参见林劲松:《对抗制国家的无效辩护制度》,载《环球法律评论》2006 年第 4 期。

〔2〕 [德]詹姆斯 · J. 汤姆科维兹:《美国宪法上的律师帮助权》,李伟译,中国政法大学出版社 2016 年版,第 159 页。

了宪法。”[1]

(三)无效辩护制度的功能

无效辩护制度是一种针对辩护人不尽职、不尽责辩护的救济机制,这种机制既有助于保障判决建立在辩护人尽职、尽责的辩护上,又有助于提高辩护质量。

保障判决建立在辩护人尽职、尽责的辩护上,这是无效辩护制度的首要功能。一方面,根据无效辩护制度,如果辩护人的辩护不尽职、不尽责,那么建立在其基础上的判决将会被撤销,因此它直接保障所有判决都能够建立在辩护人尽职、尽责的辩护上。另一方面,无效辩护的不利后果,能够倒逼各方重视辩护人的表现。就辩护人而言,虽然无效辩护制度不直接处罚辩护人,但辩护人的辩护一旦被认定为无效辩护,将对其职业声誉带来直接影响,以及可能带来随后针对他的民事侵权诉讼、执业纪律惩戒等,因此迫使辩护人必须尽职、尽责的辩护,并提高辩护质量;[2]就法官、检察官而言,虽然他们没有监管辩护人表现的义务,但由于无效辩护的认定会导致之前的程序和结果归于无效,重审会增加风险和工作负担,势必也会迫使他们不得不去关注辩护人的表现,对于辩护人明显的、严重的不尽职、不尽责行为,而不得不去干预。尤其是对于指定辩护的情形,为了防止被认定为无效辩护,迫使国家不得不重视被指定辩护人的资格、能力等问题,以保障其能够尽职、尽责的辩护。

---

〔1〕[德]詹姆斯·J.汤姆科维兹:《美国宪法上的律师帮助权》,李伟译,中国政法大学出版社2016年版,第159页。

〔2〕See Charles M. Sevilla, *Investigating and Preparing an Ineffective Assistance of Counsel Claim*, 37 Mercer Law Review 927(1986).

出于制度成本等的考虑,国家只能保障被告人获得达到基本辩护质量的辩护,而不可能保障被告人获得完美无瑕的辩护。[1]无效辩护制度也只是对达不到基本辩护质量辩护的救济,而不是对所有有瑕疵辩护的救济,因此无效辩护制度的目的不在于提高辩护质量,而在于保障基本的辩护质量。但是,辩护是否达到基本的辩护质量,是由法官认定的,而法官每一次构成无效辩护的认定,都是在向辩护人传递应该怎么做和不应该怎么做的信息,因此它不只是会对本案产生影响,而且还会对整个辩护市场产生影响,[2]它必然会间接地提高辩护质量。比如,当法官将死刑案件中辩护人没有调查被告人生活、工作背景的辩护认定为无效辩护,等于告诉所有的辩护人,在死刑案件中,必须要调查被告人的生活、工作背景,这将间接提高辩护人的义务以及辩护质量。

当然,无效辩护制度的上述功能能否实现,取决于下文将要论述的无效辩护的判断标准和救济程序。如果无效辩护的判断标准和救济程序过于严苛,导致辩护人的不尽职、不尽责基本难以获得救济的话,那么该制度非但无助于保障基本的辩护质量以及提高辩护质量,反而会降低辩护质量。因为与构成无效辩护的认定一样,法官每一次不构成无效辩护的认定,也是在向整个辩护市场传递一种信息,只不过是一种有害的信息,即辩护人的此种不尽职、不尽责行为是允许的,而这等于是在变相鼓励辩护人

---

〔1〕 See Adele Bernhard, *Exonerations Change Judicial Views on Effective Assistance of Counsel*, 18 Criminal Just(2003).

〔2〕 See William J. Genego, *The Future of Effective Assistance of Counsel: Performance Standards and Competent Representation*, 22 American Criminal Law Review 181(1984).

无须尽职、尽责的辩护。[1]

二、我国应否引入无效辩护制度

辩护人不尽职、不尽责是我国辩护实践中的一个突出问题。中国律师协会每月公布的律师被投诉数据显示，代理不尽职、不尽责一直是被投诉最多的问题。[2] 对于辩护人不尽职、不尽责问题，越来越多的学者主张借鉴英美法系的相关做法，建构无效辩护制度；[3]但也有部分学者表示反对，认为我国没有必要引入该制度。[4] 笔者认为，我国有必要引入该制度。

（一）诉讼模式不是有无引入无效辩护制度必要性的决定因素

无效辩护制度是保障被告人能够尽职、尽责辩护的制度，该制度是以辩护人在诉讼中具有不可或缺的地位为基础的，如果辩护人在诉讼中是可有可无的，那么自然也就没有建立该制度的必要。反对我国建立无效辩护制度的最主要理由是，我国的刑事诉讼模式偏重于职权主义，法官在庭审中处于积极仲裁者地位，因此没有建立该制度的必要。按照反对者的观点，诉讼模式是有无建立无效辩护制度必要性的决定因素，在职权主义诉讼中，辩护人是可有可无的，没有必要建立无效辩护制度；而在当事人主义

---

〔1〕 See Catherine Greene Burnett, *Guidelines and Standards for Texas Capital Counsel: The Dilemma of Enforcement*, 34 American Journal Criminal Law 165(2007).

〔2〕 中国律师协会发布的律师协会惩戒工作通报的数据显示，律师代理不尽责是被投诉最多的事由，占投诉事由的30%左右。

〔3〕 参见林劲松：《对抗制国家的无效辩护制度》，载《环球法律评论》2006年第4期；申飞飞：《美国无效辩护制度及其启示》，载《环球法律评论》2011年第5期。

〔4〕 参见熊秋红：《有效辩护、无效辩护的国际标准和本土化思考》，载《中国刑事法杂志》2014年第6期；顾永忠、李竺娉：《论刑事辩护的有效性及其实现条件——兼议“无效辩护”在我国的引入》，载《西部法学评论》2008年第1期。

诉讼中,辩护人是不可或缺的,有必要建立无效辩护制度。那么是否如此呢?在当事人主义诉讼模式中,实行的是对抗式审判,法官居中裁判、控辩双方平等对抗,判决完全建立在控辩双方对抗的基础上。在这种模式中,由于检察机关处于一方当事人的控诉方地位,法官居于消极被动的地位,因此被告人既无法从检察机关处也无法从法官处获得帮助,由于控辩双方实力悬殊,如果没有辩护人的帮助,平等对抗无从实现,审判甚至将沦为一方对另外一方的"吊打"。因此,在当事人主义诉讼模式中,辩护人处于不可或缺的地位,实际上当事人主义诉讼模式正是建立在辩护人能够尽职、尽责辩护基础上的。"可以毫不夸张地说,美国刑事司法体系的正当性正是依赖于称职的、具有职业道德的辩护律师们的参与——他们勉强地帮助当事人实现利益的最大化。"[1]正因为辩护人在诉讼中处于如此重要的地位,因此如何保障他们能够尽职、尽责的辩护,便成为一个不可回避的重要问题。而在职权主义诉讼模式中,实行的是法官积极主动、控辩双方消极被动的审判方式。在这种模式下,法官不是消极被动的裁判者,而是事实调查的主导者,负有查清事实真相的义务,既要调查对被告人不利的事实,也要调查对被告人有利的事实;而检察官也不是一方当事人,是站着的法官,负有客观义务,既要收集出示对被告人不利的证据,也要收集出示对被告人有利的证据。正因为职权主义诉讼模式中法官和检察官理论上均能够关照被告人的利益,因此辩护人被视为是可有可无的,其并未赋予辩护人如当事人主

〔1〕[美]约书亚·德雷斯勒、艾伦·C.迈克尔斯:《美国刑事诉讼法精解》,吴宏耀译,北京大学出版社2009年版,第595页。

义诉讼模式中辩护人那样的地位。“在对抗式制度下，在双方对抗的案件中为了收集和展示证据，专业辩护是必不可少的，而在审问式制度下，检察官和法院被要求客观查明事实真相，因此在一般案件中，辩护人被认为是可有可无的。”〔1〕因此，其“并未给予辩护人像在盎格鲁萨克森（英美法）的刑事诉讼法中当事人进行主义下，有其极主要、极重要的地位”。〔2〕 但是，法官和检察官能够关照被告人的利益只是一种理论，现实与其之间存在很大差距：理论上法官必须全面客观地调查事实，但现实是法官在调查中常常会忽略对被告人有利的部分，或者会对有关的事实作出对被告人不利的判断。理论上检察官负有客观义务，但在实践中，“赋予检察官客观义务，从心理学的角度来看，与其控诉职能是冲突的”。〔3〕 该义务本身存在内在矛盾，因此，其往往难以实现，检察机关通常只会调查出示对被告人不利的证据。由此可见，在职权主义诉讼模式中，法官和检察官并不能完全关照被告人的利益。“如无辩护制度，在此对被告命运影响巨大的审判程序中，将只出现控诉被告的检察官，身兼多职的法官，却无保护被告利益之专职人员存在，对不知法律之被告极端不公平。”〔4〕正是考虑到这一点，职权主义诉讼模式已经不再是由法官单方面调查事实的模式，而是设立了辩护人这一角色，并赋予其重要功能，“辩护人的功能在于，专就被告有利方面督促国家机关实践其应然的客

---

〔1〕［德］魏根特：《德国刑事诉讼程序》，岳礼玲、温小洁译，中国政法大学出版社2004年版，第54~55页。

〔2〕［德］克劳思·罗科信：《刑事诉讼法》，吴丽琪译，法律出版社2003年版，第148页。

〔3〕陈卫东、刘计划、程雷：《德国刑事司法制度的现在与未来》，载《人民检察》2004年第11期。

〔4〕王兆鹏：《美国刑事诉讼法》，北京大学出版社2014年版，第370页。

观性义务,并且动摇其不利于被告事项之判断,以便保证无罪推定原则能在具体个案中实现"。[1] "其工作即在于对既要使得诉讼程序迅速进行,又要兼顾实体真实之发现的司法工作进行监督,并且使得其已获得之调查结果在每一项可能的观点下均呈现可疑、不稳的情形。所以辩护人是被告在法治国家对无罪推定原则的保证人。"[2]从上述论述可以看出,其与当事人主义诉讼模式中辩护人的功能并无明显差异,而是基本相似。"尽管美国的辩护律师与他们的德国同行相比在刑事司法体系中更加积极,但是两国辩护律师的法定权利和义务却基本类似。"[3]职权主义诉讼模式中辩护人角色的设立和辩护人功能的赋予,使职权主义诉讼模式已经不再是单纯由被告人单方面主导事实调查的审问模式,而是转变为掺杂有对抗制因素的模式。

上述分析表明,辩护人在职权主义诉讼模式中并非可有可无,而是不可或缺的,他们对辩护人的依赖程度、重视程度,并不亚于当事人主义诉讼模式,甚至有过之而无不及。"另一方面,德国刑事诉讼比美国刑事诉讼更加重视律师的帮助。"[4]由此可见,诉讼模式并非辩护人地位的决定因素,因而也并非设立无效辩护制度必要与否的决定因素,无论我国实行的是偏重于职权主义的诉讼模式,还是偏重于当事人主义的诉讼模式,都不会决定辩护人在诉讼中的地位,因而也不会决定我国有无设立无效辩护

---

〔1〕 林钰雄:《刑事诉讼法》(上册),中国人民大学出版社2005年版,第158页。

〔2〕 [德]克劳思·罗科信:《刑事诉讼法》,吴丽琪译,法律出版社2003年版,第148页。

〔3〕 [美]弗洛伊德·菲尼、[德]约阿西姆·赫尔曼:《一个案例 两种制度——美德刑事司法比较》,郭志媛译,中国法制出版社2006年版,第326页。

〔4〕 [美]弗洛伊德·菲尼、[德]约阿西姆·赫尔曼:《一个案例两种制度——美德刑事司法比较》,郭志媛译,中国法制出版社2006年版,第325页。

制度的必要性。

(二)建立以审判为中心诉讼制度的改革,需要引入无效辩护制度

党的十八届四中全会首次提出推进以审判为中心的诉讼制度改革,这是党对诉讼制度改革的重大部署,意义深远。以审判为中心诉讼制度改革的核心要求是,使审判程序真正成为认定事实和适用法律的决定性程序,其最重要的目的在于保障案件质量、防止冤假错案、实现司法公正。这一改革是针对我国司法实践中的侦查中心主义模式而提出的。在侦查中心主义模式中,认定事实和适用法律基本都是在侦查阶段完成的,后续的审判阶段只是对侦查阶段收集证据的形式审查和对侦查结论的简单确认而已。[1] 这种模式意味着国家实际上将区分有罪与无罪的权力赋予了公安、检察机关,而非法院,这体现了国家对公安、检察机关区分有罪与无罪能力以及履行客观义务责任的信任。但是,频繁曝光的冤假错案表明,公安、检察机关辜负了这种信任,他们准确区分有罪与无罪的能力与责任并不可靠。正是在这一背景下,我国提出了建立以审判为中心诉讼制度的改革,将区分有罪与无罪的权力真正放置在审判阶段,在法院手上。但是,如果审判只是由法官单方面对公安、检察机关提交的案卷材料进行审查的话,那么法官根本无法摆脱对公安、检察机关收集的证据材料以及形成的结论的影响和依赖,侦查中心主义模式下单面证据奠定

〔1〕 参见魏晓娜:《以审判为中心的刑事诉讼制度改革》,载《法学研究》2015年第4期。

案件基础、单面主张确认为事实结论的问题也根本无法避免,[1]法庭能否准确区分有罪与无罪仍然取决于公安、检察机关能否准确区分有罪与无罪。因此,单靠提高审判的地位、法官的权力等,并不能建立真正的以审判为中心的诉讼制度,不能实现保障案件质量、防止冤假错案的目标。逻辑与经验表明,如果法官对公安、检察机关区分有罪与无罪的能力不信任的话,则会转而依靠律师,依靠律师对公安、检察机关收集的证据和形成的结论进行质疑,让公安、检察机关的证据和结论能够接受来自律师的苛刻检验,使每一份作为裁判根据的证据都能接受严格的对抗式检验,从而保障作为裁判根据的案件信息真正完全形成于审判程序,以提高法庭区分有罪与无罪的能力。[2] 由此可见,律师是准确区分有罪与无罪的重要保障,"从防范冤假错案角度而言,推而广之,从确保所有刑事案件审判的公正性合理性、裁判可接受性而言,辩护律师都是法庭最可信赖和应当依赖的力量。"[3]"律师是实现公正审判、有效防范冤假错案的无可替代的重要力量。"[4]因此,要建立以审判为中心的诉讼制度,真正发挥该制度保障辩护质量、防止冤假错案的功能,就必须要有一个独立的辩护力量的存在,就必须确保被告人能够获得律师的有效辩护,这是以审

---

〔1〕 参见龙宗智:《"以审判为中心"的改革及其限度》,载《中外法学》2015 年第 4 期。

〔2〕 See Adele Bernhard, *Exonerations Change Judicial Views on Effective Assistance of Counsel*, 18 Criminal Just (2003).

〔3〕 沈德咏:《我们应当如何防范冤假错案》,载《人民法院报》2013 年 5 月 6 日,第 2 版。

〔4〕 沈德咏:《我们应当如何防范冤假错案》,载《人民法院报》2013 年 5 月 6 日,第 2 版。

判为中心改革的落脚点，也是其思想精髓，[1]被告人不能获得律师的有效辩护，则审判中心主义改革无法实现。[2]

正是认识到律师在建立以审判为中心诉讼制度中的重要性，我国在推进以审判为中心诉讼制度改革的过程中，加强了对被告人获得律师有效辩护的外部保障。但是，以审判为中心的诉讼制度，需要的不只是一个律师，而是一个能够尽职、尽责的律师，一个能够真正与控诉方展开平等对抗的律师，而这必须依靠无效辩护制度，使得律师尽职、尽责的辩护。以美国无效辩护制度的实践为例，在该制度确立之初，由于对检警区分有罪与无罪的能力有信心，无辜者被定罪的情形较为罕见，因此对律师的依赖并不那么迫切，这个时期虽然有很多针对辩护质量提起上诉的，但上诉法院很少支持。[3] 但是到了20世纪初，随着DNA等技术的广泛运用，发现了许多无辜者被错误定罪的情形，这引发了对美国司法制度的质疑，“当无辜者被定罪案件数量累积到某一节点或者出现有重大错误的案件时，就会引发公众对美国刑事司法包括陪审制度提出质疑——无辜者为何会被定罪甚至判处死刑”。[4]该质疑也包括对检警区分有罪与无罪能力的质疑，在检警靠不住的情况下，势必会依赖辩护人，通过设立无效辩护制度来迫使辩护人更好地为当事人服务。这也可以理解，为什么在20世纪之

〔1〕 参见魏晓娜：《审判中心视角下的有效辩护问题》，载《当代法学》2017年第3期。

〔2〕 参见陈瑞华：《审判中心主义改革的理论反思》，载《苏州大学学报》（哲学社会科学版）2017年第1期。

〔3〕 See Adele Bernhard, *Exonerations Change Judicial Views on Effective Assistance of Counsel*, 18 Criminal Just (2003).

〔4〕 祁建建：《美国无辜者被定罪及其纠正的程序研究——无辜者修正美国刑事司法》，载《中国刑事法杂志》2014年第5期。

前美国被认定为无效辩护的情形很少;而到 20 世纪初,联邦最高法院连续认定了几个无效辩护案件。[1]因此,要建立以审判为中心的诉讼制度,必须依赖律师,而要促使律师尽职尽责的辩护,则必须引入无效辩护制度。

(三)刑事案件律师辩护全覆盖的改革,需要引入无效辩护制度

辩护率过低是我国辩护领域长期存在的突出问题,[2]这也是反对我国引入无效辩护制度学者所持的一个重要理由。他们认为,与辩护质量不高相比,辩护率过低的问题是更为重要、更为突出因而更需迫切解决的问题。我国现阶段更应该解决的是辩护率过低的问题,而非辩护质量问题,因而没有必要引入无效辩护制度。[3] 笔者也认同,在大多数被告人连辩护人都没有的情况下,计较辩护人的表现问题,就好比温饱问题尚未解决,就开始计较生活质量,确实有些奢侈和不大现实。但是,辩护质量过低并非一个永恒的问题,而是一个在不断解决的问题。尤其是在 2017 年,我国启动了刑事案件辩护律师全覆盖的试点改革,将通知辩护的范围扩大到审判阶段适用普通程序审理的所有一审案件、二审案件和按照审判监督程序审理的案件,并且为了确保这一改革落到实处,还明确规定了二审人民法院发现一审人民法院未履行通知辩护职责,导致被告人在审判期间未获得律师辩护

---

〔1〕 参见吴宏耀、周媛媛:《美国死刑案件的无效辩护标准》,中国政法大学出版社 2014 年版,第 115 页。

〔2〕 参见冀祥德:《刑事辩护准入制度与有效辩护及普遍辩护》,载《清华法学》2012 年第 4 期。

〔3〕 参见熊秋红:《有效辩护、无效辩护的国际标准和本土化思考》,载《中国刑事法杂志》2014 年第 6 期。

的,应当裁定撤销原判,发回原审法院重审。这一改革意味着,至少在审判阶段辩护率过低的问题将得到彻底解决,每一位被告都将得到一位律师的帮助,在我国辩护权的发展历史上,其重要意义无论怎样强调都不为过。随着辩护率过低的问题得到解决,即在解决了有辩护人的问题后,自然就必须转到辩护人的表现问题上来,世界辩护权发展的历程也正是从享有辩护人的辩护到享有辩护人的有效辩护的转变。同时,在解决辩护率过低问题时,也可能带来辩护质量整体下降的问题。因为辩护率的提高,必然带来更多的辩护人参与诉讼,而数量的增多,很可能带来质量的下降。尤其是在我国辩护人的准入资格较低的情况下,出现随着辩护人人数的增多而可能造成辩护质量下降的问题,概率更高。这一问题在美国的辩护史上就曾出现过,美国之所以在 20 世纪 60 年代无效辩护之诉呈井喷之势,其直接原因正是其在 60 年代判决的吉迪恩案大幅度扩展指定辩护范围而造成的。[1] 因此,辩护率过低问题的解决,不仅为无效辩护制度的引入扫除了障碍,而且对引入无效辩护制度提出了迫切需求。

(四)辩护权的行使环境的改善,为引入无效辩护制度创造了条件

长期以来,我国辩护权的行使环境不大理想,公安司法机关干扰阻碍辩护权行使的情形较为严重。在律师连正当执业都举步维艰的情况下,要求律师戴着镣铐跳出优美的舞姿实乃苛求,而且在此背景下,难以区分辩护人的表现是由于公安司法机关干

---

〔1〕 See James A. Strazzella, *Ineffective Assistance of Counsel Claims: New Uses, New Problems*, 19 Arizona Law Review 443, 484(1977).

扰阻碍原因造成的，还是由于辩护人自身原因造成的；也难以区分审判的结果是由公安司法机关侵害辩护权导致的，还是由辩护人辩护不尽职、不尽责导致的，因此难以对辩护人的表现和造成的后果进行客观公正的评价。[1] 近年来，随着对辩护权的重视，我国加强了对辩护权的保障力度，出台了一系列措施，以改善辩护权的行使环境。经过努力，辩护权的行使环境有了明显改善，公安司法机关干扰、阻碍辩护权行使的情形大大减少。辩护权行使环境的改善，一方面，有助于为辩护人尽职、尽责的辩护创造条件；另一方面，也有助于对辩护人的表现和后果进行客观评价。因此，辩护权行使环境的改善，为我国引入无效辩护制度创造了条件。

三、无效辩护的判断标准

（一）确立无效辩护的判断标准是个棘手的问题

无效辩护的判断标准是无效辩护制度的核心问题，也是最为棘手、争论最为激烈的问题。棘手的主要原因在于：其一，与公检法等公权力干扰、阻碍辩护权有和无的问题不同，辩护人不尽职、不尽责不只是有和无的问题，还是轻和重的程度问题，有和无的问题是一个客观性问题，判断标准较为客观，相较而言易于判断；而轻和重的问题则是一个主观性问题，判断标准较为主观，较为难以判断。对于公检法等公权力，只要实施了干扰、阻碍辩护权的行为，而无论其轻重程度如何，都构成对辩护权的侵害，都应该

---

[1] 参见魏晓娜：《审判中心视角下的有效辩护问题》，载《当代法学》2017年第3期。

承担撤销原判发回重审的不利后果。但是对于辩护人,即使有不尽职、不尽责的行为,也并不一定就构成无效辩护,不尽职、不尽责必须达到一定程度,才会构成无效辩护。因此,无效辩护的判断,不仅要判断辩护人是否有不尽职、不尽责行为,还要判断辩护人不尽职、不尽责达到了什么程度,而且达到什么程度才构成无效辩护,是个难以确定的问题。其二,判断辩护人的辩护是否构成无效辩护,首先必须判断辩护人是否有不尽职、不尽责辩护行为,虽然这也是一个有关有和无的客观性问题,但与公检法等公权力有无干扰、阻碍辩护权的行使问题相比,该问题更难以识别、更难判断。公检法等公权力是否有干扰、阻碍辩护权的行为,通常一目了然,容易识别;但是对于辩护人的行为是否属于不尽职、不尽责行为,则因为案件千差万别,不同辩护人有不同的辩护风格。在有些人看起来属于不尽职、不尽责的行为,可能在另一些人看来却是绝妙的辩护策略;同样的辩护行为,在有些案件属于明显的不尽职、不尽责,但换在另一些案件中却是极高明的辩护策略,因此难以识别。[1] 其三,辩护人的不尽职、不尽责达到何种程度才构成无效辩护,是比辩护人有无不尽职、不尽责行为更难判断的问题。就像医疗行业一样,这一问题不能完全取决于当事人的评价以及最终的结果。不能说只要当事人不满意、判决结果不如意,辩护人的不尽职、不尽责就构成无效辩护。[2] “很难对法律工作的质量进行评估,尤其是刑事辩护工作。最终结果并

---

〔1〕 参见林志浩:《是公平的保障还是一袭国王的新衣?——论对抗制下律师失职行为与被告律师权的保障》,载《月旦法学杂志》2006 年第 10 期。

〔2〕 See Barbara R. Levine, *Preventing Defense Counsel Error An Analysis of Some Ineffective Assistance of Counsel Claims and Their Implications for Professional Regulation*, 15 University of Toledo Law Review Law 1275(1984).

不能确切地反映出工作的努力程度。在这个市场的力量完全不起作用的系统中，当事人的满意度也无关紧要。”[1]划定构成无效辩护的辩护人不尽职、不尽责的程度，既要考虑被告人有效辩护权的实现、判决的终局性、诉讼效率等问题，又要防止辩护人通过故意不尽职、不尽责辩护来获得二次审判的机会以及降低律师接受指定辩护甚至从事辩护的意愿等问题，因此过高或过低都不行，而必须尽力平衡各种利益，这并非易事。

（二）美国的无效辩护判断标准

虽然美国无效辩护的实践历史悠久，但在无效辩护的判断标准问题上，却经历了曲折发展，至今仍然存在激烈争论。考察美国在无效辩护判断标准上的变迁及争论，有助于为我国确立无效辩护的判断标准提供启示。美国早在一个多世纪以前就出现了无效辩护制度的雏形，但是对于无效辩护的判断标准，却一直处于变化之中。在早期，美国采用的是“正义的笑柄”标准，即自司法正义角度观察，辩护人的无能致审判成为一场闹剧，那么该辩护就构成无效辩护。根据该标准，无效辩护的认定主要不在于辩护人的行为，而在于整个审判程序。如果审判程序还没有沦落到闹剧的程度，那么即使辩护人再无能，其辩护行为再荒谬，该辩护仍然不属于无效辩护，不能获得上诉救济。因为该标准设定过高，只有极少数极端的案件才能符合该标准，才能被认定为无效辩护；而很多明显的、严重的不尽职、不尽责辩护，也不会被认定为无效辩护，因此该标准对辩护权保障的作用微乎其微。正因如

[1] Saundera D. Westervelt & John A. Hunphery, *Wrongly Convicted — Perspectives on Failed Justice*, Rutgers University Press, 2001, p. 230.

此，该标准没有存续多少年就被废除了。[1] 随后联邦下级法院和许多州法院开始采用"合理胜任"标准，即辩护人提供的辩护必须符合一个能够胜任的辩护人提供的水平，否则构成无效辩护。但是对于什么是合理胜任，该标准并不明确，不同司法区域对此亦有不同理解，有的认为必须达到"当时当地通行的标准"，有的认为必须达到"一个合格辩护人提供的辩护"等。[2] 但是这些解释并未解决该标准不明确的问题，由于标准不明确，导致实践中无效辩护的判断完全取决于法官的自由裁量权；而由于法官出于种种顾虑不愿意介入审查辩护人的行为，导致对无效辩护从严认定。从实际情况来看，该标准与正义的闹剧标准相比，被认定为无效辩护的情形并未有显著变化，被认定为无效辩护的情形仍然罕见。[3] 但是该标准的象征意义大于实际意义，它要求辩护人的辩护必须合理胜任，传递了一个非常强烈的信号，即法院开始关注辩护人的行为，开始要求辩护人提供符合基本要求的辩护。[4]

无论是正义的闹剧标准还是合理胜任标准，都是在联邦下级法院或州法院相关司法实践中形成的，而作为最高司法机关的联邦最高法院，却在该问题上长期保持沉默，不愿介入该问题。直到 1984 年，联邦最高法院终于开始着手解决无效辩护的问题，在

〔1〕 See William J. Genego, *The Future of Effective Assistance of Counsel: Performance Standards and Competent Representation*, 22 American Law Review 181(1984).

〔2〕 参见吴宏耀、周媛媛：《美国死刑案件的无效辩护标准》，中国政法大学出版社 2014 年版，第 61 页。

〔3〕 See William J. Genego, *The Future of Effective Assistance of Counsel: Performance Standards and Competent Representation*, 22 American Law Review 181(1984).

〔4〕 See William J. Genego, *The Future of Effective Assistance of Counsel: Performance Standards and Competent Representation*, 22 American Law Review 181(1984).

斯特里克兰案(United States v. Strickland)中,确立了无效辩护的判断标准,即斯特里克兰(Vnited States v. Strickland)标准。根据该标准,要构成无效辩护,必须同时具备两个条件:一是行为缺陷标准,即辩护人的辩护行为存在缺陷,且程度严重到未能发挥辩护人应有的功能;二是损害标准,即辩护人的缺陷辩护行为对审判造成了损害,且严重到剥夺了被告人获得公正审判的权利。联邦最高法院在判决中还对这两个条件的具体判断提出了详尽的指导,对于行为缺陷的判断,法院应综合一切情状,以审判当时通行的辩护规范为标准,判断辩护人的行为是否具有合理性;并且在判断时,应该对辩护人的行为及决定高度尊重,假设辩护人已经提供了符合要求的辩护,或者辩护行为属于辩护人的合理策略,而应该避免"事后诸葛亮"的判断。对于损害的判断,联邦最高法院认为,法院应该审查是否存在合理可能性,即若非辩护人的缺陷行为,审判结果就会不一样。而所谓合理可能性,就是指只要足以动摇对审判结果信心的可能性就可以了。被告人要主张辩护人提供的辩护构成无效辩护,必须同时证明这两个条件的存在,否则不会被认定为无效辩护。斯特里克兰案[1]是美国联邦最高法院判决的最为重要的案件之一,它成为联邦最高法院众多判决中被引用最多的判决,影响深远。[2] 它确立了无效辩护的分析框架,统一了无效辩护的判断标准,沿用至今,且尚无要更改的迹象,其意义再怎么强调都不为过。

但是,该标准自产生之时,便遭到学术界与实务界的激烈批

[1] See Strickland v. Washington, 466 U. S. 688, 691(1984).

[2] See Donald A. Dripps, *Ineffective Assistance of Counsel: The Case for an ex Parity Standard*, 88 Journal Ciminal Law and Criminology(1997).

评。批评的理由主要包括:该标准过于关注辩护行为导致的后果而忽视辩护行为本身,尤其是两个标准不需要按照顺序判断,导致只要结果是正确的,辩护人的行为可以完全不管;它也给外界传递了一个有害的信号,即越是证据充分的案件,辩护人越可以不尽职、尽责的辩护,而常理应该是越难的案件,越需要辩护人尽职、尽责的辩护。〔1〕 该标准将损害要求理解为损害结果要求,限缩了辩护权的功能,辩护权的功能不只在于保障实体公正,也在于保障程序公正。所有涉嫌犯罪的人,无论其实际上有罪与否,都享有有效辩护权,但是该标准却导致只有实际无罪的人才能享有有效辩护权,而实际有罪的人却无法享有有效辩护权。〔2〕 损害标准根本就不应该有,因为在当事人主义诉讼中,辩护人应倾尽全力在法律和道德允许的范围内为当事人进行辩护,争取对当事人最有利的结果;而至于该结果对社会来说是否公正,则并非辩护人的任务,因此该标准混淆了辩护制度的功能与辩护人的作用两个问题。〔3〕

虽然上述批评的角度不同,但其基本观点是相同的,即都认为联邦最高法院确立的无效辩护判断标准过高,使无效辩护的证明成为一项难以完成的任务。事实表明,批评者的担心并非杞人忧天。在司法实践中,提出无效辩护请求的比例是很高的,但是

---

〔1〕 See Gary Goodpaster, *The Adversary System, Advocacy, and Effective Assistance of Counsel in Criminal Cases*, 14 New York University Review Law and Social Change(1986).

〔2〕 See Bruce Andrew Green, *A Functional Analysis of the Effective Assistance of Counsel*, 80 Columbia Law Review(1980).

〔3〕 See William J. Genego, *The Future of Effective Assistance of Counsel: Performance Standards and Competent Representation*, 22 American Criminal Law Review 181(1984).

最终被认定为无效辩护的比例却非常低。[1] 那么,为什么联邦最高法院在无效辩护问题上保持长时间的沉默,最终却又确立了一个对被告人来说高不可攀的标准呢?可能的原因包括:尊重辩护人的独立辩护权,不愿意轻易介入评价辩护人的辩护行为;担心标准过低会导致提出过多的无效辩护请求,导致过多的判决会被推翻,从而损害判决的终局性和诉讼效率;担心会降低辩护人接受指定辩护的意愿;担心辩护人通过故意犯错来获得二次审判的机会等。这些原因表明,联邦最高法院在确立无效辩护的判断标准时,在面对诸多利益需求时,选择了优先保护国家的利益(诉讼效率、判决的终局性等)、辩护人的利益(辩护人的独立辩护权等),而非被告人的利益(有效辩护权),因而其确立了一个对国家和辩护人有利而对被告人不利的标准。[2]

但是,对于该标准的评价,也没有必要过于悲观。虽然该标准比正义的闹剧和合理胜任标准更为明确,但其本质上仍是一个不甚明确的标准,其具体内涵有待于法官在个案中运用裁量权进一步阐释,并且为了适应情势变化,其内涵也会不断变化。"这些'约定俗成的'、'合理的'词语不过是空空的容器,需要我们给它们填充内在的含义,否则这些标准就没有起到将原来'闹剧'标准具体化客观化的作用,不过是将原来的问题变成了什么是约定俗成的,什么是合理的这样的问题。"[3] 因此,即使联邦最高法院暂

---

〔1〕 See Martin C. Calhoun, *How to Thread the Needle: Toward a Checklist-Based Standard for Evaluating Ineffective Assistance of Counsel Claims*, 77 George Law Journal 413, 462(1988).

〔2〕 See Gary Goodpaster, *The Adversary System, Advocacy, and Effective Assistance of Counsel in Criminal Cases*, 14 New York University Review Law and Social Change(1986).

〔3〕 Gary Goodpaster, *The Adversary System, Advocacy, and Effective Assistance of Counsel in Criminal Cases*, 14 New York University Review Law and Social Change(1986).

时不可能放弃该标准,但是如果其认识到无辜者被定罪与辩护质量有关的话,它也必定会放松对该标准内涵的严格理解,而更多地认定为无效辩护,比如,将辩护人的不尽职、不尽责行为更多地认定为造成了严重损害,或者将更多的辩护人的不尽职、不尽责行为认定为属于严重缺陷行为而直接推定为造成了严重损害。〔1〕美国无效辩护的实践已经证实了这一判断,虽然无效辩护的判断标准未变,但无效辩护认定成功率在明显增加,以前没有被认定为无效辩护的,现在却被认定为无效辩护。因此,对于美国无效辩护判断标准的评价,不能仅拘泥于静态的文字表述,而应该同时考察其具体适用的变化。〔2〕

(三)我国无效辩护判断标准的确立

虽然美国联邦最高法院在斯特里克兰案中确立的无效辩护判断标准备受质疑,但其采用的分析方法仍值得我们借鉴。联邦最高法院在该案中指出:"判断任何有效性主张的基本点必须是律师的行为是否损害了对抗式诉讼的基本功能,以至于难以依赖审判得到一个公正的结果。"〔3〕由此可见,其采用的是功能分析法。这是正确的,因为一方面,享有辩护权的目的是享受辩护权的功能,只要辩护权的功能未受损,则被告人享有的辩护权未受损;另一方面,出于制度成本等的原因,法律不可能保障完美无瑕的辩护。这两方面的原因决定了,法律保障的只能是满足基本辩

---

〔1〕 See Adele Bernhard, *Exonerations Change Judicial Views on Effective Assistance of Counsel*, 18 Criminal Just(2003).

〔2〕 See Richard Klein, *The Constitutionalization of Ineffective Assistance of Counsel*, 58 Maryland Law Review 1433(1999).

〔3〕 See Strickland v. Washington, 466 U. S. 688, 691(1984).

护功能的辩护，而不可能是没有缺陷的辩护。因此，对无效辩护的判断，不能离开辩护权的基本功能。[1] 美国联邦最高法院的主要问题在于，其在要求“损害对抗式诉讼的基本功能”之外，再要求“难以依赖审判得到一个公正的结果”，就是画蛇添足，而且其将对抗式诉讼的基本功能矮化为结果公正，是对对抗式诉讼功能的错误理解，对抗式诉讼的基本功能不只在于保障结果公正，也在于保障程序公正。[2]

无效辩护制度是保障辩护人提供的辩护能够满足基本辩护功能的制度，因此，无效辩护的判断标准就是辩护存在缺陷，且该缺陷损害了辩护的基本功能。根据该标准，构成无效辩护必须具备两个条件：一是辩护存在缺陷；二是辩护缺陷损害了辩护的基本功能。关于辩护是否存在缺陷的判断，存在逐案审查与清单审查两种观点，两者的分歧主要在于是否存在适合于所有案件的有效辩护行为清单，或者是否应该设立该清单。[3] 逐案审查观点认为，案件千差万别，不同辩护人有不同的辩护风格，不同案件有不同的辩护策略，因此不存在对所有案件都适用的有效辩护行为清单。“没有一套律师行为的具体详细规则能够令人满意地考虑到辩护律师面临的各种情况或者关于如何最好地代理刑事被告人的各种合理判断。”“详细列举律师必须做什么或不能做什么的

---

〔1〕 See Barbara R. Levine, *Preventing Defense Counsel Error An Analysis of Some Ineffective Assistance of Counsel Claims and Their Implications for Professional Regulation*, 15 University of Toledo Law Review Law 1275(1984).

〔2〕 See Gary Goodpaster, *The Adversary System, Advocacy, and Effective Assistance of Counsel in Criminal Cases*, 14 New York University Review Law & Social Change(1986).

〔3〕 See Martin C. Calhoun, *How to Thread the Needle: Toward a Checklist-Based Standard for Evaluating Ineffective Assistance of Counsel Claims*, 77 George Law Journal 413, 462(1988).

任何尝试都不可能囊括职业上可接受的、有效的帮助的所有形式。”而且辩护人的职责是在法律和职业道德允许的范围内,尽一切所能,采取一切手段最大限度地维护和争取被告人的利益。如果设立有效辩护行为清单,反而会束缚辩护人的手脚,影响其独立辩护,因此也不应该试图设立该清单。“这些固定的标准的危险就在于可能既是律师辩护的最低标准,也是律师辩护的全部内容。”〔1〕“任何这种详细规则都会干扰到宪法保护的律师的独立性,同时也会限制律师在决定辩护策略时的自由。事实上,任何详细指导都会使律师分心,使他无法精力充沛全力以赴地为被告人准备辩护。”〔2〕因此,法官对辩护是否存在缺陷的审查,只能依据个案的具体情形进行。清单审查观点认为,告诉辩护人应该尽职、尽责的辩护,而不告诉具体应该怎样做才算尽职、尽责的辩护,等于什么都没有说;而且虽然案件各异,虽然需要独立辩护,但辩护存有共性。这些共性要么是有助于实现有效辩护的,要么甚至是实现有效辩护所不可缺少的,他们构成有效辩护的共同规则,这些共同规则可以编制为有效辩护行为清单。〔3〕“虽然辩护工作需要灵活与独立,但是辩护中有很多内容是最基本的,是可以接受司法审查的。”〔4〕“在与被告人协商、反对重要的可能错误的裁定和提交上诉声明这些问题上,可以有一些细化的统一规则。”〔5〕法官在审查辩护是否存在缺陷时,应该参考该清单。笔

---

〔1〕 Strickland v. Washington, 466 U. S. 688, 691(1984).

〔2〕 See Strickland v. Washington, 466 U. S. 688, 691(1984).

〔3〕 See Martin C. Calhoun, *How to Thread the Needle: Toward a Checklist-Based Standard for Evaluating Ineffective Assistance of Counsel Claims*, 77 George Law Journal 413, 462(1988).

〔4〕 Strickland v. Washington, 466 U. S. 688, 691(1984).

〔5〕 Strickland v. Washington, 466 U. S. 688, 691(1984).

者认为,一方面,因为辩护之间存在共性,这些共性是有效辩护的重要保障,甚至是其前提和基础,因而可以设立有效辩护行为清单;另一方面,因为设立有效辩护行为清单,既有助于为辩护人的辩护提供指导,又有助于为法官的辩护缺陷审查提供指引。这两方面的原因决定了,应该设立有效辩护行为清单。但是,为了防止该清单损害辩护的独立、自由、灵活等,该清单原则上只具备指导效力,而无强制效力。不是说只要按照该清单辩护,就一定是有效辩护;也不是说,只要没有按照该清单辩护,就一定是无效辩护。该清单只是判断有效辩护、无效辩护的重要参考,甚至是最重要参考,但并非唯一标准。在判断时,还需要综合考虑其他因素。〔1〕 比如,对于辩护人没有调查取证是否构成辩护缺陷的判断,首先应该参考有效辩护行为清单,如果该清单要求辩护人调查取证的话,那么该辩护很可能会被认定为有缺陷,但也只是很可能而非一定;是否属于辩护缺陷,还需要调查其他信息,如他为什么没有调查取证。为了体现对律师行业自治的尊重,以及避免司法干涉独立辩护权,该有效辩护行为清单应该由律师协会制定。〔2〕

关于辩护缺陷损害了辩护基本功能的判断。作为一项诉讼制度,辩护服务于诉讼,因此辩护制度的功能必须从其所服务的诉讼的价值目标上考虑。“刑事辩护制度与刑事诉讼价值目标之

---

〔1〕 See William J. Genego, *The Future of Effective Assistance of Counsel: Performance Standards and Competent Representation*, 22 American Criminal Law Review 181(1984).

〔2〕 See Barbara R. Levine, *Preventing Defense Counsel Error An Analysis of Some Ineffective Assistance of Counsel Claims and Their Implications for Professional Regulation*, 15 University of Toledo Law Review Law 1275(1984).

间的关系显然应当成为我们研究刑事辩护制度价值问题的着眼点。”[1]而刑事诉讼的价值目标在于实现实体公正和程序公正，已经是理论上和实践中的共识，辩护制度也正是服务于这两个价值目标的。对于实体公正，在对抗式诉讼中，控辩双方的平等对抗被认为是实现实体公正的最有效装置，而辩护制度的设置正是实现控辩平等不可或缺的基础条件。在职权主义诉讼中，虽然检察机关和审判机关的职权调查被认为是实现实体公正的最佳装置，但“在被告有利方面督促国家机关实践其应然的客观性义务，并且动摇其不利于被告事项之判断，以便保证无罪推定原则能在具体个案中实现”也正是设立辩护制度的目的。[2] 而对于程序公正，由于刑事诉讼被认为是国家和个人之间的纠纷，而这种纠纷的后果对被告人来说非常严重，因此除了确保实体公正外，还必须确保程序公正，而辩护制度属于程序公正最重要的保障。虽然对程序公正的具体标准尚未达成一致意见，但是被告人能够有意义地参与诉讼以使控诉案件能够接受严格的对抗式检验以及被告人能够在诉讼过程中得到公平的对待是程序公正的两个不可或缺标准。由于被告人大多不懂法律且程序日益复杂、专业等原因，被告人能否真正有意义地参与诉讼，控诉案件能否得到严格的对抗式检验，必然取决于被告人能否获得有效的辩护。而在公平对待方面，为了防止可能的权力侵害，法律赋予了被告人一系列程序性权利，这些权利成为监督制约国家权力、获得公平对待的工具，但是如果这些权利没有辩护人的协助，将难以实现。

---

〔1〕 熊秋红：《刑事辩护制度之诉讼价值分析》，载《法学研究》1997 年第 6 期。

〔2〕 参见［美］詹姆斯 · J. 汤姆科维兹：《美国宪法上的律师帮助权》，李伟译，中国政法大学出版社 2016 年版，第 159 页。

"律师的帮助让被告人得以保护和行使作为公平的对抗制审判关键要素的其他权利。"[1]正因为辩护制度的功能不只在于保障实体公正的实现,也在于保障程序公正的实现,因此在判断辩护人的辩护缺陷是否损害了辩护的基本功能从而是否构成无效辩护时,就不能仅审查是否损害了实体公正,还需要审查是否损害了程序公正。无论辩护缺陷损害的是实体公正,还是程序公正,都属于损害了辩护的基本功能,都构成无效辩护。对于损害实体公正的判断,相对来说较为容易,主要通过审查全案证据,以判断是否存在合理可能性,若非辩护缺陷,审判结果就会不一样;如果答案是肯定的,则属于损害了实体公正。而对于损害程序公正的判断,则因为程序公正较为抽象,较为不易,但至少可以通过上述程序公正的两个标准进行判断:一是在被告人有意义地参与诉讼方面,如果辩护缺陷导致被告人没能有意义地参与诉讼,控诉案件没能接受严格的对抗式检验,则程序不公正。具体如何判断呢?与上述辩护缺陷的判断类似,有些辩护行为属于有效辩护不可或缺之要素,辩护人没有实施这些辩护行为,则被告人不可能有意义地参与诉讼,控诉案件不可能接受严格的对抗式检验,因而这些行为就不只是属于辩护缺陷,而应该被直接认定为损害了辩护的基本功能,而构成无效辩护。比如,辩护人从未会见被告人、从未阅卷、在庭审中未发表任何实质的辩护意见等,都不可能让被告人能够有意义地参与诉讼,不可能让控诉案件接受严格的对抗式检验,因而构成无效辩护。二是在公平参与方面,如果辩护人

---

〔1〕 参见[美]詹姆斯·J. 汤姆科维兹:《美国宪法上的律师帮助权》,李伟译,中国政法大学出版社2016年版,第159页。

的原因导致程序性权利没有得到保障,就意味着辩护人没有维护程序公正而损害了辩护的基本功能,因而构成无效辩护。比如,法律赋予了被告人申请回避的权利、反对强迫自证其罪的权利、对证人对质询问的权利、申请排除非法证据的权利等,但由于辩护人的原因导致被告人没能行使这些权利,那么该辩护就损害了辩护的基本功能,构成无效辩护。

四、无效辩护的救济程序

(一)无效辩护的上诉救济模式

无效辩护的救济不仅取决于无效辩护的判断标准,而且还取决于无效辩护的救济程序。救济程序的设置,直接影响无效辩护获得救济的难易。以美国为例,被告人既可以直接在上诉程序中,也可以在定罪后的附随程序中提出无效辩护请求。但这两种程序的设置,都导致无效辩护请求成为难以逾越的障碍,之所以会出现无效辩护申请率很高但成功率很低的问题,程序的设置在其中起了很重要的作用。[1] 在上诉程序中,美国规定必须是在一审审判记录中记载过的事实才能成为上诉的对象,但无效辩护通常是辩护人没有干什么,而不是干了什么的问题,因此审判记录上通常不会有记录。虽然在重审中可以补充审判记录,但由于重审的时间很短,重审阶段的辩护人通常是原审阶段的辩护人,他不可能自己对自己提出无效辩护请求,所以在重审中很难在审判记录中补充无效辩护的信息。因此,在上诉程序中提出无效辩

〔1〕 See Amy Knight Burns, *Insurmountable Obstacles: Structural Errors, Procedural Default, and Ineffective Assistance*, 64 Stanford Law Review 727(2012).

护请求很难得到法院的支持。在定罪后的附随程序中,虽然可以进行广泛的调查,可以补充审判记录,但由于附随程序的启动通常距原审很长时间,当事人多已经没有再提起无效辩护请求的动力。或者即使提出,也由于附随程序当事人没有获得法律援助律师的权利,在无律师帮助的情况下,他很难克服无效辩护的两个判断标准,即使他自己有能力聘请律师,但由于距离原审时间久远,很多证据都已经灭失,律师也很难找出证据来证明原审辩护属于无效辩护。[1] 正是考虑到无效辩护的救济程序不利于被告人,因此许多学者都呼吁美国应该对无效辩护的救济程序进行改革,允许在上诉程序中补充审判记录,在附随程序中赋予被告人的法律援助权等。[2]

无效辩护属于程序问题。为了保障程序的独立价值,许多国家和地区都设立了独立于事实问题的程序性上诉救济机制。该机制只解决程序问题的救济,而不解决事实问题的救济。如在美国,由于原则上不允许对事实问题提出上诉,而只能对法律问题提出上诉,因此其上诉程序就主要是一种专门针对法律尤其是程序问题的救济程序。在德国、法国等国家,实行三审终审制,第二审程序处理事实问题的救济,第三审程序处理包括程序问题在内的法律问题的救济。在这些国家,无效辩护的救济是在专门的程序性上诉救济机制中解决的。程序性上诉救济机制实行事后审的审查方式,上诉法院原则上只审查上诉理由所指摘的程序违法

---

〔1〕 See Eve Brensike Primus, *Structural Reform in Criminal Defense*: *Relocating Ineffective Assistance of Counsel Claims*, 92 Cornell Law Review 679(2007).

〔2〕 See Eve Brensike Primus, *Structural Reform in Criminal Defense*: *Relocating Ineffective Assistance of Counsel Claims*, 92 Cornell Law Review 679(2007).

是否成立,而不得涉及案件的事实认定问题,也不得涉及上诉理由未涉及的其他程序问题。我国实行二审终审的审级制度,没有设立独立的程序性上诉救济机制,对事实问题的上诉和对程序问题的上诉,都是在二审中解决的。由于二审实行复审以及全面审查,二审实际上是对全案的重新审理,这种程序设置貌似既能对事实问题进行救济,又能对程序问题进行救济,救济的范围很广。但是在重实体轻程序的氛围下,这种设置必然会导致二审滑向重实体救济轻程序救济的境地,程序问题的救济必定会沦为实体问题救济的附庸。很难想象,如果二审法院发现一审判决认定事实和适用法律没有问题,仅因为辩护人的辩护不尽职、不尽责就撤销判决并发回重审。现实中的情况很可能是,即使有被告人提起无效辩护的上诉,二审法院也会在审查一审判决认定事实是否正确的基础上认定是否属于无效辩护,而不太可能在事实认定问题之外单独对辩护人的表现进行审查,更不太可能在事实认定正确的情况下仅以辩护人的表现为由撤销原判。事实上,不要说在我国这种将事实问题与程序问题的救济放在一起解决的国家,程序问题的救济必定会以事实认定是否准确为基础,即使是在那些设置了独立的程序性上诉救济机制的国家,只要存在重实体轻程序的观念,也难逃程序问题的救济要受到事实认定问题影响的命运。因此,在我国这种将事实与程序的救济放置在一起解决的模式中,无效辩护基本是不可能获得救济的,只有设置独立于事实问题救济的程序性救济程序,才可能实现对无效辩护的救济。

(二)无效辩护上诉的提起

提起程序性上诉,需要提出明确的上诉理由,需要在上诉理由中明确指出哪一程序违法,而不能笼统地表述为“程序违法”。

之所以作此要求,一方面是因为程序性问题较为复杂,甚至原审法院对任何一项证据的调查行为,理论上都可能存在多种程序违法情形,如果没有上诉理由的明确指向,笼统地对原审程序合法性进行事后审查几乎是不可能的;另一方面是因为对程序问题,上诉法院主要是基于庭审笔录审查的,庭审笔录是对于审判必要手续的完整记录,是庭审手续的唯一证明,但由于它通常不会对庭审的所有内容进行完整记录(如有的庭审笔录不反映证人作证的内容),因而它也就不能对发生在审判中的所有事项作出完整的说明。因此,上诉法院要确定是否发生了一项程序性错误,这就需要上诉理由的指引,从上诉人处得到准确的信息。与其他程序性上诉相比,无效辩护的上诉更需要提出明确的上诉理由,这主要是因为:其一,辩护行为繁杂,甚至辩护人的一言一行,都可能属于辩护行为,如果没有上诉理由的明确指向,上诉法院要对辩护人的所有活动进行审查,几乎是不可能的。其二,庭审笔录只能记录发生在庭上的事情,无法记录发生在庭外的事情,而辩护,不只是庭上的辩护,还包括庭外的诸多辩护,没有这些庭外的辩护,庭上的辩护也难以达到效果;但是,庭审笔录只记录了庭上的辩护,没有记录庭外的辩护,因此如果没有上诉理由的明确指引,上诉法院不仅基本不可能对庭外的辩护进行审查,甚至也基本不可能对庭上的辩护进行全面客观评价。其三,庭审笔录只记录发生了的事情,不会记录没有发生的事情,对于辩护人的辩护,庭审笔录只会记录辩护人在庭上做了什么,不会记录他没有做什么;而无效辩护上诉,大多数都是针对辩护人没有做什么的问题,这些问题不可能出现在庭审笔录中,因此如果不在上诉理由中予以明确,上诉法院基本不可能对其进行审查。因此,提起无效辩护上诉,需要在上诉理由中明确指出辩护的具体缺陷,以及该缺陷可能对本案实体和程序产生的不利影响。如"辩护人没有调查本案的证人某某,而该证人可能提供有利于被告人的证言而改变判决结果",而不能笼统地表述为"辩护人在辩护中不尽职、不尽责"。

虽然同属程序性上诉,但提起无效辩护上诉要比提起其他的程序性上诉更难。这是由于其一,被告人几乎没有能力提出。无效辩护上诉是被告人针对辩护人的,在两者的关系上,虽然法律上被告人是当事人,辩护人只是其辅助人,但实际上辩护人相对被告人处于压倒性的优势地位,被告人是赤裸裸的弱者,辩护几乎完全是由辩护人控制、主导的,被告人并没有多少话语权。在这种信息不对称的情况下,被告人要指出辩护的具体缺陷,几乎是不可能的。因此,单凭被告人,基本不可能提出包含具体理由的无效辩护上诉。[1] 其二,其他辩护人不愿意提出。虽然被告人可以聘请新的辩护人,但出于维护职业共同体利益、个人利益等的考虑,新辩护人通常不愿意对原审辩护人提起无效辩护上诉。[2] 其三,即使新辩护人愿意提起无效辩护上诉,但他要找出具体的无效辩护上诉理由也很困难。由于庭审笔录记录了审判程序的整个过程,因此要找出程序性上诉的具体理由,依靠庭审笔录基本就可以了。但是由于无效辩护上诉大多是针对辩护人应该做什么而没有做的问题,因此无法依靠庭审笔录找出无效辩

---

〔1〕 See Scott A. Hancock, *Ineffective Assistance of Counsel: An Overview*, 1986 Army Law 41(1986).

〔2〕 See Anneii Soo, *An Individual's Right to the Effective Assistance of Counsel Versus the Independence of Counsel*, 17 Juridical International(2010).

护上诉的具体理由,而只能从被告人、原审辩护人等处收集信息,但被告人基本不掌握辩护信息,而原审辩护人也不太可能会配合新辩护人提出针对自己的无效辩护上诉。[1]

(三)无效辩护的证明

提起无效辩护上诉之后,应该由谁来证明呢?这涉及无效辩护的证明问题。对于辩护存在缺陷的证明由被告人负责,这一点基本不存在异议;但对于辩护缺陷损害了辩护基本功能的证明,则存在分歧。主要有两种观点:一种观点认为,应该由检察机关承担,其主要理由是在刑事诉讼中,证明有罪的责任由检察机关承担,如果辩护缺陷损害辩护基本功能的证明责任由被告人承担的话,则等于让他自证其罪;由于能力有限,被告人很难证明。另一种观点认为,应该由被告人承担,其主要理由是积极辩护事由的证明责任由被告人承担,无效辩护正属于积极辩护事由,因此其证明责任应该由被告人承担;对于辩护人的表现,检察机关既无能力预防,也无义务干涉,因此不应该对其无法控制的事情承担责任。[2] 两种观点各有理由,体现了对不同价值的侧重。笔者认为,在本章提出的无效辩护判断标准上,可以通过以下方式解决无效辩护的证明问题:如果该辩护行为属于有效辩护行为清单上列举的、实现有效辩护所不可缺少的,那么就直接推定为损害了辩护的基本功能,构成无效辩护;而如果该辩护行为属于其

---

[1] See Anne M. Voigts, *Narrowing the Eye of the Needle: Procedural Default, Habeas Reform, and Claims of Ineffective Assistance of Counsel*, 99 Columbia Law Review 1103, 1137 (1999).

[2] See David Charles Kent, *Ineffective Assistance of Counsel: Who Bears the Burden of Proof*, 29 Baylor Law Review (1977).

他情形,则被告人必须证明该辩护行为缺陷损害了辩护的基本功能,否则不构成无效辩护。

由于庭审笔录记录了审判程序的整个过程,因此对于程序是否违法的证明,通常依靠该笔录就可以完成;但由于庭审笔录很少记录有关无效辩护的信息,因此单靠该笔录很难完成无效辩护的证明,而必须同时依靠其他的途径,主要有专家证人和原审辩护人。就专家证人而言,主要是指被告人为了证明原审辩护属于无效辩护,可以申请法庭通知具有丰富辩护经验的辩护人作为有专门知识的人出庭,就原审辩护人的辩护提出意见。[1] 比如,对于原审辩护人没有调查取证的行为,该行为属于辩护策略还是辩护缺陷,可以申请具有丰富辩护经验的辩护人,就该案是否应该调查取证提出意见。就原审辩护人而言,由于无效辩护制度实质是对国家的制裁,而非对辩护人的制裁,因此在无效辩护上诉审中,原审辩护人的角色并非当事人。[2] 由于辩护人对自己的辩护行为最为清楚,由其就辩护问题进行解释说明,有助于查清辩护行为是属于策略还是属于缺陷,因此辩护人有出庭就辩护进行解释说明的义务。虽然无效辩护的后果不直接针对原审辩护人,但会间接损害其利益,因此他有出庭就辩护进行辩解的权利。无论是履行出庭进行解释说明的义务,还是行使出庭进行辩解的权利,原审辩护人出庭都有助于对无效辩护的审查判断。比如,对于原审辩护人没有调查取证的行为,当时为什么没有调查取证,

〔1〕 See Charles M. Sevilla, *Investigating and Preparing an Ineffective Assistance of Counsel Claim*, 37 Mercer Law Review 927(1986).

〔2〕 See Joseph H. Ricks, *Raising the Bar: Establishing an Effective Remedy Against Ineffective Counsel*, 2015 BYU Law Review 1115(2015).

是疏忽还是策略考虑，当时是怎么考虑的，对于这些问题，原审辩护人最为清楚，由其解释说明或者辩护，有助于协助法官对无效辩护的判断。但是，原审辩护人在解释说明时，很可能涉及当事人的秘密，而为当事人保密是辩护人的一项基本义务。因此，一方面，辩护人有对辩护进行解释说明或辩解的义务和权利；另一方面，辩护人又有为当事人保密的义务，两者之间存在冲突。笔者认为，处理该冲突的基本方式应该是，原审辩护人在对辩护进行解释、说明、辩解时，为了证明自己的辩护是有效辩护，可以陈述当事人的秘密，但仅限于与无效辩护有关的范围，而绝对不能超出该范围。而且只能在法庭上，在法官的监管之下进行陈述。[1] 比如，被告人以原审辩护人没有申请某证人出庭作证构成无效辩护为由提起上诉，原审辩护人辩解之所以没有传唤其出庭作证，是因为被告人曾经告诉他，该证人目睹了其作案的经过，因此虽然该证人能够提供部分有利于被告人的证言，但可能会暴露对被告人更不利的证言，正是基于这种考虑，他才选择不申请该证人出庭作证。在本案例中，证人目睹了被告人作案的经过，这是被告人与辩护人之间的秘密，辩护人有义务保密，但是为了证明自己的辩护不是无效辩护，辩护人可以在法庭上将该秘密陈述出来，而不会违反辩护人保密的义务。

---

〔1〕 See Charles M. Sevilla, *Investigating and Preparing an Ineffective Assistance of Counsel Claim*, 37 Mercer Law Review 927(1986).

第九章 二审程序中的非法证据排除研究

为了规范侦查机关的取证行为,保障人权,我国于2010年专门制定出台了《关于办理刑事案件排除非法证据若干问题的规定》的司法解释,首次在我国确立了非法证据排除规则,较为详细地规定了非法证据排除的范围及程序等问题。2012年、2018年《刑事诉讼法》吸收了其中的大部分内容。根据非法证据排除规则的基本原理以及相关规定,非法证据排除规则不仅适用于一审程序,而且也适用于二审程序。但是由于二审与一审的功能不同,二审程序与一审程序中的非法证据排除也并不完全相同。在二审程序中适用非法证据排除规则时,必然要面临一些在一审程序中不会出现的问题,归纳起来这些问题至少包括以下几个方面:一是二审程序非法证据排除的范围问题,具体是指应否对二审程序中非法证据排除的范围进行限制,是否应该限定为已经在一审程序中申请过排除的事项,那些没有在一审程序中提出过排除申请的事项能否直接在二审程序中提出?二是向二审程序提出非法证据排除的时机问题。也就是如果对一审非法证据排除的裁决不服,对此是否可以立即提出上诉启动二审程序,还是必须等到整个案件审理结束形成终局裁判之后才能提出？三是二审程序排除非法证据后如何处理原判决的问题。也就是如果二审程序排除非法证据后，对于原判决，是否必须撤销进行重审？如果重审的话是发回原审法院重审还是由二审法院自行重审？这些问题关系到非法证据排除规则能否实现预期效果以及二审程序的功能能否发挥，但是现行法律对此要么完全没有涉及，要么虽有规定，但较为粗疏，存在缺陷，而且虽然理论界和司法实务界围绕有关非法证据排除规定的理解、适用以及进一步完善等问题进行了深入研究，但这些研究都主要涉及的是一审程序中的非法证据排除问题，较少涉及二审程序中的非法证据排除问题。随着程序意识的兴起，司法实践中以非法证据为上诉理由请求二审法院排除的案例越来越多，因此研究二审程序中的非法证据排除问题、处理二审程序中非法证据排除面临的前述问题，就具有现实的紧迫性。二审程序非法证据排除面临的前述问题，与及时异议规则、终局裁判规则、无害错误规则等密切相关，因此本章主要围绕这几个规则，对前述问题进行研究。

一、及时异议规则与二审程序非法证据排除的范围

（一）及时异议规则

及时异议规则又称为“未提出视为放弃规则”，是指对于程序错误，被告人必须在一审程序中及时提出异议，如果怠于提出，则视为放弃异议，原则上不能再以该错误为由提出上诉，上诉法院

也不得对该错误进行审查。[1] 比如,对于管辖错误,被告人必须在一审中及时提出,如果没有提出,那么他就不能再以管辖错误为由提出上诉;即使提出,二审法院也不会再予以审查。该规则的主要目的有两个:一是通过促使被告人及时提出异议,保证错误尽量在程序的早期阶段被发现并纠正,避免后续程序的浪费,从而提高诉讼效率,确保司法经济。这是该规则最主要的目的。对于程序中可能出现的错误,在诉讼的各个阶段都赋予了被告人相应的异议权利,并且为了促使被告人及时行使权利,这些权利通常被赋予了与诉讼阶段相似的效力。也就是必须按照先后顺序行使,只有先在前一阶段行使,才能再在后一阶段继续行使;没有在前一阶段行使,则也不能在后一阶段行使。这也就意味着,被告人必须按照权利的顺序忠实地行使自己的权利,而不得规避和滥用权利。对于一审程序中的错误,如果允许被告人不向一审法院而直接向二审法院提出的话,那么被告人要么会因为疏忽大意不向一审法院提出,要么会出于诉讼策略考虑而故意不向一审法院提出,等到一审判决败诉以后,他会再以此为由向二审法院提出,二审法院此时必须撤销原判进行重审,造成国家与当事人必须负担重新审判的费用。而如果当事人在一审程序中就对该错误提出异议,那么该错误在一审程序中就可以解决,就无须对此再上诉和重审,就可以节省国家与当事人上诉及重审的费用。二是确保一审程序在审级制度中的中心地位。在审级制度中,各级法院都有明确的职能定位,一审法院的主要职能是定分止争,

---

〔1〕 See Yale Kamisar, Wayne R. LaFave & Jerold H. Israel, *Advanced Criminal Procedure*, 1585 West Publishing Company 9 editions. (1999).

二审法院的主要职能是救济与纠错，为了维护这种职能定位与分工，二审法院必须充分尊重一审法院，如果一审法院未发生错误，二审法院就不应该干涉。审判中的程序问题颇为复杂，如法院对任何一项证据的调查行为，理论上都可能存在程序错误的情形，如果要求法院对每一个程序的合法性，在当事人没有提出的情形下，皆应一一自行调查，对于法院来说是强人所难。〔1〕这就要求当事人有协助法院发现程序错误的义务，如果当事人于一审时从未主张并指出错误，一审法院即没有机会为正确的裁判，如果因此指摘一审法院错误裁判，实无理由，也对一审法院不公平。正因为及时异议规则有这一功能，许多国家都确立了该规则。比如在美国，“如果被告人没有及时地向有管辖权的法院主张权利，那么他就丧失了该权利”，这是一条“没有比这更让人耳熟能详的程序原则了”。〔2〕因此，如果被告人对于程序错误没有在一审法院提出异议，那么他就丧失了以该异议为基础的权利，并丧失了在上诉中使该主张获得审查的资格。比如在德国，依照联邦最高法院一向的见解，认为如果法院并未依《德国刑事诉讼法典》第 238 条第 2 项加以裁定，则对一错误的案件指挥命令表示不服的法律救济程序的权利也不存在，如审判长对一证人不予宣誓时，只有当被告人或其辩护人在审判程序中对此表示不服，且曾请求法院裁判时，才得以此提出第三审之上诉。〔3〕再如，在法国，根据《法

〔1〕参见王兆鹏：《当事人进行主义之刑事诉讼》，台北，元照出版公司 2004 年版，第 263 页。

〔2〕[美]约书亚·德雷斯勒、艾伦·C. 迈克尔斯：《美国刑事诉讼法精解》（第 2 卷·刑事审判），魏晓娜译，北京大学出版社 2009 年版，第 359 页。

〔3〕参见[德]克劳思·罗科信：《刑事诉讼法》，吴丽琪译，法律出版社 2003 年版，第 596 页。

国刑事诉讼法典》第 305-1 条规定，除终局确定的移送裁定书排除的无效原因之外，以法庭辩论之前进行的程序有其他无效原因提出的抗辩，必须在陪审团最终组成时即予提出，否则因逾期而丧失权利。根据《法国刑事诉讼法典》第 599 条的规定，在轻罪案件中，如果无效事由并未在上诉法院提出，便不得再在最高司法法院援用一审程序中发生的无效事由。换句话说，只有在上诉法院已经提出过的那些无效事由以及在上诉审发生的无效事由，才能作为向最高司法法院提出上诉的依据。[1]

按照及时异议规则，如果被告人在一审程序中没有及时行使异议权，那么他在二审程序就不能再行使该权利。这就意味着该规则有将被告人的权利置于丧失的危险，而权利的丧失，可能使被告人遭受不公正的程序和不公正的结果。因此，及时异议规则也不是绝对的。出于公平、公正的考虑，这一规则也有例外情形，在这些情形下，即使被告人没有在一审程序中对程序错误及时提出异议，被告人也有权在二审程序中提出。具体来说，这些例外情形主要包括：一是程序错误属于明显错误的情形。二审法院负有救济和纠错的功能，有义务维护司法的公正性，如果程序错误属于明显错误，那么二审法院不能过于消极、被动而对明显的程序错误置若罔闻、不予干涉，而必须基于公平正义主动依职权适时介入，予以纠正。而所谓的明显错误，主要是指严重的、异常的、显著的、明了的、高度偏见的或不更正会导致司法不公的错

---

〔1〕 参见[法]贝尔纳·布洛克：《法国刑事诉讼法》，罗结珍译，中国政法大学出版社 2009 年版，第 541 页。

误。[1] 对于这些明显错误,即使被告人没有在一审程序中及时提出,也允许其在二审程序中提出,甚至即使被告人在一审、二审程序中都未提出,二审法院也有权主动审查。[2] 对此,许多国家和地区也都作了明确规定,如《美国联邦刑事诉讼规则》第 52 条(b)规定:"即使被告人未向法庭提起,法庭对影响重要权利的显而易见的错误也可以进行审查。"《日本刑事诉讼法典》第 392 条规定:"控诉法院应当对控诉旨趣书记载的事项进行调查。控诉法院对控诉旨趣书没有记载但与第 377 条至第 382 条及第 383 条规定的事由有关的事项,也可以依职权进行调查。"二是被告人没有机会或能力及时提出异议的情形。及时异议规则本质上要防止的是被告人主观上故意或过失不行使或怠于行使权利的行为,而不是所有没有及时行使权利的行为。如果被告人没有及时行使权利,不是因为故意或过失,而是因为根本就没有机会或能力,那么剥夺被告人在二审程序中行使该权利,这对被告人来说是不公平的。因此,如果被告人是因为没有机会或能力及时提出异议的话,则不能适用及时异议规则,被告人有权在二审程序中提出异议。被告人没有机会或能力提出,主要包括被告人不知晓有该权利而没有机会以及没有律师协助而没有能力提出等情形。[3]

(二)二审程序非法证据排除的范围

非法证据,是指违反法律规定的程序收集的证据,因此它属

---

〔1〕 参见王兆鹏:《当事人进行主义之刑事诉讼》,台北,元照出版公司 2004 年版,第 261 页。

〔2〕 See Christopher B. Mueller & Laird C. Kirkatrick, *Evidence*, 30 Little Brown & Company(1995).

〔3〕 参见王兆鹏:《当事人进行主义之刑事诉讼》,台北,元照出版公司 2004 年版,第 261 页。

于一种程序错误。[1] 非法证据排除申请是被告人享有的一项重要诉讼权利，根据及时异议规则，被告人如果没有在一审程序中提出非法证据排除申请，那么他原则上不能再以此为由提起上诉，在二审程序中也不得对此予以审查。这也就意味着，二审程序非法证据排除的范围，原则上限于已经在一审程序中提出过排除申请的事项。作这一限定的原因，除了前述提到的提高诉讼效率、确保司法经济以及确保一审程序的中心地位外，还有一个重要的原因——维护审级制度。根据审级制度的规定，二审法院审理的对象原则上限于一审审理过的事项，如果一审程序没有审理过，而直接由二审程序处理的话，那么对于该事项等于少了一个审级，侵犯了当事人在该事项上应该享有的审级利益。[2] 因此，如果允许二审程序直接处理一审程序没有处理过的非法证据排除问题，那么无论是作出排除还是作出不排除的裁定，被告人都无法再对此提出上诉。这也就意味着在非法证据排除上少了一个审级。[3]

要求将二审程序非法证据排除的范围限于已经在一审程序中提出过排除申请的事项，这一要求在我国也已经有了较为明确的规定。《关于办理刑事案件排除非法证据若干问题的规定》第12条规定："对于被告人及其辩护人提出的被告人审判前供述是非法取得的意见，第一审人民法院没有审查，并以被告人审判前供述作为定案根据的，第二审人民法院应当对被告人审判前供述取得的合法性进行审查……"2021年《刑诉法解释》第138条规

〔1〕 参见林钰雄：《刑事诉讼法》，中国人民大学出版社2005年版，第279页。
〔2〕 参见汪海燕：《论刑事程序倒流》，载《法学研究》2008年第5期。
〔3〕 参见陈瑞华：《非法证据排除程序再讨论》，载《法学研究》2014年第2期。

定:“具有下列情形之一的,第二审人民法院应当对证据收集的合法性进行审查,并根据刑事诉讼法和本解释的有关规定作出处理:(一)第一审人民法院对当事人及其辩护人、诉讼代理人排除非法证据的申请没有审查,且以该证据作为定案根据的;(二)人民检察院或者被告人、自诉人及其法定代理人不服第一审人民法院作出的有关证据收集合法性的调查结论,提出抗诉、上诉的;(三)当事人及其辩护人、诉讼代理人在第一审结束后才发现相关线索或者材料,申请人民法院排除非法证据的。”根据这些规定,二审法院非法证据排除的范围原则上限于已经在一审程序中提出过的事项。这就意味着,在非法证据排除问题上,我国已经确立了及时异议规则。我国确立及时异议规则,除了是因为该规则所具有的功能目的之外,也是与我国审判方式的变化相适应的。我国审判方式的一个主要变化就是由传统的职权主义积极向当事人主义靠拢,在变化后的审判中,事实、证据、辩论均由控辩双方主动提出,法官退居成为超然、被动的裁判者,原则上法官不再调查证据,而是由控辩双方担任审判中攻防的角色,控辩双方对于证据的取舍应积极主张,如未为任何主张,即应视为放弃,不再期待法官扮演辩护人或检察官的角色。[1]

我国在规定及时异议规则的同时,又规定了该规则的例外情形,即如果被告人在一审结束后才发现相关线索或者材料的,二审法院也应当对该证据的合法性进行审查。根据非法证据排除规则,被告人在提出非法证据排除申请时,应该提供相关线索或

---

〔1〕 参见王兆鹏:《当事人进行主义之刑事诉讼》,台北,元照出版公司2004年版,第261页。

材料。如果被告人没有发现相关线索或材料,那么他也就没有机会和能力提出有效的非法证据排除申请,因此也就不能适用及时异议规则了;如果事后被告人发现了线索和材料,可以继续向二审法院提出申请。这一规定体现了对被告人公平性的考虑,是原则性与灵活性的统一。但是,该规则对被告人公平性的考虑并不完全,在其他的情形中如果严格适用异议规则的话,也可能会对被告人不公平,这些情形也应该规定为及时异议规则的例外。这些情形主要包括两个方面:

一是由于法院没有告知被告人有申请排除非法证据的权利导致被告人不知道有该权利,因而没有机会行使该权利以及由于被告人没有律师协助因而没有能力行使该权利的情形。及时异议规则适用的前提是被告人有机会和有能力在一审中及时提出异议,如果没有机会和能力,则绝对禁止对被告人来说是不公平的。有机会主要是指被告人应该知道自己有排除非法证据请求的权利,因为行使权利的前提是知道该权利的存在,只有知道有权利,被告人才有机会行使该权利;如果不知道有权利,那么被告人也就没有机会行使该权利了。由于大多数被告人不懂法律,不知道有申请排除非法证据的权利,出于公平起见,法院应该有义务告知被告人该权利。关于法院应否告知被告人享有该权利,我国之前的法律没有作出明确规定,根据最高人民法院的指示精神,人民法院可以选择在送达人民检察院起诉书副本时向被告人告知申请排除非法证据的权利,以确保其知情权。[1] 但对司法实践的调研表明,目前关于非法证据排除的程序告知在司法实践

---

[1] 参见陈瑞华:《非法证据排除程序再讨论》,载《法学研究》2014 年第 2 期。

中基本处于空白状态,法官不敢主动告知被告人有该权利,担心其滥用。因此有相当多的被告人并不知晓或理解非法证据排除的申请。[1] 为了防止这种情形发生,2021 年《刑诉法解释》第 128 条规定:“人民法院向被告人及其辩护人送达起诉书副本时,应当告知其申请排除非法证据的,应当在开庭审理前提出,但在庭审期间才发现相关线索或者材料的除外。”该规定虽然是关于法院告知被告人申请排除非法证据时间的规定,但它也意味着,法院有义务告知被告人有申请排除非法证据的权利。如果法院没有履行该义务,那么被告人就难以知道有该权利,也就不会及时行使该权利,因此也就不能适用及时异议规则;“有能力”主要是涉及律师的帮助问题,诉讼是一项技术性很强的活动,通常需要具有法律知识的人才能应对,而实践中被告人通常不懂法律,甚至有些连文化知识也不具备,而指出非法证据的线索或材料、提出排除申请更是一种技术性很强的活动,不具备一定的法律知识和诉讼实践技能,更是难以应对。如果没有律师的协助,被告人靠自己难以指出线索和材料,因而也难以提出排除申请。因此,对于没有辩护律师帮助的案件,即使被告人没有在一审程序中对程序错误及时提出异议,二审法院也应该以此为由撤销原判进行重审,只有在有辩护律师帮助的情况下却没有在一审程序中对程序错误及时提出异议的,二审法院才不能以此为由撤销原判。

二是对于属于明显的非法证据应该排除而没有排除并且不排除会影响判决的,二审法院也应当进行审查。这除了二审法院

---

〔1〕 参见陈卫东等:《“两个证据规定”实施情况调研报告——侧重于三项规定的研究》,载《证据科学》2012 年第 1 期。

有纠错和维护司法公正的理由之外,还与我国没有设立独立的程序上诉制度、二审法院实行全面审查有关,二审法院有义务对一审认定事实、适用法律以及程序进行全面审查,而不受上诉、抗诉范围的影响。因此,如果二审法院发现一审程序对于属于明显错误而又可能严重影响判决的证据没有处理的话,那么二审法院也有权对此进行审查。

二、终局裁判规则与向二审程序申请排除非法证据的时机

(一)终局裁判规则

终局裁判规则,是指如果控辩双方对于审理过程中作出的与判决有关的裁决不服,不能立即提出上诉,而只能等到审理结束、最终判决作出以后,与终局判决一并提出。[1] 审理过程中作出的裁决叫中间裁判,审理过程中提出的上诉叫中间上诉。终局裁判规则并不是禁止对中间裁决提出上诉救济,而只是不允许对中间裁决提出中间上诉,因此该规则只是限制提出上诉救济的时机,将其延迟至终局判决之时。"即使不允许对决定一一提出不服请求,对于那些不当的、非法的决定给本案判决带来的影响,可以通过对该终局判决提出上诉的方法寻求救济。"[2]之所以禁止提出中间上诉,主要是因为中间裁决往往与判决具有内在的关联性,通常只是为了得出判决结果的过程所为的中间决定,对此如果不服,应随同终局判决而一并上诉救济。而且如果允许单独提

[1] 参见[美]伟恩·R.拉费弗等:《刑事诉讼法》(下册),卞建林等译,中国政法大学出版社 2003 年版,第 1395 页。

[2] [日]松尾浩也:《日本刑事诉讼法》(下卷),张凌译,中国人民大学出版社 2005 年版,第 229 页。

出中间上诉,那么会出现一系列的问题,这些问题至少包括:第一,会使审判变得支离破碎。法院在审判过程中可能会作出一系列裁决,如果允许对每一裁决立即提出上诉,那么由于此时审判必须暂停,直至对中间上诉的处理结束,这就必然导致审判断断续续,难以不间断地进行。第二,会导致诉讼延迟。如果允许对中间裁决提出中间上诉,那么控辩一方可能会利用这一机制反复提出中间上诉,达到拖延诉讼的目的,不仅影响诉讼效率,而且对那些想要案件得到及时处理的当事人不利。第三,不利于二审法院的裁决,二审法院需要更多地信息从而判断错误对于初审结果的影响,而一审完整的诉讼程序记录可以更好地保证二审法院就裁决作出准确的判断,如果审判尚未结束就提出中间上诉的话,二审法院能够依据的信息就必定不完整,难以作出准确的判断;不利于节约司法资源,提高诉讼效率。首先,大多数一审法院的裁决是正确的,而且即使是那些不正确的裁决最后也不可能影响终审判决,因此也就没有必要撤销原判;其次,一审法院的主要职责是自我修正,终局裁判规则可以确保一审法院可能依据以后审判的发展重新评价自己的裁决,从而可以根据情况修正之前的错误,避免之前错误对后续审判尤其是审判结果的影响;最后,终局裁判规则避免了那些随着案件发展而变得不必要的上诉。因此,当受错误裁决影响而处于不利的一方最终得到有利的判决时,那么中间裁判就变得无实际意义。[1] 虽然终局裁判规则有这些优点,但是对于该规则,主张实行中间上诉的学者也提出了许多质

---

〔1〕 参见[美]伟恩·R.拉费弗等:《刑事诉讼法》(下册),卞建林等译,中国政法大学出版社2003年版,第1396页。

疑,其中最主要的质疑是终局裁判规则会使得错误不能得到及时处理,可能导致终审判决被推翻,使整个案件重新审判,从而浪费司法资源,降低诉讼效率,而且推迟可能导致一个完全不同的最终裁决,因为推迟可能导致记忆的误差、策略上的改变以及对证人的质疑不如先前有效等。[1] 虽然终局裁判规则与中间上诉都涉及诉讼成本、诉讼效率的问题,但是普遍认为中间上诉的成本更大,可能会导致更大的延误,因此许多国家都实行了终局裁判规则,对于判决前的裁决不服,原则上不能提出中间上诉,而只能等到审判结束终局裁判作出后才能提出。比如日本规定,涉及诉讼程序而在判决以前作出的决定是不能提出抗告的。根据《德国刑事诉讼法典》第 305 条第 1 段的规定,一般而言,对审判法庭于判决宣示之前所为之裁判,不得提起抗告。美国、英国也实行了终局裁判规则。[2]

但是,终局裁判规则是有条件的,如果不符合条件,则不能适用该规则,允许提出中间上诉。该规则的适用条件主要包括:一是它适用于审判过程中作出的裁决,通常不适用于审判前作出的裁决。终局裁判规则的主要目的是防止审判被不时中断而变得支离破碎,如果审判尚未开始,那么也就不存在中断的问题了。因此,对于审判前作出的裁决,可以立即提出上诉,不用等待审判结束。比如,在美国、英国等国家,为了保证在陪审团开始审议之前解决证据可采性和法律问题,以确保一个复杂而可能是漫长的

---

〔1〕 参见[美]伟恩·R.拉费弗等:《刑事诉讼法》(下册),卞建林等译,中国政法大学出版社 2003 年版,第 1395 页。

〔2〕 参见[美]伟恩·R.拉费弗等:《刑事诉讼法》(下册),卞建林等译,中国政法大学出版社 2003 年版,第 1395 页。

审判不会被证明是失败的,规定审前裁决可以立即被上诉到上诉法院,只有上诉被决定后,才能开始陪审团审判。[1] 二是它适用于与审判具有内在关联性的裁决,如果中间裁决事项与审判没有内在关联性,而是可以与审判相分离,那么对它提出上诉就不会影响审判的进行,审判就无须暂停,而是可以继续进行,因此该上诉就不会导致审判的中断和延迟。比如,审判过程中作出的逮捕、保释、扣押等决定,这些是与审判没有内在关联性的裁决,它们不会影响审判的进行,因此对于这些裁决立即提出上诉,不需要暂停审判。三是它适用于可以在终局裁判后得到救济的裁决。如果中间裁决不可能在终局裁判的上诉中得到审查的话,那么剥夺中间上诉,意味着剥夺了对其的救济,对该裁决是不公平的,因此此时应该允许提出中间上诉。比如,在有的国家,由于不允许控方对无罪判决提出上诉,因此如果有关排除非法证据的裁定对于其指控起着颠覆性影响的话,由于该裁决不可能在终局裁判后得到上诉审查,因此允许控方对此提出中间上诉。"然而,若是判决前的裁定本身,具有相当之重要性、独立性,尤其是对于受裁定人独立造成基本权干预之情形,一并审查的理由不存在,诉讼迅速也不再是正当化其限制的理由。"[2] 对于法院在审判过程中作出的有关非法证据排除的各种裁决,由于该裁决与审判具有紧密的内在关联性,并且能够在终局裁判的上诉中获得救济,因此符合终局裁判规则的适用条件,对该裁决不服,不允许提出中间上诉,而只能等到终局裁判作出后提出上诉。

---

〔1〕 参见[英]斯普莱克:《英国刑事诉讼程序》,陈卫东、徐美君译,中国人民大学出版社2009年版,第256页。

〔2〕 王兆鹏:《当事人进行主义之刑事诉讼》,台北,元照出版公司2004年版,第261页。

（二）向二审程序申请排除非法证据的时机

我国没有中间上诉制度，对于法院在审判过程中作出的各种决定、裁定不服，不能立即提出上诉、抗诉，而是必须等到审判结束终局判决作出后才能与判决一并提出上诉。一审法院关于非法证据排除申请的各种裁决，如拒绝启动排除程序的决定以及启动后拒绝排除非法证据的决定等，控辩双方如果不服，都不能立即提出上诉，而只能与终局判决一并提出。我国的这种做法有助于防止审判变得支离破碎，加速程序进程，节省诉讼成本，提高诉讼效率等。但是司法实践中对于二审适用非法证据排除的问题，有法官认为部分案件的取证合法性问题可能会关系到最终的定罪与否问题，一审中被告人如果对非法证据排除程序的结果不满，应当允许被告人对此单独提出上诉，待取证合法性问题解决后再审理实体问题，这样可以确保非法取证的争议不会进入到二审程序的最终审理中来，因此在非法证据排除与否对于定案有较大影响的情况下，应该允许控辩双方对此提出上诉抗诉。[1] 确实，不可否认，有些非法证据排除的裁决对于定案起着至关重要的作用。如果在终局判决作出前允许控辩双方对该裁决单独提起上诉，那么可以保证该争议获得及时处理，从而避免在终局判决后提起上诉，可以节省诉讼资源。但是，在案件审理尚未结束前，如何判断非法证据排除与否对于判决是否具有至关重要作用以及由谁判断等，都是难题。如果处理不好，必然会出现滥用而导致中间上诉会出现的那些问题。因此，权衡利弊，不应该“一刀

[1] 参见陈卫东等：《“两个证据规定”实施情况调研报告——侧重于三项规定的研究》，载《证据科学》2012 年第 1 期。

切”的禁止对审判过程中的非法证据排除裁决提起中间上诉。还有学者认为，应该允许对庭前会议中作出的非法证据排除的裁决提起单独上诉，[1]在庭前会议阶段，审判尚未开始，其作出的裁决不符合终局裁判规则的条件，不适用不允许提出中间上诉的规定。因此，在许多国家，都允许对庭前作出的关于非法证据排除的裁决提起中间上诉。但笔者不支持这种观点，主要原因是，可以提出上诉的裁决，必须是在本级程序中已经终结具有法定效力的裁决，如果该裁决的事项可以在本级程序的后续阶段继续提出的话，那么该裁决就没有终结，就是没有效力的裁决，对该裁决就不能提出上诉。国外之所以允许对庭前裁决提出中间上诉，正是因为庭前裁决具有法定效力，原则上不允许后续程序推翻该裁决；而我国的庭前会议，纯粹是一种“了解情况听取意见”的程序，其对非法证据排除问题，通常并不会作出裁决，即使作出，该裁决也并不具有法定效力，在审判中仍然可以提出非法证据排除问题。因此，在我国，不仅一审程序中的非法证据排除裁决，而且庭前会议中的裁决，都不允许提出中间上诉。当然，如果我国赋予了庭前会议非法证据排除裁决的效力，规定原则上不允许在审判中推翻该裁定的话，那么应该允许提出中间上诉。

三、无害错误规则与二审程序排除非法证据后对原判决的处理方式

（一）无害错误规则

无害错误规则，是指二审法院应该对一审程序的错误进行审

〔1〕 参见高洁：《程序性争议的庭前听证程序》，载《国家检察官学院学报》2012 年第 5 期。

查,确定该错误是否有害,从而决定是否撤销原判进行重审。[1]根据该规则,并非一审程序的任何错误都会导致判决被撤销,只有属于有害的错误才会导致这种后果。无害错误规则的理论基础是,由于人类都是会犯错误的,所以实际上不存在所谓的无错审判。如果无论错误的大小,都一概以有错误为由而撤销原判、要求重新审判,国家为此要耗费更多的诉讼资源,被告人为此要增加诉讼成本。[2] 而且,被告人有权获得的是公正的审判,而不是完美的审判,[3]而程序错误并不一定都会影响到审判的公正性,此时撤销原判进行重审也就没有实际意义。因此,二审法院没有必要纠正一审程序的所有错误,而只需要纠正那些有害的错误。"程序不公平并不必定导致错误的结果。因而有人会怀疑,如果并无错误,基于程序理由而撤销判决究竟合不合理。因程序错误而败诉的当事人可能会认为,程序错误影响其获得有利结果的机会。对这类错误提出上诉的机会可能有助于从心理和行动上解决争执。但由于重新审判直接成本不小,所以如果上诉法院认为程序错误不影响结果——是一种无害的错误,则有权维持原判。"[4]与无害错误规则相对应的是有害错误规则,按照该规则,只要一审程序出现错误,无论错误的类型,也无论错误的大小,都

---

〔1〕 See Yale Kamisar, Wayne R. LaFave & Jerold H. Israel, *Advanced Criminal Procedure*, 1585 West Publishing Company 9 editions. (1999).

〔2〕 参见[美]约书亚·德雷斯勒、艾伦·C. 迈克尔斯:《美国刑事诉讼法精解》(第2卷·刑事审判),魏晓娜译,北京大学出版社2009年版,第359页。

〔3〕 参见[美]约书亚·德雷斯勒、艾伦·C. 迈克尔斯:《美国刑事诉讼法精解》(第2卷·刑事审判),魏晓娜译,北京大学出版社2009年版,第360页。

〔4〕 [美]迈克尔·D. 贝勒斯:《法律的原则——一个规范的分析》,张文显等译,中国大百科全书出版社1996年版,第78~79页。

属于有害错误,二审法院都应该撤销原判重新审判。[1] 由于有害错误规则过于极端导致成本过高影响诉讼效率,因此现在很少有国家再采用该规则,而普遍采用无害错误规则,该规则甚至已经成为“现代刑事上诉中最常引用的规则”。[2] 但是,与有害错误规则相比,无害错误规则要面临适用的难题。在有害错误规则中,二审法院只需要审查一审程序是否有错误,只要有错误就撤销原判重新审判;而在无害错误规则中,二审法院除了需要审查一审程序是否有错误之外,还需要进一步判断该错误是属于有害错误还是属于无害错误,只有属于有害错误的,才会撤销原判重新审判。因此,如何判断错误是属于有害错误还是无害错误,就成为适用无害错误规则的关键。如果无害错误的范围过宽,则可能有损审判的公正性以及二审法院的纠错功能;而范围过窄,则又有可能增加成本、降低诉讼效率。那么,判断无害错误的标准应该是什么呢?对这一问题的回答,涉及审判的目的。审判的核心目的是决定被告人有罪或无罪的事实问题,二审程序的目的是审查一审判决,判断一审判决是否正确,如果不正确,则撤销原判进行重审。因此,无害错误规则的第一个判断标准应该是错误是否影响判决结果,如果一审中的错误影响判决结果,那么该错误就属于有害错误,二审法院应该撤销原判进行重审;反之,如果一审中的错误不会影响判决结果,那么该错误就属于无害错误,二

〔1〕 See Yale Kamisar, Wayne R. LaFave & Jerold H. Israel, *Advanced Criminal Procedure*, 1585 West Publishing Co. 9d. (1999).

〔2〕 [美]约书亚·德雷斯勒、艾伦·C. 迈克尔斯:《美国刑事诉讼法精解》(第2卷·刑事审判),魏晓娜译,北京大学出版社2009年版,第359页。

审法院就不应该撤销原判进行重审。[1] 但是,判决的正确性不是审判程序的唯一目的。现代的审判程序,还保护这一目的之外的其他价值,审判除了要实现判决的正确性之外,还要求正确的判决建立在公正的程序基础上。"抛开被告人有罪还是无罪的问题不谈,我们作为一个社会整体必须划出一条界线,不允许有罪判决以任何方式建立在这样的错误的基础上。"[2] 因此,如果错误会严重影响程序的公正性,那么该错误就属于有害错误,这也是无害错误规则的另一个判断标准。只要符合该标准的,二审法院无须再进一步判断其是否会影响判决结果,而是直接推定为有害错误,并且直接撤销原判。而所谓严重影响程序的公正性,主要是指剥夺或限制被告人的重要权利,导致程序不具备基本的公正性。也就是这种错误"影响审判程序的建构框架,它剥夺了对被告人的基本保护,没有这些保护,刑事审判不可能可靠地履行其作为确定有罪或无罪的工具的职能,而且任何刑罚都不可能被认为是基本公正的"。[3] 这种错误导致"该诉讼程序的法治国家基础已全然未受维护"。[4] 这些错误主要包括审判组织、回避、管辖、辩护、公开审判等方面。

(二)二审程序排除非法证据后对原判决的处理方式

根据无害错误规则,如果一审法院非法证据排除的裁决错

---

〔1〕 参见王兆鹏:《当事人进行主义之刑事诉讼》,台北,元照出版公司2004年版,第264页。

〔2〕 Charles J. Ogletree, Jr., *Arizona v. Fulminante: The Harm of Applying Harmless Error to Coerced Confessions*, 105 Harvard Law Review 152, 169(1991).

〔3〕 [美]约书亚·德雷斯勒、艾伦·C.迈克尔斯:《美国刑事诉讼法精解》(第2卷·刑事审判),魏晓娜译,北京大学出版社2009年版,第359页。

〔4〕 [德]克劳思·罗科信:《刑事诉讼法》,吴丽琪译,法律出版社2003年版,第596页。

误,但该错误既没有影响到判决结果,也没有严重影响到程序的公正性,那么二审法院就不用撤销一审判决。这就意味着,无害错误规则使得二审程序非法证据排除的处理方式与一审程序是不同的。在一审程序中,只需要确认是否属于非法证据,如果确认属于的话,则排除该证据,不得将其作为定案的根据;而在二审程序中,需要审查一审非法证据排除的裁决是否正确,如果不正确,则还需要进一步判断该错误是属于有害错误还是无害错误,如果属于有害错误,则撤销原判重新审判。而如果重新审判的话,由哪个法院进行重审,是二审法院还是原审法院?在许多国家,对于一审中的程序错误,都设立了独立的上诉程序,该程序原则上只能对主要包括程序错误在内的法律问题进行审查,而不得对事实认定问题进行审查,并且由于在这一程序中法院无权调查事实和证据,因此当其认为一审程序错误并且需要撤销原判重新审判时,只能发回原审法院重审。[1] 所以,当二审法院发现一审法院关于非法证据排除裁决的错误属于有害错误时,只能发回原审法院重新审判。

我国法律上虽然没有关于无害错误规则的明确表述,但这并不意味着就没有确立无害错误规则,并不等于就意味着只要程序错误就必定撤销原判,而是区分了程序错误的不同类型,作了不同的处理:对于绝大多数程序错误,需要判断其是否影响到判决结果,如果没有影响到判决结果,就不用撤销原判重新审判。我国实行的是两审终审的审级制度和全面审查的二审审理原则,二审法院既可以对一审的实体判决进行审查,也可以对一审的程序

---

〔1〕 陈瑞华:《非法证据排除程序再讨论》,载《法学研究》2014年第2期。

进行审查,并且二审审查的范围并不限于上诉、抗诉的对象,而受“重实体轻程序”观念的影响,二审审查的重点是一审判决是否正确,而并不是程序是否正确,如果仅是程序错误,实体没有错,则通常并不会导致原判决被撤销,而只有程序的错误引起了实体的错误,才会导致原判决被撤销。[1] 并且对于这种错误,由于我国二审程序实行的是复审的审查方式,[2]二审程序具有与一审程序相似的事实与证据调查权,因此当二审法院撤销原判后,它既可以自行审理,也可以发回原审法院重审。对于少数程序错误,由于其严重影响程序的公正性,因此无须再进一步判断其是否影响判决结果,而直接撤销原判。这主要是指《刑事诉讼法》第238条规定的情形,具体包括违反《刑事诉讼法》有关公开审判的规定的、违反回避制度的、剥夺或者限制了当事人的法定诉讼权利,可能影响公正审判的、审判组织的组成不合法的、其他违反法律规定的诉讼程序,可能影响公正审判的等情形。对于这些情形,二审法院必须撤销原判发回原审法院重审。由此可见,我国也已经确立了无害错误规则,而且在无害错误的判断上,也采用的是影响判决结果以及严重影响程序公正两种标准。非法证据排除的错误包括实体上的错误和程序上的错误两种类型。[3] 实体上的错误主要是指结果上的错误,主要包括对应该排除的证据没有排除、不应该排除的证据予以排除等情形。程序上的错误主要是指不当地限制或剥夺了当事人非法证据排除请求权的错误,主要包

---

〔1〕 参见陈瑞华:《非法证据排除程序再讨论》,载《法学研究》2014年第2期。

〔2〕 参见陈光中:《中国刑事二审程序改革之研究》,北京大学出版社2011年版,第23页。

〔3〕 参见陈瑞华:《非法证据排除的中国模式》,载《中国法学》2010年第6期。

括:一审法院未告知被告人有权申请启动非法证据排除的;被告人提出申请非法证据排除后一审法院拒绝启动庭前会议的;被告人提出申请后,一审法院拒绝启动初步调查程序的且不给出任何理由的;一审法院剥夺被告人对证据质证权的等情形。当二审法院发现一审程序非法证据排除有错误时,应该区分这两种类型作不同的处理。如果错误属于第一种类型,二审法院就需要判断该错误是否影响到判决结果,如果影响到判决结果,就撤销原判,发回重审或者由其自己重审;如果没有影响到判决结果,二审法院就驳回上诉维持原判。而如果错误属于第二种类型,为了维护当事人的非法证据排除请求权,那么二审法院就应该依据《刑事诉讼法》第 238 条中的"剥夺或者限制了当事人的法定诉讼权利,可能影响公正审判的",直接撤销原判发回原审法院重审。